Peter Johanek

Ein Verlag im Wandel der Zeit

VOGEL-VERLAG WÜRZBURG

ISBN 3-8023-0517-5

Copyright 1972 by Vogel-Verlag Würzburg

Alle Rechte, auch des auszugweisen Nachdrucks, der fotomechanischen Wiedergabe und der Übersetzung vorbehalten.

Printed in Germany
Grafische Gestaltung: Mitarbeiter des Vogel-Verlags
Herstellung: Vogel-Verlag, Grafischer Betrieb, Würzburg

Inhalt

1.	Wozu Fachzeitschriften?	9
2.	Wirtschaft, Werbemedien und ein Verlag	13
2.1.	Vom Adressenbüro zur Marktzeitschrift	14
2.1.1	Graue Vorzeit	14
2.1.2	Das Maschinenzeitalter	21
2.1.3	Auf der Suche nach dem unbekannten Marktpartner	26
2.2.	C. G. Vogel und sein Verlag	32
2.2.1	Ein junger Mann aus Plauen	32
2.2.2	Wechselversand – das Rezept des Erfolges	38
2.2.3	»Verlag und Druckerei C. G. Vogel«	42
2.2.4	C. G. Vogel – ein typischer Unternehmer des 19. Jahrhunderts	45
2.3.	Die Problematik der Offertenblätter	49
3.	Vom Familienbetrieb zum Großverlag – der Vogel-Verlag von der Jahrhundertwende bis 1939	53
3.1.	Erste Expansion	54
3.1.1	Abschußrampe	54
3.1.2	A. G. Vogels Lehrzeit	67
3.1.3	Griff über die Grenzen	75
3.1.4	Bilanz 1914	79
3.2.	Der erste Weltkrieg – ein Wendepunkt	82
3.2.1	Krieg und Kriegswirtschaft	82
3.2.2	Der Vogel-Verlag im Krieg	84

3.3.	Der Aufstieg zum Großverlag	93
3.3.1	Krisenjahre der deutschen Wirtschaft	93
3.3.2	Wandel der Konzeption	98
3.3.3	Der Vogel-Verlag und seine Zeitschriften	103
3.3.4	»Ein Musterbetrieb der deutschen Wirtschaft«	150
3.3.5	Ende und Neubeginn einer Ära – C. G. Vogel in der Schweiz, die Söhne in Pößneck	163
3.4.	Der Vogel-Verlag im NS-Staat	165
3.4.1	NS-Wirtschaftspolitik, der Werberat und der Vogel-Verlag	165
3.4.2	Gedämpfter Optimismus – Bilanz 1939	171
4.	Übergänge – Zerstörung und Wiederaufbau	193
4.1.	Der Vogel-Verlag im zweiten Weltkrieg	194
4.2.	Ausgangssituation 1945	201
4.2.1	Die Folgen der Niederlage	201
4.2.2	Pößneck 1945	203
4.3.	Planungen und Parallelaktionen	207
4.3.1	Ludwig Vogel in Pößneck	207
4.3.2	Karl Theodor Vogel in Schwerte	210
4.3.3	Arthur Gustav Vogel in Coburg	212
5.	Der Vogel-Verlag und Deutschlands Rückkehr zum Weltmarkt	217
5.1.	Wirtschaftlicher Aufstieg 1948–1970	218
5.2.	Fachzeitschrift und Werbung – Antriebskräfte des wirtschaftlichen Aufstiegs	223
5.3.	Ausbau	228
5.3.1	Rückkehr zur Fachzeitschrift	228
5.3.2	Von Coburg nach Würzburg	245
5.4.	Wandlungen	256
6.	Der Vogel-Verlag heute und morgen	282
	Unsere leitenden Mitarbeiter	287
	Anmerkungen	291
	Bibliographie	298

Begleitwort

Als im Oktober 1966 der Vogel-Verlag seines 75jährigen Bestehens gedachte, war das ein willkommener Anlaß zur Rückschau auf die schicksalhaften Ereignisse, die das Familienunternehmen im Wandel der Zeiten seit seiner Gründung erlebt hat. Diese Erinnerungen haben damals den Plan entstehen lassen, die Geschichte unseres Verlagshauses von Anfang an darzustellen.

Die VOGEL-STORY liegt nun vor.

Nach dem zweiten Weltkrieg und dem Zusammenbruch im Jahr 1945 wurde der Vogel-Verlag in Pößneck enteignet und demontiert. Die Familien Vogel wurden aus Thüringen vertrieben. Fast alle Archivunterlagen gingen verloren bis auf einen Band der umfangreichen Verlags- und Familiengeschichte, die in den Jahren 1937 und 1938 gedruckt und dem Firmengründer Carl Gustav Vogel zu seinem 70. Geburtstag am 26. September 1938 gewidmet worden war. Was darin über die Zeit seit der Firmengründung, über die Entwicklung des Unternehmens und die Familie des Gründers geschrieben steht, wurde in die vorliegende neue Verlagsgeschichte eingearbeitet.

Beim Neubeginn in Coburg nach 1945 hatten die Inhaber in Anbetracht der Hektik des Wiederaufbaus und im Blick auf die ungewisse Zukunft verständlicherweise nicht besonders darauf geachtet, wichtige Daten und interessante Vorgänge als Unterlage für eine spätere Firmengeschichte festzuhalten. Erst als der Verlag in seinem neuen Domizil Würzburg Fuß gefaßt hatte, wurde damit begonnen, solche Unterlagen systematisch zu sammeln und bedeutsame Ereignisse zu registrieren.

Der Chronist konnte daher für die Zeit von 1937 bis 1955 – eine für das Unternehmen sehr entscheidende Epoche – im wesentlichen nur auf Gedächtnisskizzen der Familien und der leitenden Mitarbeiter des Unternehmens zurückgreifen. So beruht dieser Teil der Firmengeschichte auf umfangreichen Vorarbeiten der Verleger sowie des Verlagsjustitiars i. R. Curt Naumann und des Verlagsdirektors Dr. Friedrich Fischer. Beiden Herren sei für ihre hilfsbereite Unterstützung und Mitarbeit herzlich gedankt, ebenso all denen, die uns sonst noch bei unserem Vorhaben tatkräftig geholfen haben.

Für die Verlagsgeschichte gilt das Bekenntnis, das wir bei der Feier des 75jährigen Bestehens am 7. Oktober 1966 mit folgenden Worten abgelegt haben:

»Wir sind uns bewußt, daß der Vogel-Verlag
seine Bedeutung,
sein Ansehen,
seine Position am Markt, in Europa und in der Welt
durch die treue, hingebende Mitarbeit seiner Belegschaft,
insbesondere seiner Jubilare, erringen konnte.
Diese lebendige, sich täglich aufs neue bewährende
Mitarbeit trug den Erfolg der vergangenen 75 Jahre
und trägt die Zukunft des Unternehmens.«

Unser Dank gilt dem Verfasser dieses Buches, Herrn Dr. Peter Johanek, Würzburg, der sich in sehr mühevoller Kleinarbeit bei der Sichtung des teilweise nur lückenhaften Archivmaterials und vor allem auch bei den Interviews mit großem Einfühlungsvermögen Detailkenntnisse verschafft hat, um die Geschichte des Vogel-Verlags in dieser Form schreiben zu können.

Die Verleger

Wozu Fachzeitschriften?

Der Verbrauch der Menschheit an bedrucktem Papier ist enorm. Zeitungen und Zeitschriften befriedigen das Informationsbedürfnis, stillen den Hunger nach Neuigkeiten. Bis heute haben die akustischen und optischen Nachrichten- und Unterhaltungsmedien – Funk und Fernsehen – die Erzeugnisse der »Schwarzen Kunst« nicht verdrängen können. In ihnen gewinnt das aktuelle Ereignis an Dauer, ist auch noch am Feierabend, am nächsten Tag, am Wochenende verfügbar. Die Lektüre der Morgenzeitung, der Blick auf den mit Illustrierten bestückten Kiosk sind für jeden eine Selbstverständlichkeit, sie gehören zu den vertrauten Dingen der Umwelt jedes einzelnen.

Tageszeitung und Publikumszeitschrift: sie verkörpern für den Durchschnittsbürger die »Presse«. In ihr spielt für ihn wiederum die Zeitung, die Tages- oder Wochenzeitung mit ihren Massenauflagen die eindeutig dominierende Rolle. Ganz folgerichtig werden Zeitung und Presse oft als Synonyme aufgefaßt. Nirgendwo wird das deutlicher als in der landläufigen Übersetzung von Publizistik: Zeitungswissenschaft.

Nichts aber ist irreführender als dieser Begriff. Ganz abgesehen davon, daß sich der Journalist und Publizist längst auch anderer Medien als der Druckschriften bedient, verschweigt dieser Begriff noch etwas anderes. Er klammert eine große Zahl publizistischer Erzeugnisse aus; er schweigt von der Fachpresse.

Fast jeder kennt innerhalb des eigenen beruflichen Bereichs die eine oder andere Fachzeitschrift, ohne daß er damit mehr als nur die Spitze eines Eisbergs zu Gesicht bekommt. Als »Publizistik eines begrenzten Fachgebiets« ist die Fachpresse notwendigerweise auch von begrenzter Publizität, nur dem Kreis der Fachleute und Experten vertraut. Immerhin aber hat dieser Zweig unserer Presse beispielsweise im Jahr 1961 in der Bundesrepublik Deutschland 6482

Zeitschriften in einer Gesamtauflage von 151,7 Millionen Exemplaren, aufgeteilt auf 31 Sachgebiete mit 250 Untergruppen, hervorgebracht.

Begrenzte Publizität und – an den Massenauflagen der Tageszeitungen gemessen – relativ niedrige Auflage der einzelnen Objekte können jedoch die Bedeutung dieser Presse nicht im geringsten schmälern. Ist die Tagespresse ein unerläßlicher Faktor in der politischen Willensbildung der Bürger, erfüllen die Publikumszeitschriften, vor allem Illustrierte, Hobby- und Frauenzeitschriften, bedeutsame Funktionen in der Freizeitgestaltung, so spielt die Fachpresse eine ausschlaggebende Rolle in Wissenschaft und Wirtschaft.

An wirtschaftlicher Bedeutung stehen dabei die marktorientierten Fachzeitschriften aus dem Bereich von Industrie und Handel im Vordergrund. Die rein wissenschaftlichen Organe, die fast ausschließlich der Forschung und damit dem Erfahrungsaustausch innerhalb der akademischen Welt dienen, treten hier zurück. So wichtig diese Zeitschriften für die Grundlagenforschung, für die Erarbeitung des wissenschaftlichen Fortschritts sind, für die Wirtschaft sind sie wegen ihrer allzu begrenzten Publizität von geringem Interesse.

Die marktorientierte Fachzeitschrift, die Marktzeitschrift dagegen, gehört zu den wichtigsten Kommunikationsmitteln des Wirtschaftslebens, ist eine jener mächtigen Transmissionen, die das komplizierte, ineinandergreifende Räderwerk von Industrie und Handel in Gang halten.

Eine solche Marktzeitschrift vermittelt ihren Lesern Nachrichten und erfüllt damit die elementare Funktion aller Publizistik. Sie bietet diese Information im Text und im Anzeigenteil; beide ergänzen einander.

Der Anzeigenteil der Fachzeitschrift vereinigt die Angebote der Industrie und bietet sie geordnet dem Leser dar. Die Fachzeitschrift schafft damit einen gedruckten, gleichsam künstlichen Markt, orientiert rasch über das Was und Wo der industriellen Produktion. Dazu kommt noch etwas: Die fachlich konzentrierte Thematik dieser Zeitschriften zergliedert den unübersichtlich gewordenen Markt, löst die für die spezielle Fachrichtung wichtigen Teile heraus und macht so das Geschehen wieder übersichtlich und transparent.

Die ausgeklügelte und eingespielte Absatztechnik der Fachzeitschriften-Verlage läßt diesen gedruckten Markt noch effizienter werden. Die Nachrichten über Leistung und Produktion der Industrie werden an die richtigen Adressen gebracht. Sie erreichen die entscheidenden Persönlichkeiten im Kreise der potentiellen Abnehmer. Die Fachzeitschrift versorgt diesen Personenkreis mit der permanenten Marktinformation, die er benötigt.

Ganz besonders in der Welt der Technik sind solche Informationen lebenswichtig und nicht allein die Marktinformationen. Da der technische Fortschritt immer rasanter vorantreibt, sind eine große, ständig wachsende Zahl von Waren und ihre immer weitergehende Differenzierung in zunehmendem Maße erklärungsbedürftig geworden. Das gleiche gilt für die immense Spezialisierung der Fabrikation und ihrer Methoden.

Hier liegt die Aufgabe des Textteils einer Markt- und Fachzeitschrift. Er vermittelt zwischen Forschung und Praxis, ihm fällt die Aufgabe der Verbreitung und Popularisierung der modernsten wissenschaftlichen Erkenntnisse zu. Aufsätze und Artikel von Wissenschaftlern und Fachjournalisten verhelfen einer breiten Schicht von Verantwortlichen in Industrie und Handel zu einem vertieften Wissen um die Wandlung der technischen Möglichkeiten und ihre Auswirkungen auf die wirtschaftlichen Strukturen der Zukunft.

Die Fachzeitschriften leisten damit einmal einen Beitrag zur praktischen Aufklärung und beruflichen Weiterbildung; sie tragen bei zum Ausgleich des Halbzeitwerts. Infolge der heutigen raschen Fortentwicklung von Wissenschaft und Technik wird jede noch so gute Ausbildung bald erneuerungsbedürftig. So helfen Fachzeitschriften mit, jenes Reservoir technisch Gebildeter, ohne die Fortschritt nicht denkbar ist, zu vergrößern und zu erhalten. Zum anderen dienen sie der Wirtschaft, indem sie ihr die Chance geben, ihren Ort im Geschehen der Gegenwart zu bestimmen und die Entwicklungen der Zukunft richtig abzuschätzen. Und von der Richtigkeit einer solchen Einschätzung hängt im Grunde das Wohl und Wehe eines jeden Unternehmens ab.

Herstellung von Kommunikation im Marktgeschehen und Information über technischen Fortschritt: das sind die Aufgaben, die einer modernen Fachzeitschrift gestellt werden und die sie erfüllen muß, wenn sie Erfolg haben und sich selbst auf dem Markt behaupten will.

Dieses Buch soll die Geschichte eines Verlags erzählen, der diesen Zeitschriftentyp in Deutschland entscheidend mitentwickelt und mitgestaltet hat: die Geschichte des VOGEL-VERLAGS.

Wirtschaft, Werbemedien und ein Verlag

Vom Adressenbüro zur Marktzeitschrift

Graue Vorzeit

Als der Vogel-Verlag entstand, war die moderne Fachzeitschrift noch nicht geboren. Vorformen aber, gewissermaßen die Bauteile, aus denen sich dieses Gebilde später zusammensetzen sollte, lagen bereit. Ein findiger Kopf brauchte nur zuzugreifen. Wann waren diese Vorformen entstanden? Woher kamen sie?

Angefangen hat es in Frankreich, in Paris. Dort hatte der Philosoph Michel Montaigne gegen Ende des 16. Jahrhunderts in seinen »Essais« von einer wirtschaftspolitischen Idee seines Vaters berichtet. Er dachte an eine zentrale Stelle, in der Nachrichten über Käufe und Verkäufe zusammenlaufen sollten. Eine solche Einrichtung könnte, das waren die Überlegungen des älteren Montaigne, Handel und Gewerbe nur anregen und fördern.

Im Prinzip war das nichts Neues. Das Problem, wie man Angebot und Nachfrage zusammenbringen könne, beschäftigte schon die mittelalterliche Welt, und es hat bereits damals verschiedene, wenn auch sehr unvollkommene Lösungen gefunden.

So wurde der mittelalterliche Kaufmann im Grunde dafür bezahlt, daß er wußte, wo Ware zu erhalten und wo sie wieder abzusetzen war; er erhielt seinen Lohn für seine Kenntnis der Marktlage. Durch zwangsweise Zusammenfassung bestimmter Waren auf eigenen Marktplätzen oder im Kaufhaus versuchte man den lokalen Markt für Detail- und Großhandel übersichtlicher zu gestalten. In jeder Stadt traf der fremde Kaufmann darüber hinaus eine eigens dazu bestellte Gruppe von Männern an, die ihm Bezugsquellen für die von ihm gewünschten Waren nachweisen konnten. Man nannte sie Unterkäufer, heute würden wir sie als Makler bezeichnen.

Worüber man nicht verfügte, war ein Medium, das umfassend, schnell und vor allem weiträumig und allgemein zugänglich über den Markt informierte. Hier blieb man auf die Erfahrung und die Findigkeit des einzelnen Kaufmanns angewiesen.

Bei der großen Steigerung der Wirtschaftstätigkeit in der beginnenden Neuzeit, der Ausweitung des Handels über neue Kontinente und den verbesserten Verkehrsmöglichkeiten erwiesen sich die alten Methoden der Marktinformation als immer schwerfälliger und unpraktikabler. Große Handelshäuser wie die Fugger unterhielten daher ein eigenes Nachrichtennetz, um stets auf dem laufenden zu bleiben. Daß kleinere Firmen sich eine solche Einrichtung nicht leisten konnten, liegt auf der Hand. Der Gedanke Montaignes hätte also, so meint man, einschlagen müssen. Merkwürdigerweise tat er das nicht, es dauerte vielmehr noch etliche Jahrzehnte bis er, wenn auch in einem verhältnismäßig engen Rahmen, wieder aufgegriffen wurde.

Renaudot, sein Bureau und die Folgen

Theophraste Renaudot (1568 bis 1653) war ein äußerst vielseitiger Mann. Von Beruf Arzt, gelangte er durch Protektion der grauen Eminenz Kardinal Richelieus, des Père Joseph, in die einflußreiche Position eines Generalkommissars des Armenwesens für ganz Frankreich, die er auch für seine persönlichen Zwecke auszunutzen verstand. Im Zusammenhang mit dieser Tätigkeit eröffnete er im Jahr 1630 sein »Bureau d'adresse et de rencontre, à l'enseigne du Grand-Coq, Rue de Calandre«, ein Auskunftsbüro für Güteraustausch und Arbeitsnachweis also, das die Ideen Montaignes verwirklichte.

Dieses Unternehmen wurde der Ausgangspunkt für eine ganze Reihe anderer »innocentes inventions«, wie sie Renaudots Biograph Hatin genannt hat: Er rief Leihhäuser, Auktionsbüros und anderes mehr ins Leben. Aber das »Bureau« wurde auch ein Markstein in der französischen Pressegeschichte: In der Rue de Calandre, im Haus zum großen Hahn, erschien am 3. Juli 1631 die erste Nummer der berühmten »Gazette«. Sie war nicht die erste politische Zeitung überhaupt – davon gab es in Europa zu diesem Zeitpunkt schon eine ganze Reihe –, sie war nicht einmal die erste Frankreichs, aber sie hat der politischen Zeitung in diesem Land zum Durchbruch verholfen.

Diese Tat hat Renaudot den Beinamen eines »Vaters der französischen Presse« eingetragen, aber die »Gazette« war nur der Anfang. Renaudot hat offenbar schnell erkannt, was diese neue Art der Informationsvermittlung durch den Druck – die Presse – wert war. Sein Bureau vermittelte Wirtschaftsinformationen, aber man mußte sich noch hinbemühen. Diesen Gang nahm er den Interessenten bald ab; seit 1633 gab er neben der »Gazette« das »Feuille d'avis du bureau d'adresse« heraus. Das im Bureau gesammelte Material

Theophraste Renaudot 1568 bis 1653

wurde in Rubriken aufgeteilt, gedruckt und damit einem breiten Publikum leicht und schnell zugänglich gemacht. Die erste »Marktzeitschrift« oder besser: das erste Offertenblatt war geschaffen.

Das Renaudotsche Unternehmen bewährte sich. Sein »Bureau« und die »Feuilles d'avis« hatten Bestand und fanden Nachahmer. Ehe man aber jenseits des Rheins in Deutschland den Nutzen dieser Einrichtung begriff, verging geraume Zeit.

Daß gerade in der Handelsstadt Hamburg zuerst eine vorwiegend aus Anzeigen und Wirtschaftsnachrichten bestehende Zeitung herausgebracht wurde, erstaunt wenig. Seit 1673 konnten sich die hanseatischen Kaufleute in den Spalten »Kauffen und Verkauffen« des »Relations-Courier« über die Marktlage orientieren. Dieses Blatt mag – begreiflich bei den engen Bindungen Hamburgs zu den britischen Inseln – auch vom Londoner »Intelligencer« beeinflußt gewesen sein, der dort seit 1637, fast gleichzeitig also mit Renaudots Schöpfung, erschien.

Das Intelligenzwesen — Kommunikationsmedium lokaler Märkte

Aber nicht der Typ des Hamburger »Courier«, der schon mehr zur Zeitung und Zeitschrift moderner Prägung tendierte, sollte das Gesicht der Informationsmedien bestimmen, wie sie kurz nach der Wende zum 18. Jahrhundert im Deutschen Reich zu erscheinen begannen. Man hielt sich eng an das französische Vorbild, richtete »Intelligenzbureaus« ein und gab »Intelligenzblätter« heraus. Das erste erschien in Wien 1703, das »Wiennerische Diarium«.

Es waren zunächst Privatunternehmen, ähnlich dem »Bureau« Renaudots, wo man die verschiedenen Angebote und Nachfragen »einsehen« (lat.: intelligere) konnte. Bald aber bemächtigte sich der Staat dieser Einrichtungen; 1707 öffnete in Wien das erste »Fragamt« seine Pforten. Der praktische und nüchtern denkende Soldatenkönig von Preußen, Friedrich Wilhelm I., machte die Sache gleich gründlich und verfügte 1727, daß in Berlin und anderen großen Städten Intelligenzblätter von Staats wegen zu drucken seien.

Diese Verfügung – die in den übrigen deutschen Staaten rasch Nachahmung fand – hat der Geschichte des Anzeigenwesens in Deutschland eine ganz charakteristische und im ganzen wenig glückliche Wendung gegeben. Da die Intelligenzblätter in staatlicher Regie erschienen, beanspruchte der Staat auch ein Anzeigenmonopol.

Das bedeutete: Jedes Inserat mußte, bevor es in einer anderen Zeitung oder Zeitschrift erschien, im Intelligenzblatt gedruckt werden. In späterer Zeit

Churbaierische Intelligenzblätter
für das Jahr 1768.

darinne enthalten.

Artic. I. Sr. jetzt glorreich regierenden Churfürstl. Durchläucht in Baiern 2c. Maximiliani III. höchstlandesherrliche Verordnungen, Generalien, Geboth und Verboth.

Artic. II. Innländische zum Verkauf angebothene Producte, Häuser, Güter, öde Gründe, bürgerliche Gerechtigkeiten 2c.

Artic. III. Allerley Artikeln, so zu stiften oder zu kaufen: wie auch Capitalia, so auszuleihen oder aufzunehmen verlangt werden.

Artic. IV. Avertissements, Edictal-Citationes, Erbschaften 2c.

Artic. V. Handlungs-Avisen, inn-und ausländische Waarenpreise, Frachten 2c. Zum Vortheil innländischer Handelsgewerbe.

Artic. VI. Nützliche Anmerkungen über das Münzwesen.

Artic. VII. Policey- und andere vermischte Nachrichten zum Dienste der Handwerker, Profeßionisten, Künstler, der ganzen Haushaltung, und Landwirthschaft.

Artic. VIII. Von gelehrten Sachen, nützlichen Büchern und neuen Erfindungen.

Artic. IX. Relationes curiosæ, oder verschiedene neue Nachrichten und Merkwürdigkeiten.

Artic. X. Etwas für alle, zur Schul- und Sittenlehre.

mit gnädigstem Privilegio

herausgegeben

von dem

Intelligenzcomtoir in München.

Intelligenzblatt des 18. Jahrhunderts

konnte diese Verpflichtung durch eine Gebühr abgelöst werden. So sicherte sich der Fiskus einen schönen Anteil am »Werbeaufkommen« (soweit davon in dieser Zeit schon die Rede sein kann) und finanzierte damit die Publikation seiner Verordnungen, die einen wichtigen Teil des Inhalts dieser Pressegattung ausmachten. Für den Inserenten aber verteuerte sich die Anzeigenwerbung durch den »Intelligenzzwang« ganz beträchtlich, vor allem dann, wenn es darauf ankam, weitere Kreise zu erfassen.

In dieser Hinsicht war mit den Intelligenzblättern auf die Dauer überhaupt kein großer Staat zu machen. Inhaltlich waren sie uninteressant, der Anzeigenteil zu wenig spezialisiert, vor allem aber ihre Reichweite beschränkt. Der Verleger Staat tat sein möglichstes, um eine weite Verbreitung zu erreichen, indem er verschiedene Institutionen und Personenkreise zu Zwangsabonnenten machte, die im 18. Jahrhundert in gewisser Weise die Herstellung der Öffentlichkeit für die Anzeigen der Presse garantieren konnten: Zwangsbezieher wurden alle Behörden, Geistliche, Wundärzte, Apotheker, Gastwirte und Caféhäuser. Das Resultat aber mußte dennoch unbefriedigend bleiben.

Denn die Intelligenzblätter blieben weitgehend eine lokale Angelegenheit, und ihre Zahl war groß. Die Menge der deutschen Einzelstaaten war vor 1800 fast unübersehbar, und auch nach dem Wiener Kongreß schlief Deutschland, wie Heinrich Heine bissig bemerkte, immerhin noch »in sanfter Hut von sechsunddreißig Monarchen«.

Die Intelligenzblätter, die an die partikularen Gewalten, oft auch noch an einzelne Städte und ihr Umland gebunden waren, konnten also nicht zu einem Informationsmedium für einen überregionalen Markt werden. Je mehr aber die industrielle und wirtschaftliche Entwicklung Deutschlands fortschritt, um so lästiger wurde der Intelligenzzwang empfunden. Die Inserenten drängten von den Lokalblättern weg zu den immer reicher sich entfaltenden politischen Zeitungen und Journalen. Die Regierungen haben dieser Entwicklung Rechnung tragen müssen. Schon 1810 wurden in Preußen die Zwangsabonnements annulliert, 1850 folgte die völlige Aufhebung des »Intelligenzzwangs«, den kaum noch jemand beachtete. Zu Beginn der zweiten Jahrhunderthälfte war das Intelligenzblatt tot, und niemand trauerte ihm nach.

Dabei war es durchaus keine wertlose Einrichtung gewesen. Im lokalen Bereich hat es die Aufgabe, die ihm Montaigne und Renaudot zugewiesen hatten, ausgezeichnet erfüllt. Die Intelligenzblätter konnten über den lokalen Markt umfassend berichten – die fehlende Spezialisierung war hier eher ein Vorteil. Sie erreichten praktisch jeden an diesem Markt Interessierten ohne raffiniert ausgetüftelte Vertriebsmethoden. Sie waren der Musterfall einer lokalen Marktzeitschrift, die Marktzeitschrift des vorindustriellen Zeitalters. Sie scheiterten an den Forderungen einer neuen Epoche. Als Fazit aber bleibt vor allem: Sie haben die Anzeigenwerbung populär gemacht.

Von der Gelehrtenrepublik zur Volksaufklärung —

Ein wichtiger Faktor, der den modernen Typ der Fachzeitschrift auszeichnet, hatte den Intelligenzblättern vor allem gefehlt — der fachliche, unterrichtende Text. Sie waren nicht zu Fachzeitschriften geworden, konnten es nicht werden; dazu war ihre Aufgabe im lokal begrenzten Rahmen zu universell. Fachzeitschriften und wissenschaftliche Zeitschriften spielten aber ebenfalls längst eine wichtige Rolle, und es gab sie schon fast ebenso lange wie das Intelligenzblatt. Und wieder ist der Entstehungsort Paris, wieder stößt man auf den Namen Renaudot.

Der vielbeschäftigte Mann hat neben seinen zahlreichen Unternehmungen noch Zeit gefunden, regelmäßig einen Kreis von Gelehrten um sich zu sammeln — zu den »Conferences du Bureau« —, um so den wissenschaftlichen Gedankenaustausch zu pflegen. Hier hat der Vater der französischen Informationsmedien auch den Entwurf einer neuen wissenschaftlichen Publizistik zur Debatte gebracht. Gut ein Dutzend Jahre nach seinem Tod — 1665 — war es soweit. Der Jurist Denis de Sallo ließ das »Journal des Savants« erscheinen, in dem er Literaturrezensionen und die neuesten Forschungsergebnisse in knappen Zusammenfassungen veröffentlichte. Das Journal war — wie der Herausgeber sich ausdrückte — für Leute bestimmt, die zu beschäftigt waren, um Bücher zu lesen.

Damit war eine ganz neue Epoche der wissenschaftlichen Kommunikation eröffnet. Bis dahin vollzog sich die Publikation wissenschaftlicher Erkenntnis in mehr oder weniger umfangreichen Büchern. Zwar ließen sie sich seit Gutenbergs Erfindung, mit beweglichen Lettern zu drucken, schneller verbreiten als in früheren Zeiten, aber die Entstehung eines Buchs war immer noch eine verhältnismäßig schwierige und langwierige Angelegenheit. Eine Zeitschrift dagegen bot die Möglichkeit, auch vorläufige Forschungsergebnisse unverzüglich der Fachwelt vorzulegen und sie diskutieren zu lassen.

Bald wuchs den gelehrten Zeitschriften — das Pariser »Journal des Savants« fand rasch überall Nachahmung — noch eine weitere Funktion zu. Sie wurden in gewisser Weise ein Wertmesser und Garant für die wissenschaftliche Qualität der in ihnen enthaltenen Abhandlungen. Der wissenschaftliche Standard eines einzelnen Autors war schwer abzuschätzen, publizierte er aber in Zeitschriften, so konnte man sich bereits am Titel des Organs orientieren. Hinter diesem Titel stand das Herausgebergremium, beim »Journal des Savants« stand dort auch Colbert, der sich des Blattes bald nach seinem Entstehen angenommen hatte. Und Colbert, das hieß auch: die Académie Française, die ihn zu ihren Mitbegründern zählte.

Diese Tatsache hat sich bis heute nicht geändert. Zeitschriften haben etwas von Markenartikeln an sich — sie müssen für Qualität bürgen.

Bald gab es auch in Deutschland gelehrte Zeitschriften. Zuerst die rein naturwissenschaftlich-medizinisch orientierten »Miscellanea curiosa medico-physica«, die seit 1670 in Schweinfurt erschienen, dann die allgemein gehalteneren »Acta Eruditorum«, mit denen der Leipziger Professor Otto Mencke der wissenschaftlichen Fachpresse in Deutschland 1682 endgültig zum Durchbruch verhalf.

Der exklusive, gelehrte Charakter dieser neuen Publizistik hielt sich nicht lang. Sehr rasch bemächtigten sich alle Wissensbereiche dieses Mediums und schufen sich eigene Organe, die zum Forum der Meinungen wurden. Besonders intensiv entwickelte sich die Diskussion in den landwirtschaftlichen und kameralistisch-wirtschaftlichen Zeitschriften. Diese Fachrichtungen haben daher schon im 18. Jahrhundert eine stattliche Zahl von Titeln aufzuweisen.

In der starken Dominanz gerade dieser Sparten wird die Interpendenz von Fachpublizistik und wirtschaftlicher Struktur einer Epoche deutlich. Verbesserung der landwirtschaftlichen Produktionsmöglichkeiten, die Diskussion um die Steuerung der Wirtschaftsvorgänge und die Aufklärung breiter Schichten des Volks darüber, das waren die Probleme und Aufgaben der Fachpresse im Zeitalter des Merkantilismus und Kameralismus. Die Fachzeitschriften dieses Schlags haben mitgeholfen, den staatlichen Absolutismus im Bereich der Wirtschaft abzubauen und den Gedanken des Liberalismus den Weg zu bahnen, die das 19. Jahrhundert, das Maschinenzeitalter, geprägt haben.

Das Maschinenzeitalter

Konstitution und Maschine waren die beiden Schlagworte, die das 19. Jahrhundert beherrschten. Deutschland hat damals nur eins der beiden Ziele erreicht, die vollständige Industrialisierung. Eine wirkliche, demokratisch-parlamentarische Verfassung erwuchs ihm erst aus der bitteren Niederlage des ersten Weltkriegs.

Im Jahr 1769 erwarb der Engländer James Watt das Patent für eine Dampfmaschine – mit diesem Verwaltungsakt lassen die Historiker das Zeitalter der industriellen Revolution beginnen. Von der Maschinenfabrik in Soho bei Birmingham aus eroberte die Dampfmaschine die industrielle Welt der Manufakturperiode und krempelte sie gründlich um. Die neue Maschine pumpte das Grubenwasser aus den Bergwerken, so daß die Förderung lohnender wurde. Sie drang in die Spinnereien und Webereien von Manchester ein, ersetzte die Arbeiter an den Stühlen, und die Produktion stieg. Schließlich bemächtigte sie sich auch des Verkehrs: 1807 fuhr Fultons erstes Dampfschiff auf dem Hudson, und am 15. September 1830 rollte der erste von einer Dampflokomotive gezogene Eisenbahnzug von Liverpool auf der »Baumwollstrecke« nach Manchester.

Das Maschinenzeitalter, die Epoche des wirtschaftlichen Liberalismus, des Kapitalismus und Manchestertums, konnte beginnen.

Deutschland hinkte, wie ganz Kontinentaleuropa, hinter dieser Entwicklung her, behindert durch die jahrelange Abschnürung vom Mutterland der Industrialisierung, die die napoleonische Kontinentalsperre bewirkt hatte. Aber auch hier setzten sich seit den zwanziger und vor allem den dreißiger Jahren der Gebrauch und die Herstellung von Maschinen durch. Die preußische Rheinprovinz, das Ruhrgebiet, wurde zum ersten Ausgangspunkt der deutschen Industrialisierung. Krupps Stahlwerke in Essen und Harkorts Maschinenfabrik in Wetter an der Ruhr sind nur zwei Firmen von vielen, aber sie sind zu Symbolen der Anfänge der deutschen Schwerindustrie geworden.

Die Anfänge der Schwerindustrie

In den ersten mühseligen Anfangsjahren deckte man den Bedarf an Maschinen – noch sind es ausschließlich stehende Kraftmaschinen – aus inländischer Produktion, die man zumeist mit Hilfe oft heimlich abgeworbener englischer Experten in Gang brachte. Bald aber mußte man zum Import von Stahl und Maschinen übergehen, vor allem seit der Eisenbahnbau wie ein Fieber das Land ergriff. So steigerte sich der Import an schwerem Eisenmaterial von 156 452 Zentner im Jahr 1837 auf 1 517 888 im Jahr 1844.

Dieser Anstieg kam erst mit der Zollerhöhung von 1844 zum Stillstand. Die Einfuhrziffer sank daraufhin 1845 auf 982 936 Zentner, obwohl sich der Umfang des Eisenbahnbaus verdoppelte. Gleichzeitig mit den Importen hatte sich nämlich auch die inländische Produktionsgütererzeugung rasch ausgedehnt, so daß man auf die ausländischen Erzeugnisse in Zukunft weitgehend verzichten konnte. Am deutlichsten wird diese Entwicklung anhand der Lokomotivenstatistik. Im Jahr 1842 gab es in Deutschland 245 Lokomotiven. Davon stammten aus:

Deutschland	38,
England	166,
USA	29,
Belgien	12.

Knapp zehn Jahre später – 1851 – bietet sich ein ganz anderes Bild. Jetzt gibt es 1084 Lokomotiven in Deutschland; von ihnen wurden hergestellt in:

Deutschland	679,
England	281,
im übrigen Ausland	124.

Die Entwicklung im Lokomotivbau ist nur *ein* Symptom, auch die Zahl der übrigen in Deutschland hergestellten Maschinen stieg während der vierziger Jahre ständig. Es existieren keine Statistiken und genauen Produktionsziffern für diesen Industriezweig. Nur eins ist bekannt: Der Jahresverbrauch an Roheisen im Gebiet des Deutschen Zollvereins erhöhte sich in der Zeit von 1834 bis 1847 um das $3^1/_2$fache; er stieg von 121 093 t auf 414 094 t jährlich.
Die Eisenbahn revolutionierte das Verkehrswesen, der Bau der riesigen Maschinen rief aber gleichzeitig auch Umwälzungen in den Herstellungsbetrieben hervor. Nicht nur die Vorbearbeitung der Maschinenteile geschah jetzt durch Maschinenkraft, auch die Feinarbeit erforderte ständig größere Präzision und vor allem mehr Schnelligkeit, als sie der gelernte Handwerker mit Hammer, Meißel und Feile leisten konnte. Die große Industrie mußte sich also ihres charakteristischen Produktionsmittels, der Maschine selbst, bemächtigen und Maschinen mittels Maschinen produzieren. So erst schuf sie ihre adäquate technische Unterlage und stellte sich auf ihre eigenen Füße. Mit dem wachsenden Maschinenbetrieb bemächtigte sich die Maschinerie in der Tat allmählich der Fabrikation der Werkzeugmaschinen. Die Entwicklung dieses Fertigungszweigs war die letzte, entscheidende Voraussetzung für den Aufstieg des Deutschen Reichs von 1871 zu einer der ersten Industrienationen der Welt.

Der Werkzeugmaschinenbau wird nach den ersten Anstößen durch die Großmaschinen der Eisenbahnbauepoche zum eigentlichen Träger des technischen Fortschritts in der zweiten Jahrhunderthälfte. Hier, auf diesem Sektor, vollzog sich der Übergang zur umfassenden Spezialisierung, zur Vollmechanisierung und Automatisation, den Attributen der modernen technischen Arbeitswelt.

Die Voraussetzungen dazu lieferte nicht mehr England; sie wurden in den USA geschaffen. Dort entwickelte man zuerst jene hochgezüchteten Spezialmaschinen, die in der Lage waren, ständig wiederkehrende Maschinenteile in Form, Genauigkeit und Werkstoff absolut gleichartig herzustellen. Das Ziel war dabei die Normierung, das Prinzip der Austauschbarkeit von Konstruktionsteilen, die »interchangeability of parts«.

Die deutsche Industrie hat diese Ideen aufgegriffen und durch zielbewußte Entwicklungsarbeit in ihren Konstruktionsbüros, die immer stärker mit gut ausgebildeten Ingenieuren besetzt wurden, den Anschluß an den Weltstandard gesucht. Die Bilanz der Londoner Weltausstellung von 1862 sah Deutschland wirtschaftlich – wenngleich politisch noch nicht geeint – gleichberechtigt unter den großen Industrienationen. Im folgenden Jahr übertraf der Export an Maschinen erstmals die Einfuhr.

Der Weg vom Agrarstaat zur Industrienation

Die Reichsgründung von Versailles gab der wirtschaftlichen Entwicklung neuen, weiteren Auftrieb. Die Kriegsentschädigung von fünf Milliarden, die das siegreiche Deutschland Frankreich auferlegte, bewirkte eine ungeheure, fast fieberhafte Prosperität. Die »Gründerjahre« begannen. Diese kurze Zeitspanne von 1870 bis 1873 sah die Entstehung von 958 Aktiengesellschaften mit insgesamt 3,6 Milliarden Mark Kapital. In den zwanzig Jahren vorher, von 1851 bis 1870 hatte es dagegen nur 295 Neugründungen gegeben. Der Krach blieb nicht aus. Der Schwarze Freitag des 9. Mai 1873 an der Wiener Börse riß ganz Europa in den Strudel der Konkurse. Eine lange Krise folgte.

Sie hat die technisch-industrielle Entwicklung nicht aufgehalten, ja nicht einmal ernsthaft unterbrochen, ihr vielleicht sogar eher eine Phase ruhigen Fortschreitens nach einer allzu hektischen Anfangsperiode gebracht. Als die Weltwirtschaft wieder in Ordnung kam, vor allem nach der Erschließung der Goldfelder von Transvaal und Kanada, als die Märkte wieder aufnahmefähig wurden, begann in den achtziger Jahren jedenfalls der zweite, diesmal dauerhafte Aufstieg der deutschen Industrie, der fortan nur noch den gewöhnlichen konjunkturellen Schwankungen unterworfen war.

Die Grundlage dafür bildete Deutschlands Reichtum an Kohle und Eisenerz. Die Roheisenproduktion stieg bis zum ersten Weltkrieg stetig an, holte kurz nach der Jahrhundertwende den englischen Ausstoß ein und betrug 1913 fast das Doppelte. Auch in der Stahlerzeugung, unabdingbare Voraussetzung für den Maschinenbau, fiel nach der Adaption und Verbesserung der neuentwickelten Herstellungsverfahren der Vergleich mit anderen Industrienationen immer mehr zugunsten Deutschlands aus. Auf diesem Gebiet übertraf das Reich bereits 1900 mit 7,4 Mill. t die 6,0 Mill. t des konkurrierenden Großbritannien.

Roheisenerzeugung im Deutschen Zollgebiet	1871	1,56 Mill. t
	1880	2,73 Mill. t
	1890	4,66 Mill. t
	1900	8,52 Mill. t
	1913	19,03 Mill. t

In dieser ungeheuren Zunahme der Stahl- und Eisenerzeugung spiegelt sich natürlich auch die quantitativ führende Rolle, die der Maschinenbau und die Metallverarbeitung in der Gesamtwirtschaft für die Folgezeit übernehmen. Bis in die zweite Jahrhunderthälfte hinein war Deutschland trotz des industriellen Aufschwungs weitgehend ein Agrarland geblieben; noch 1882 waren 42,3 Prozent seiner Bevölkerung in der Land- und Forstwirtschaft tätig. Im Jahr 1907 war dieser Prozentsatz jedoch auf 34,0 gefallen.

Schon immer war der Prozentsatz an Fertigwaren an der Gesamtausfuhr Deutschlands sehr hoch gewesen – meist machte er die Hälfte aus –, aber bis in die Jahre kurz vor der Jahrhundertwende dominierten unter ihnen immer noch die Textilerzeugnisse. Daß Metallwaren sie von der Spitze verdrängten,

Die Anteile von Halbwaren und Fertigwaren am deutschen Gesamtexport in Prozent (nach Hoffmann, W., D. Wachstum der dt. Wirtschaft, S. 154)

Periode	Halbwaren			Fertigwaren		
	Garne	Eisen und Halbzeug	Koks	Gewebe, Tuche, Kleidung	Waren aus Metall	davon Maschinen
1880/84	4,1	4,2	0,2	21,8	7,1	1,8
1885/89	2,6	3,3	0,4	24,0	8,6	1,8
1890/94	2,5	3,5	1,0	21,1	9,2	2,5
1895/99	2,2	3,9	1,1	18,1	12,5	4,8
1900/04	2,3	5,0	1,1	17,4	15,9	6,2
1905/09	2,1	5,6	1,2	15,5	18,4	9,2
1910/13	2,1	6,6	1,3	12,3	21,0	10,3

verdeutlicht die Wandlung der wirtschaftlichen Struktur, die Deutschland in dieser Phase seiner geschichtlichen Entwicklung durchgemacht hat.

Längst war die Maschinenfabrikation über das Ruhrgebiet hinausgewachsen und hatte sich im gesamten Reichsgebiet angesiedelt. Ja gerade die Werkzeugmaschinenindustrie, ihr wichtigster Zweig, hatte einen neuen Schwerpunkt in Sachsen und im übrigen Mitteldeutschland gebildet, angelehnt an die dort bestehenden Textilbetriebe, die noch immer einer der Hauptabnehmer für Maschinen waren. Süd- und Südwestdeutschland mit der Augsburger Maschinenfabrik, den Kugellagerwerken in Schweinfurt, den Werkstätten von Friedrich Benz in Mannheim, um nur einige zu nennen, bot ein weitverzweigtes Netz metallverarbeitender Betriebe. Auch die neue Reichshauptstadt Berlin mit ihrer näheren Umgebung spielte eine wichtige Rolle.

Innerhalb dieser Industrien kam es nun zu Verflechtungen, zum Zusammenschluß der Großen. Der Anfang dieses Konzentrationsprozesses ist etwa mit der Fusion der Maschinenfabriken von Nürnberg und Augsburg mit der Brückenbauanstalt Gustavsburg zur MAN im Jahr 1898 zu markieren. Er fand seinen Höhepunkt einige Jahre vor dem ersten Weltkrieg, als 1910 der Koloß der DEMAG entstand, deren Grundstock die alten traditionsreichen »Mechanischen Werkstätten« Harkorts bildeten. Um im Wettbewerb der Riesen bestehen zu können, drängten auch die vielen kleinen Unternehmer auf eine **organisierte Interessenvertretung**: 1892 entstand der VDMA, 57 Firmen gründeten 1898 den VDW, den Verein Deutscher Werkzeugmaschinenfabriken.

Die Phase der Industrialisierung Deutschlands war um die Jahrhundertwende abgeschlossen. Eine große Zahl von Unternehmen hatte die Produktion von Maschinen aufgenommen. Sie alle wollten verkaufen. Aber wie?

Auf der Suche nach dem unbekannten Marktpartner

Die Schwierigkeiten der jungen Maschinenindustrie lagen in der Tat auf dem Gebiet des Absatzes, weniger auf dem der Produktionssteigerung und technischen Verbesserung. Sie entwickelte sich so rasch, daß die Hersteller den Überblick über die potentiellen Abnehmer und die Abnehmer den über mögliche Bezugsquellen verloren. Gerade die Normierung und die Präzisionsmaschinen, die die Serien- und Massenproduktion ermöglicht hatten, bewirkten dadurch auch die Sprengung des alten Erzeuger-Kunden-Verhältnisses. Der moderne Industriebetrieb fabrizierte nicht länger auf direkte Bestellung eines Kunden, er produzierte für einen anonymen Markt. Die Rentabilität und Konkurrenzfähigkeit eines auf solchen Grundsätzen aufgebauten Unternehmens war davon abhängig, daß immer eine gewisse Mindestmenge seines Produkts hergestellt und auf dem Markt abgesetzt werden konnte.

Die Schwierigkeit, Industrieerzeugnisse dem richtigen Interessentenkreis bekanntzumachen, ergab sich gleich zu Beginn der Industrialisierung, und etwas unbeholfen mutet der Versuch der jungen Firma Henschel an, die 1843 mit einem ausführlichen Prospekt und Rechenschaftsbericht an den Handels- und Gewerbe-Verein Darmstadt Kunden zu gewinnen suchte. Der Absatz der modernen Massenartikel bedurfte, das wurde damals deutlich, der Unterstützung durch Wirtschaftswerbung, die man damals meist Reklame nannte. Nicht zufällig sind Bücher die ersten Handelsobjekte, für die mittels Anzeigen geworben wurde, nämlich bereits seit dem 16. Jahrhundert. Bücher sind ja im Grunde auch der erste, maschinell hergestellte Massenartikel.

Natürlich galt die Notwendigkeit, zu werben, nicht nur für Investitionsgüter, wie es Maschinen waren, sondern für alle Massenerzeugnisse, besonders auch für Konsumgüter. Und auf diesem Sektor erfolgte auch seit der Mitte des 19. Jahrhunderts der Durchbruch zur modernen Wirtschaftswerbung, deren Hauptmedium die Zeitungsanzeige wird.

Das Inserieren war eine vertraute Sache, in den Intelligenzblättern war es schon lange Zeit vorher geübt worden. Aber das alte Instrument der Annonce wandelte sich nun, wurde verfeinert, wurde zur scharfen Waffe im Konkurrenzkampf. Sie ist jetzt nicht mehr länger bloße Ankündigung, soll nicht nur Mitteilung sein, sondern sie soll fortan den Leser zum Kauf anregen, Bedürfnisse wecken, neue Märkte erschließen. Führend in dieser Entwicklung werden die großen Warenhäuser, wie sie überall entstehen – Bon-Marché in Paris und die Ketten des John Wanamaker in den USA. Die Anzeigenwerbung setzt den Begriff des Markenartikels durch, der immer in der gleichen Qualität und überall zum selben Preis zu haben ist – in Deutschland mit der Schokolade des Hauses Stollwerck, gesetzlich fixiert durch das Margarinegesetz von 1887. Die ersten Werbeagenturen, die zwischen Herstellern und Presse vermitteln, etablieren sich: Ferdinand Haasenstein in Altona 1855 und Rudolf Mosse in Berlin 1867. Noch nannte man sie »Annoncen-Expeditionen«.

Die Zeitungen witterten rasch das gute Geschäft. Nachdem 1874 ein später Nachzügler des »Intelligenzzwangs«, der Stempelzwang – eine Art Anzeigensteuer –, abgeschafft worden war, entstand ein Zeitungstyp, der an die Intelligenzblätter erinnern mochte, der moderner gemacht und interessanter gestaltet war: der Generalanzeiger.

Diese Blätter kosteten wenig Geld – sie wurden durch die Anzeigen finanziert. Sie erschienen in Massenauflagen – jeder konnte sie sich leisten. Sie waren das ideale Medium der Konsumgüterwerbung. Für die Maschinenindustrie, insbesondere im Investitionsgüterbereich – und um den handelte es sich in erster Linie –, war die Generalanzeigerpresse als Werbeträger unbrauchbar. Eine Werbung dieser Art war nicht rentabel. Man hätte mit Kanonen auf

Werbung der »Generalanzeiger«-Presse

Spatzen geschossen, ja man konnte gar nicht sicher sein, ob in dem anvisierten Kirschbaum überhaupt ein Spatz saß.

Die »Reklame« für Maschinen mußte andere Wege gehen. Sie konnte die Konsumgüterwerbung nicht einfach kopieren, die übrigens in der seriösen Welt der Fabrikanten auf nicht geringe Kritik stieß. Auf ihr lag das Odium der Marktschreierei. Noch lange blieb die Werbung im Investitionsgüterbereich auf bloße Ankündigungen beschränkt. Es galt das Prinzip: Leistung spricht für sich. Eine Möglichkeit für solche eher zurückhaltende als werbende Werbung konnte eine Fachpresse bieten, die der Mann vom Fach ohnehin lesen mußte.

Fachzeitschriften — aber keine Werbeträger

Anknüpfend an die im 18. Jahrhundert begründete Tradition hatten sich auch die deutschen Fachzeitschriften weiterentwickelt. Mit dem wirtschaftlichen und industriellen Aufschwung hatte sich ihre Zahl merklich vergrößert und stieg weiter an. Gerade in den 90er Jahren erfolgte der große Sprung nach vorn.

Zunahme der Fachpublizistik des deutschen Sprachraumes während der zweiten Hälfte des 19. Jahrhunderts in Titeln

1867	1140
1874	1855
1880	2727
1890	2994
1900	4820
1910	5861

Eine große Rolle in der Fachpresse begannen nun die gewerblichen Fachzeitschriften zu spielen, seit 1834 mit dem »Börsenblatt des Deutschen Buchhandels« das erste dieser Branchenblätter einzelner Berufs- und Industriezweige erschienen war. Sie sind an der Steigerung der Titelzahl hervorragend beteiligt. Im Jahr 1874 erscheinen 109 Organe dieser Art, das sind 5,9 Prozent der gesamten Titelzahl. 1888 sind es bereits 394 und im Jahr 1910 ist die Tausendergrenze überschritten: 1027 Titel = 17,5 Prozent aller Fachzeitschriftentitel. Auch in diesem Sektor der Fachpresse liegt der Kurvenanstieg eindeutig in den späten 80er und in den 90er Jahren. Hier lag ein Ansatzpunkt für eine wirksame Wirtschaftswerbung, und in der Tat hatte sich ein Teil gerade der Neugründungen an diesem Jahrhundertende eine solche Aufgabe zum Ziel gesetzt.

Denn nicht bei jeder Zeitschrift, die zu Beginn des Wirtschaftsaufschwungs der 90er Jahre bereits bestand, waren die Voraussetzungen für Werbewirksamkeit gegeben.

Wie alle anderen Gebiete des öffentlichen und wirtschaftlichen Lebens hatten sich auch Maschinenbau und Ingenieurwissenschaft ihre Zeitschriften geschaffen. Bereits seit 1820 erschien z. B. im Verlag Cotta Dinglers »Polytechnisches Journal«, eine der ersten wissenschaftlichen Zeitschriften übrigens, die mit dem erklärten Zweck, damit Geld verdienen zu wollen, gegründet wurde. Bis dahin – und weithin auch noch heute – war die wissenschaftliche Publizistik froh gewesen, wenn sie sich finanziell gerade eben über Wasser halten konnte oder über einen vermögenden Mäzen verfügte.

Die Zunahme der Zeitschriften im Bereich des Bau-, Ingenieur-, Maschinen- und Eisenbahnwesens sowie der Elektrotechnik war natürlich nur eine folgerichtige Begleiterscheinung der Industrialisierung und der Fortschritte in der Technologie. Zahlen sind hier spärlicher als in anderen Bereichen der Presse in Erfahrung zu bringen, dennoch läßt sich auch dieses Wachstum in Ziffern wiedergeben. Es erscheinen:

1837   8 Titel,
1888   79 Titel,
1907   207 Titel.

Alle diese Zeitschriften stellten für die Werbung keine echte Grundlage dar. Gewiß, sie verfügten über einen wissenschaftlich hochstehenden Text, aber er wandte sich in den meisten Fällen nur an die Ingenieure, die sich um kaufmännische Dinge wenig kümmerten, und er war in ihrem Fachjargon geschrieben. Zudem war insgesamt das Vertriebssystem dieser Presse nicht effizient genug, ausschließlich auf dem Abonnement aufgebaut, die Erscheinungsweise nicht häufig genug. Kurz, diese Zeitschriften erreichten nicht oder nur selten, vor allem aber nicht schnell genug den Kundenkreis, der am Einkauf von Maschinen interessiert war. Am wenigsten erreichten sie diejenigen Persönlichkeiten, die über den Kauf entschieden. Eine Marktabdeckung durch sie war nicht möglich, ihre Verwendung als Werbemedium nur bedingt empfehlenswert.

Was die dynamische, sich fast explosionsartig ausdehnende Wirtschaft brauchte, war nicht ausschließlich wissenschaftliche Belehrung, wie sie die traditionelle Fachpresse bot, sondern schnelle und umfassende Informationen über Angebot und Nachfrage auf dem Markt für Industrieerzeugnisse. Aus dieser Notwendigkeit heraus wurde ein neuer Zeitschriftentyp geboren, der sich in seiner Struktur an die Generalanzeigerpresse anlehnte und wie sie einen Rückgriff auf Intelligenzblätter und Renaudots »Feuilles d'avis« bedeutete: das Offertenblatt.

Damit war die Form gefunden, in der sich in der vorliegenden wirtschaftlichen Situation Wirtschaftswerbung für Investitionsgüter treiben ließ. Aber wie verschaffte man diesem Medium die größtmögliche Resonanz und Effizienz? Das Problem lag in der Gestaltung des Vertriebs. Abonnementsbezug, Verkauf gegen Bezahlung, auch die einfache Gratisabgabe ohne besondere Versandmethoden waren keine optimale Lösung. Wo lag sie?

C. G. Vogel und sein Verlag

Ein junger Mann aus Plauen

Carl Gustav Vogel wird am 26. September 1868 in Untermarxgrün bei Oelsnitz im sächsischen Vogtland als ältestes von fünf Geschwistern geboren. Die Eltern: der Handweber Carl August Vogel, geboren 1845 in Oelsnitz, und seine Frau Ernestine Wilhelmine, geb. Renz, aus Raschau im Vogtland. Nichts in dieser Umgebung, das die spätere Entwicklung zum Verleger voraussehen ließe. Eines aber, das den Werdegang des Geschäftsmanns und Unternehmers C. G. Vogel entscheidend bestimmen wird, ist auch hier von allem Anfang an gegenwärtig: die Welt der Maschine.

Seit dem Ausgang des 15. Jahrhunderts ist das Textilgewerbe der beherrschende Faktor im Wirtschaftsleben des Vogtlands gewesen. Die Tuchmacherei – später, im 17. Jahrhundert, abgelöst von der sich immer stärker ausbreitenden Weißwarenindustrie – vollzog sich in den strengen Organisationsformen des Zunftwesens, das lange keinen Raum für größere Unternehmen, für fabrikmäßige Herstellung ließ. Das 19. Jahrhundert mit der beginnenden Gewerbefreiheit, erst recht aber der Siegeszug der Maschinen und der Mechanisierung machten den Weg frei für Textilfabriken großen Stils.

Fanden sich noch 1846 im ganzen Vogtland nur vier Dampfmaschinen mit sechs Kesseln, so hatte sich diese Zahl schon zehn Jahre später auf 28 Maschinen mit 38 Kesseln erhöht. Der entscheidende, revolutionäre Anstoß für das Textilgewerbe aber kam in den sechziger Jahren:

1861 werden in Netzschkau und Tannenbergtal die ersten drei mechanischen Baumwollwebereien mit zusammen 251 durch Dampfkraft angetriebenen Stühlen eingerichtet. Schon 1863 folgt Plauen mit einem mechanisierten Betrieb. In den nun folgenden zwei Jahrzehnten, besonders seit 1866 die

Mechanisierung der vogtländischen Textilindustrie seit 1861
(nach Bein, S. 345)

	Fabriken	Mechanische Webstühle	davon Jacquard
1861	3	251	—
1863	4	298	—
1866	8	570	—
1871	9	978	151
1874	15*	1960	544

*davon 6 in Plauen, 4 in Netzschkau, 2 in Oelsnitz, 1 in Falkenstein, 1 in Lengefeld, 1 in Tannebergtal.

Jacquardmaschine dem mechanischen Webstuhl angepaßt werden konnte, wurde die Textilindustrie des Vogtlands fast vollständig von der Mechanisierung erfaßt.

Der Vater C. G. Vogels ist diesen Weg der Industrialisierung mitgegangen. Er vertauschte den Handwebstuhl, der keine Zukunft mehr hatte, mit der Tätigkeit in der Industrie, verließ das Dorf Untermarxgrün und wurde in Plauen seßhaft, diesem rapide aufstrebenden Zentrum der vogtländischen Industrie, dessen Einwohnerzahl sich von rd. 40 000 zur Zeit der Geburt C. G. Vogels auf 57 000 im Jahr 1880 erhöhte. Kurz vor dem ersten Weltkrieg überschritt sie die 100 000 und zählte damit zu den damals 56 deutschen Großstädten.

Der Rückgang der Handweberei in Plauen am Beispiel der Mullweberei
(nach Bein, S. 348)

	Beschäftigte Personen	Handstühle
1872	1265	1274
1876	470	541
1877	409	459
1878	370	394
1879	309	319
1880	294	204

Die Eindrücke der Industrielandschaft, nicht dörfliche Idylle, bestimmten so die Kindheit C. G. Vogels. Sie legten in ihm den Grund zum Verständnis für die Welt der Technik, der die Zukunft, das 20. Jahrhundert gehörte.

Entscheidend wird auch das Elternhaus; hier wohl empfängt er jene Verbindung von Sparsamkeit und Erwerbsgeist, die sein Unternehmertum später geprägt hat. Von zäher Sparsamkeit zeugt es doch, wenn ein Handweber mit gewiß nicht üppigen Löhnen, wie Carl August Vogel, es dennoch später zu Hausbesitz in Plauen brachte. All das, obwohl er durch die schwere Depression der Jahre 1874 bis 1878 hindurch mußte, die die vogtländische Textilindustrie besonders hart traf. Verständlich, wenn die Kinder, C. G. Vogel und seine Geschwister, von früher Jugend an zum Familienunterhalt beisteuern mußten, ebenso verständlich, daß sie dabei frühzeitig lernten, günstige Gelegenheiten entschlossen beim Schopf zu fassen.

Die Sparsamkeit C. G. Vogels in späterer Zeit war fast legendär, zahllose Anekdoten rankten sich um sie. Es zeugt aber für den Weitblick des Vaters, daß er es nicht dabei beließ, seinem Sohn diese Tugend anzuerziehen. Er sorgte auch für eine angemessene Ausbildung.

Zum Weber, zum Handwerker war der Junge augenscheinlich nicht bestimmt; schon früh scheinen sich unternehmerische Züge gezeigt zu haben. Eine Familientradition berichtet, er habe schon während der Schulzeit sein Taschengeld selbst verdient, indem er Bücher gegen Entgelt an seine Mitschüler auslieh. Es mag sein, daß diese und andere ähnliche Begebenheiten Carl August Vogel bewogen, seinen Sohn in eine Kaufmannslehre zu schicken. Ostern 1882 jedenfalls tritt C. G. Vogel in das Kontor des Kaufmanns G. A. Hellriegel in Plauen ein.

Hier verbringt er drei Jahre. Hellriegel führt kein Einzelhandelsgeschäft, er ist »Colonialwaaren- und Producten-Händler«. Auch das wird für die Zukunft wichtig. Der junge C. G. Vogel erhält hier eine solide kaufmännische Ausbildung, er erarbeitet sich das Handwerkszeug seiner späteren Tätigkeit. Gleichzeitig aber wird ihm im Großhandel der Blick geschärft für die geschäftlichen Möglichkeiten über den lokalen Rahmen hinaus. Sein kaufmännisches Kalkül wird nicht im Raum zwischen Tresen und Ladentür steckenbleiben. Im Herbst 1885 hat er ausgelernt, und sein Lehrherr Hellriegel entläßt ihn mit einem ausgezeichneten Zeugnis, das ihn »allen achtbaren Handelshäusern« empfiehlt.

Nun beginnt ein neuer Lebensabschnitt, charakterisiert durch tastende Versuche, einen eigenen Weg zu finden. C. G. Vogel verläßt Plauen, kehrt aber dafür in die Welt der ihm seit Kindheit vertrauten Textilindustrie zurück. Der Kolonialwarenhandel der Lehrzeit bleibt Episode.

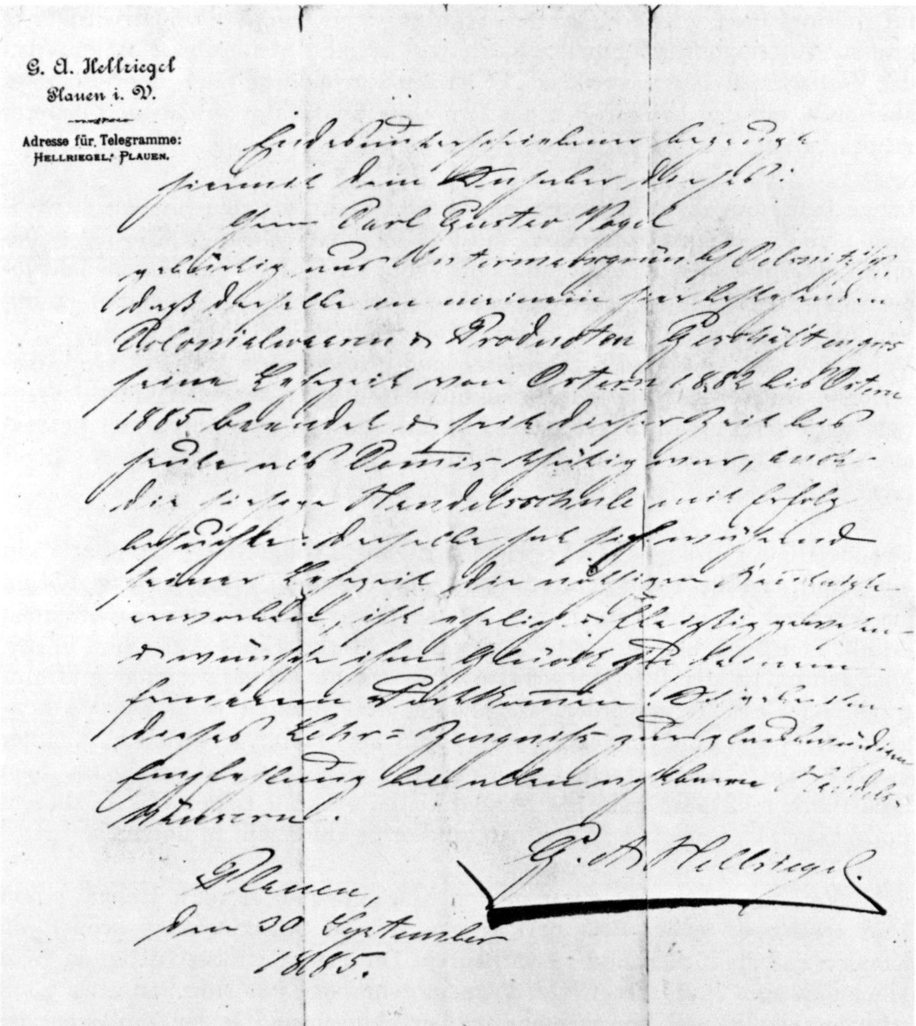

C. G. Vogels Lehrzeugnis

Im thüringischen Pößneck, dessen Textilgewerbe mit der Industrialisierung großen Aufschwung genommen hatte, tritt er eine Stelle als »Kommis« bei der Wollagentur F. A. Schenk an. Er ist dort im Kontor tätig, übernimmt es aber auch, mit den Wollproben der Firma die Textilfabrikanten als Vertreter zu bearbeiten.

Lange befriedigt diese Tätigkeit für fremde Rechnung den jungen, strebsamen und ehrgeizigen Kaufmann nicht. Kaum hat er einige Rücklagen gemacht, drängt er in die Selbständigkeit. Wohl seit 1888 – aus diesem Jahr jedenfalls stammt die erste gewerbepolizeiliche Anmeldung – beginnt er mit Wollhandel auf eigene Faust. Auch der genügt ihm noch nicht ganz. C. G. Vogel will gleichzeitig auch fabrizieren und gründet eine Weberei. Doch dieser erste Anlauf als Unternehmer mißlingt. Mutig, in schneller Entschlossenheit, wird der Versuch abgebrochen, als sich die Undurchführbarkeit herausstellt. Ein Kleinbetrieb mit zwei Webstühlen – mehr kann der Anfänger nicht erschwingen – ist zu dieser Zeit nicht mehr rentabel.

Der Betätigungsdrang C. G. Vogels, durch das Wollgeschäft offenbar nicht ausgefüllt, erschließt sich dennoch neue Möglichkeiten. Wie ein Fieber hat im ausgehenden 19. Jahrhundert die philatelistische Sammelwut die Menschen erfaßt. Erst seit 1849 gibt es in Deutschland Briefmarken, aber schon in den 70er Jahren ist der Briefmarkenhandel zu einem weitverzweigten und einträglichen Geschäft geworden. C. G. Vogel hat zunächst wohl das Markensammeln – wie seine Umgebung auch – nur als »Hobby« betrieben. Aus der Geschäftskorrespondenz eines Kaufmanns fiel ja Material genug an. Sein Scharfblick muß aber bald die Möglichkeiten erkannt haben, die in diesem noch jungen Geschäftszweig steckten, und er beschloß, sie zu nutzen.

Beim Verkauf von selbst gesammelten Marken blieb er nicht stehen, schon bald erwarb er selber Briefmarken, um sie, zu Sortimenten geordnet, an Kunden zu verschicken und zu verkaufen. Die Feierabendbeschäftigung wird allmählich zum Hauptberuf. Der Wandel geht sacht vor sich. Seit etwa 1890 tritt der Wollhandel immer mehr in den Hintergrund – der Wollagent ist zum Briefmarkenhändler geworden. Seine Firma: C. G. Vogel, Pößneck – Import und Export.

Der junge Mann aus Plauen hatte damit schon allerhand geleistet. Er war nun selbständig, sein Handel schien zu florieren, und er hätte sich mit dem Erreichten zufrieden geben können, um so mehr, als er 1889 durch seine Heirat mit Minna Berlet, der Tochter eines Pößnecker Wollagenten, einen eigenen Hausstand begründet hatte. Aber die doch recht schmale Basis eines Briefmarkenversandhauses mit unzureichendem Kapital genügte ihm nicht; er suchte nach Möglichkeiten, das Erreichte abzusichern und auszubauen. Und wie er durch die Sammelleidenschaft der Philatelie einen noch jungen, expansionsfähigen Markt entdeckt hatte, stieß er auch jetzt wieder in Neuland vor.

C. G. Vogel in Pößneck 1885

Mit seinen Bemühungen, den Absatz seiner Marken zu vergrößern, tat er den letzten Schritt in jenen Bereich, der ihm zur eigentlichen Lebensaufgabe werden sollte.

Wechselversand — das Rezept des Erfolgs

Pößneck allein war keine rechte Basis für ein Briefmarkengeschäft, C. G. Vogel hatte darum das Unternehmen von vornherein auf Versandhandel abgestellt. Dabei ergab sich wie von selbst das Problem der Kommunikation mit den Kunden. Die Versendung von Auswahlkollektionen war zwar branchenüblich, aber doch recht umständlich und risikoreich. Obendrein gestaltete sich ein solches Verfahren wegen des mehrfachen hohen Portos recht kostspielig.

C. G. Vogel ging zunächst zum Versand von Listen über, tauschte Kundenadressen mit Briefmarkenhändlerkollegen und nahm gelegentlich auch deren Angebote in seine Kataloge auf. Allmählich muß seine Kenntnis des Marktes und des Kundenkreises so groß geworden sein, daß es ihm fast lohnender schien, Annoncen der Konkurrenz zu verbreiten, als selber Marken zu verkaufen. Wie so viele in jenen Tagen gründete auch er ein Offertenblatt; im Januar 1892 erschien die Nummer 1 der Zeitschrift »Internationales Briefmarken-Offertenblatt. Insertions-Organ für Sammler und Händler«.

Ihre Internationalität stellte die Neugründung mit der großen Anzeige einer Pariser Firma auf dem Titelblatt unter Beweis, den Optimismus und die Expansionslust des Herausgebers aber läßt der Hinweis unter dem Titel ahnen:

»Die zweite Nummer des Internationalen Briefmarken-Offertenblattes erscheint am 25. Februar a. cr. und wird allen Interessenten des Briefmarkensammelwesens der Welt *gratis* und *franko* zugesandt.«

Damit war die Marschrichtung vorgezeichnet. Aber konnte ein so kleiner Verleger, wie man ihn jetzt schon nennen muß, so große Versprechungen machen? Schon die Herausgabe der ersten Nummer erfolgte unter großen finanziellen Schwierigkeiten, und nur mit dem ganzen Einsatz seiner Kraft war C. G. Vogel in der Lage, seine Zeitschrift fortzuführen. Davon wird noch die Rede sein. Es war jedoch keine Großsprecherei. C. G. Vogel fand ein System, seinem Blatt eine Breitenwirkung zu verschaffen, wie sie die Ankündigung der ersten Nummer versprach.

Natürlich war es unmöglich, jede Ausgabe der Zeitschrift allen Interessenten zuzustellen — gerade darin lag ja das Problem der Wirtschaftswerbung durch Marktzeitschriften. C. G. Vogel ging daher daran, seine Adressen zu sortieren, ihre Wichtigkeit abzuschätzen. Wichtige, kaufkräftige und kauflustige Kunden erhielten jede Nummer seiner Zeitschrift, bei den übrigen über-

Internationales Briefmarken-Offertenblatt.
Insertions-Organ für Sammler und Händler.

ANNONCEN:	Herausgeber:	ERSCHEINEN:
Die ganze Seite ..... Mk. 40.— Die 3-gespaltene Petitzeile „ —.20	**C. G. Vogel,** Poessneck i. Th. Telegramm-Adresse: Briefmarken-Vogel, Poessneck.	Erscheint an jedem 25. des laufenden Monats.

☞ Die **zweite** Nummer des „Internationalen Briefmarken-Offertenblattes" erscheint am 25. Februar a. cr. und wird allen Interessenten des Briefmarken-Sammelwesens der Welt **gratis** und **franko** zugesandt. Annoncen werden bis spätestens den 20. Februar erbeten.

No. 1 — Alle Korrespondenzen sind zu richten an: C. G. VOGEL, Poessneck i. Th. — **1892**

ALFRED FORBIN, 47, Rue de sévres, PARIS.

☞ Geschäftsverbindungen mit Sammlern, sowie grösseren gediegenen Markenfirmen erwünscht. ☜
Auswahlsendungen mache nur bei Aufgabe von zuverlässigen Referenzen.

Offeriere per Kassa im Voraus:

	Mk.
Azoren 68, 20 r. bistre neu	16.—
„ „ 50 r. grün „	20.—
„ „ 80 r. orange „	16.—
„ „ 100 r. lila „	16.—
Thurn & Taxis 67, ¼ slbgr. schwarz in farb. Linien durchst.	12.50
Elsass-Lothringen 70, 1 c. olive	3.—
„ „ 2 c. braun	5.—
„ „ 5 c. grün	—.30
„ „ 10 c. bistre	—.15
„ „ 20 c. blau	—.50
Barbados 73, 5 sh. lilarot	15.—
Belgien 65, 1 fr. violet	—.75
„ 66, 1 cent. grau	1.25
Ceylon 61, ✱ 1 sh. violet	1.50
„ „ 2 sh. blau von 15 bis 18.—	
„ 64, 4 pence carmin	2.—
„ C. C. 6 „ braun	—.80
„ „ 8 „ „	4.—
„ „ 9 „ „	3.—
„ „ 10 „ orange	1.75
„ „ 1 sh. violet	1.75
„ „ 2 sh. blau	1.75
Congo 86, 5 francs violet neu	12.—
Aegypten 66, 10 piastres grau gebr.	12.—
Gibraltar 66, 1 sh. bistre ohne Aufdr.	3.—
Frankreich 49, 1 franc vermillon	125.—
Brit. Guyana 50, 4 cents blau	80.—
Guadeloupe 77, taxe 25 c. schwarz	30.—
Ungarn 71, 25 kr. violet	—.60
Ostindien 66, 6 an. lila „Postage" v. 5 b.	7.—

	Mk.
Island 73, 3 sk. grau	1.—
„ „ 8 sk. braun	1.50
Japan 77, 45 sen carmin	12.—
Luxemburg 65, 37½ c. bistre neu	14.—
„ 74, 1 fr. schwarz	1.25
Malacca 67, 12″ cents carmin und grün	10.—
„ 91, Perak two cents auf 24 c. grün, 3 Typen neu, jede	1.50
Mauritius 59, 2 p. blau	12.—
„ 72, 9 p. grün gebr.	20.—
„ 72, 9 p. grün neu	10.—
Monaco 85, 40 c. neu	—.50
„ 85, 75 c. neu	—.90
Norwegen 56, 2 sk. gelb	—.75
„ 56, 3 sk. violet	2.50
„ 63, 24 sk. braun	—.75
Neu-Braunschweig 57, 6 p. gelb	15.—
Neu-Schottland 57, 1 p. braun	12.—
„ 57, 6 p. grün	12.—
Parma 54, 5 cents gelb	10.—
Portugal 66, 80 r. orange	1.26
„ 66, 120 r. blau	1.50
„ 67, 80 r. orange	1.25
„ 70, 240 r. violet	7.25
	neu gebr.
Schleswig-Holstein 50, 1 sh. blau	12.— 1.—
„ 65, ½ sh. rosa	1.— 1.25
„ 65, 1¼ sh. violet	1.50 2.—
„ 65, 2 sh. blau	2.— 3.—
„ 65, 4 sh. bistre	2.— 3.50
Tasmania 70, 4 p. blau	25.— —.—

Ich besitze ein wohlassortiertes Lager in allen besseren Sorten, sowie auch in Raritäten.
Mankolisten werden gerne berücksichtigt.

Grosso-Verkauf. ☜ ☞ **Einzel-Verkauf.**

Demnächst erscheint:
☞ **BRIEFMARKEN-KATALOG** ☜
Derselbe wird auf Anfrage gratis und franko übersandt.

Die erste Nummer des »Internationalen Briefmarken-Offertenblatt«

sprang er – wieder sorgfältig abgestuft – eine, zwei, drei Nummern, bevor er ihnen eine weitere zusandte. So war sichergestellt, daß jeder seiner Adressaten die Zeitschrift regelmäßig zu Gesicht bekam und durch ihre Inserate angesprochen wurde. Der *Wechselversand*, die zündende Idee, die das Unternehmen C. G. Vogels groß gemacht hat, dieses offene Geheimnis der Erfolge des Vogel-Verlags war geboren.

Mit diesem System hat sich C. G. Vogel als Unternehmer durchgesetzt, mit seiner Hilfe faßte er festen Fuß im Verlags- und Druckereiwesen – er, dessen Kreditwünsche an den Pößnecker »Vorschußverein« abschlägig beschieden wurden mit dem geheimen Aktenvermerk: »Vogel ist ein junger Mann, hat nichts.« Offenbar hatte er eben doch etwas; das Rezept nämlich, mit einem Werbemedium den größtmöglichen Interessentenkreis bei vergleichsweise niedrigem Aufwand zu erfassen. Eine Formel also, nach der die Werbewirtschaft der jungen Industrie schon lange suchte.

Als sich der erste Erfolg einstellte, die Anfangsschwierigkeiten überwunden waren, konnte C. G. Vogel daran denken, weitere verlegerische Pläne zu verfolgen. Da er auch über eine eigene Druckmaschine verfügte, mußte er ohnehin die Zahl der Objekte vergrößern, um seine Anlagen voll auslasten zu können. Im Jahr 1895 erfolgte darum der zweite entscheidende Schritt, der für die Zukunft des Unternehmens bestimmend war. C. G. Vogel betrat mit ihm ein Terrain, das ihm von seiner Ausbildung her fremd sein mußte. Er hatte nicht gelernt, mit Maschinen zu handeln, er wußte auch so gut wie nichts über ihre Fertigung. Aber er war bereits als Kind des Industriezeitalters geboren und aufgewachsen und sah mit aller Deutlichkeit die Probleme, vor denen die Maschinenindustrie stand. Der ehemalige Wollagent verwarf den Gedanken an eine Textil-Marktzeitschrift, er gründete den »Maschinenmarkt«.

Das war keineswegs ein einfaches Unterfangen, die Konkurrenz war schon auf dem Plan. Mitten im Ruhrgebiet erschien bereits seit 1879 der »Anzeiger für Berg-, Hütten- und Maschinenwesen« des Hauses Girardet, bald kurz als »Essener Anzeiger« bekannt. Ganz nahe, in der alten Verlagsstadt Leipzig hatte sich 1892 »Klepzigs Anzeiger«, ein anderes renommiertes Blatt der Branche etabliert, und C. G. Vogel hat selbst gelegentlich eingeräumt, daß gerade diese Zeitschrift in manchem die Konzeption des »Maschinenmarkt« beeinflußt hat. Auch nachdem sich der »Maschinenmarkt« als Dritter im Bunde zu diesen beiden gesellt hatte, ließ ihr Erfolg anderen Verlegern keine Ruhe: Es entstanden ein »Straßburger Anzeiger«, ein »Frankfurter Anzeiger«, ein »Eberswalder Offertenblatt«.

Alle diese Zeitschriften waren typische Offertenblätter. Sie enthielten vorwiegend Anzeigen, auch sie wurden außer durch Abonnementbezug vor allem kostenlos verbreitet. Aber der »Maschinenmarkt« behauptete sich neben den

Die älteste erhaltene Nummer des »Maschinenmarkt«

älteren Gründungen, ja er trat erfolgreich zum Wettkampf um eine führende Position auf dem Markt an. Die Erfahrungen, die C. G. Vogel beim Aufbau des »Internationalen Briefmarken-Offertenblatt« in der Handhabung des Wechselversands und in der Pflege des Adressenmaterials gesammelt hatte, machten den zeitlichen Vorsprung der anderen wett. Mit aller Deutlichkeit zeigte es sich, daß in diesem Geschäft das Vertriebssystem der entscheidende Faktor war. C. G. Vogel behauptete sich auf dem Markt, und seine Zeitschrift war, als das neue Jahrhundert begann, aus der Maschinenindustrie des deutschen Sprachgebiets nicht mehr wegzudenken.

»Verlag und Druckerei C. G. Vogel«

Was in Erstaunen setzen muß, ist die Diskrepanz zwischen diesem enormen verlegerischen Erfolg und der schmalen, um nicht zu sagen armseligen Grundlage, auf der C. G. Vogel die Gründung des »Maschinenmarkt« wagte.

Am Anfang seiner Verlegertätigkeit jedenfalls häufen sich die Schwierigkeiten. Natürlich ist C. G. Vogel zunächst auf fremde Druckereien angewiesen. Die eine, Arthur Hofmann in Saalfeld, fürchtet um die Zahlungsfähigkeit des jungen Verlegers und stellt den Druck des »Internationalen Briefmarken-Offertenblatt« nach der ersten Nummer ein. Fortan wird die Zeitschrift bis zur Nummer 36 im Jahr 1894 in der günstig gelegenen Druckerei des »Pößnecker Tagblatt«, Fa. Hermann Schneider in Pößneck, hergestellt.

Bald bemüht sich C. G. Vogel um eigene Druckereianlagen. Es ist nicht nur sein unternehmender Geist, der nach völliger Unabhängigkeit von fremder Arbeit drängt, sondern hinter diesen Bestrebungen steckt genaue und harte kaufmännische Kalkulation. Abgesehen davon, daß die Druckkosten geringer werden, kann er jetzt selbst den Termin der Fertigstellung einer Zeitschriftennummer bestimmen, was natürlich für den Vertriebsplan von außerordentlicher Wichtigkeit ist. Der Grundsatz, Verlag und Druckerei in einem Betrieb möglichst unter einem Dach zu vereinigen, ist eine der Hauptmaximen des Verlagsgründers und auch seiner Nachfolger geblieben. Eine solche Vereinigung bedingte zwar ein größeres unternehmerisches Risiko und vor allem in der Aufbauzeit eine ungeheure Arbeitsbelastung, aber nur in ihrer frühzeitigen Verwirklichung sah C. G. Vogel die volle Effizienz seiner Zeitschriften gewährleistet. Die Kombination von Verlag und Druckerei war billiger und funktionsgerechter.

Da sich in Pößneck kein geeigneter Betriebsraum finden läßt, zieht der Verlag ins heimatliche Plauen um. Dort, in einer Textilfabrik, Böhlerstraße 1, stellt C. G. Vogel seine erste, auf Ratenzahlung erworbene Schnellpresse der Frankenthaler Schnellpressenfabrik auf, die er überdies – vielleicht war das sogar für die Wahl des Hauses entscheidend – an die Transmission der Kraftanlage des Textilbetriebs anschließen kann. Ein erster Mitarbeiter – ein Setzer und Drucker – wird eingestellt, und am 25. Juni 1894 erscheint das »Internationale Briefmarken-Offertenblatt« erstmals mit dem Impressum: Druck und Verlag von C. G. Vogel, Plauen im Vogtland.

Plauen als Verlagsort bleibt jedoch Episode, wie die Plauener Lehrzeit C. G. Vogels Episode blieb. Schon ein Jahr später, im Oktober 1895, wird die Rückkehr nach Pößneck möglich. Durch Vermittlung und mit finanzieller Unter-

Das Haus Wohlfahrtstraße 2 in Pößneck

stützung seines Schwiegervaters Berlet kann C. G. Vogel das Haus in der Pößnecker Wohlfahrtstraße erwerben, das zum eigentlichen Stammhaus des Vogel-Verlags wird. Hierhin wird die Schnellpresse gebracht, ein 2-PS-Gasmotor, gebraucht erworben, kommt hinzu. Zu dem schon in Plauen verpflichteten Schweizerdegen gesellt sich ein Setzer. Zusammen mit dem Prinzipal kommt der Verlag jetzt auf eine Belegschaft von drei Mann. Mit dieser Mannschaft macht sich C. G. Vogel daran, den Markt der industriellen Offertenblätter für sein Unternehmen zu erschließen, als er beginnt, den »Maschinenmarkt« herauszugeben.

Der »Familienbetrieb«

Diese Betriebsgröße mutet für heutige Verhältnisse fast unvorstellbar an. Mit der reinen Herstellung war es ja bei solchen Zeitschriften, wie sie das »Internationale Briefmarken-Offertenblatt« und der »Maschinenmarkt« darstellten, bei weitem nicht getan, wenn sie auch die meisten Kapitalinvestitionen erforderte. Daneben mußte vor allen anderen Dingen das Versandnetz aus guten und besten Adressen aufgebaut und ständig kontrolliert werden. Von ihm hing der Erfolg der Zeitschriften ab. Die Werbung von Annoncen aber, die das Unternehmen finanziell trugen, erforderte eine intensive Korrespondenz und ständige, zum Teil ausgedehnte Reisen. In den Aufbaujahren hat der Firmengründer alle diese Funktionen weitgehend allein, ohne zusätzliche Mitarbeiter ausgefüllt.

C. G. Vogel war gezwungen, ohne Fremdkapital auszukommen. Nach dem ersten, fehlgeschlagenen Versuch der Kreditnahme beim Pößnecker »Vorschußverein« entwickelte er sogar eine ausgesprochene Abneigung gegen Fremdfinanzierung, die sein ganzes Leben lang vorhielt. Das führte, um wenigstens die Personalkosten des Unternehmens niedrig zu halten, zu einem fast totalen Einsatz seiner eigenen Person und seiner Angehörigen für den Betrieb. Schon während der Zeit, als noch die Fa. Schneider den Druck besorgte, ließ er die fertigen Druckbogen ungefalzt in seine Wohnung schaffen, um diese Arbeit einschließlich des Zusammentragens der Hefte, der Adressierung und des Versands unter Assistenz seiner Familie selbst zu übernehmen.

Die Keimzelle eines der bedeutendsten deutschen Verlagsunternehmen war somit in seinen Anfängen ein ausgesprochener Handwerksbetrieb mit vollem Einsatz der gesamten Familie, wie er in dieser Struktur vor allem für das Handwerk der vorindustriellen Epoche charakteristisch war. Gerade für die Textilindustrie, deren Welt C. G. Vogel durch sein Elternhaus vertraut war, konnte er als typisch gelten.

Viele große Unternehmen gerade der Maschinenindustrie sind aus solchen Familienbetrieben und Meisterwerkstätten hervorgegangen, erinnert sei nur an den Lokomotivbauer August Borsig. Entscheidend für solchen Aufstieg in der Frühphase der Industrialisierung waren oft genug nicht die Verfügung über größeres Anfangskapital, sondern Initiative und die Umsetzung neuer Ideen in die Praxis.

C. G. Vogel — ein typischer Unternehmer des 19. Jahrhunderts

C. G. Vogel bietet, will man ihn unter die Typen des deutschen Unternehmertums im 19. Jahrhundert einordnen, »das romantische Bild des unermüdlichen kleinen Geschäftsmanns, der vom Inhaber einer Meisterwerkstätte zum Leiter eines Großunternehmens emporsteigt«. Denn in diese Sphäre des Handwerksbetriebs, der Fabrikation, hatte sich der gelernte Kaufmann mit dem Entschluß, Verleger und Druckereibesitzer zu werden, in gewisser Weise zurückbegeben. Dem Bereich des Handels aber blieb er weiterhin verhaftet, da die von ihm »produzierten« Zeitschriften nicht Objekt des Handels, sondern vielmehr ein belebendes Element, und zwar ein völlig neues Agens des Güter- und Warenaustauschs darstellten. Und ein wenig vom Typ des Forscher-Unternehmers ist bei C. G. Vogel ebenfalls zu verspüren, denn die Expansion seines Verlags zum Großbetrieb war nicht allein bedingt durch außerordentliche Investierung von Arbeitskraft und zäher Sparsamkeit — diese Eigenschaften waren an sich keine Seltenheit. Die Expansion war entscheidend verknüpft mit der Anwendung und unbeirrten Verwirklichung seiner neuen Idee des Wechselversands, durch die er das Werbemedium Offertenblatt auf dem wichtigsten Sektor der zeitgenössischen Industrie entscheidend verbesserte. Erst dadurch wurden die Gewinne möglich, deren Rücklage und Wiederinvestition in die Firma den Aufstieg zum Großverlag ermöglichten.

Das Bild der Persönlichkeit C. G. Vogels, wie es die Zeitgenossen vor Augen hatten, ist jedoch stark geprägt von den Ursprüngen des Verlags aus dem Kleinbetrieb, in dem der Prinzipal fast alles selbst erledigte und auch in Kleinigkeiten unentbehrlich war. Eine große Zahl von Anekdoten, die in Familienkreis und Mitarbeiterschaft kursierten, hat dieses Bild vom »Patriarchen« C. G. Vogel festgehalten. In ihnen wurden immer wieder in wechselnden Wendungen die Sparsamkeit und persönliche Bescheidenheit des Firmenchefs, aber auch sein strenges Regiment im Betrieb in den Mittelpunkt gestellt. Ein für heutige Verhältnisse belustigendes, ja fast groteskes Beispiel, das A. C. Berlet mitgeteilt hat, verdeutlicht den Tenor dieser Anekdoten.

»Um 1900 erhielten wir von einer rheinischen Firma im Gegenrechnungswege drei ungewöhnlich hohe, sogenannte ›Zirkulationsöfen‹. Diese Öfen waren gut zwei Meter hoch und hatten natürlich einen großen Füllraum und damit große Heizkraft. Als die Öfen aufgestellt waren, wurde eine Heizprobe vorgenommen, und es entwickelte sich im Büro eine solche Wärme, daß es einfach nicht mehr auszuhalten war und die Fenster geöffnet werden mußten. Überraschend trat der Senior ein, sah, daß wir die Fenster geöffnet hatten, merkte, daß man zuviel angelegt hatte und frug, wer soviel in den Ofen gesteckt habe. Ernst Lorenz erklärte freimütig, daß er es gewesen sei, worauf der Senior zu ihm sagte: ›Bezahlen Sie die Kohlen, oder bezahle ich die Kohlen? Das ist ja eine Schweinerei, so mit den Kohlen zu wüsten‹ und verschwand. Nach etwa fünf Minuten erschien er wieder, ausgerüstet mit Hammer und Schraubenzieher, schraubte von beiden Fenstern die Griffe ab und nagelte die Fenster zu. Nach etwa acht Tagen, als er wieder einmal verreist war, haben wir dann die Nägel wieder entfernt und natürlich, wenn es sein mußte, nur sehr sparsam geheizt.«

In die gleiche Richtung zielen die Geschichten von der Zigarette eines seiner Vertreter, die ihm selbst, dem Chef, viel zu teuer war, von der mit der Rückseite weiterverwendeten Schreibfeder, die auf diese Weise vier Wochen länger als gewöhnlich hielt, von den Briefen schließlich, die C. G. Vogel am Rand beschnitten haben soll, damit das Normalporto nicht überschritten wurde.

Es wäre falsch, wollte man sich durch dieses Bild der Anekdoten, in denen sicherlich auch ein gutes Stück Selbststilisierung steckt und durch die er unter der Belegschaft populär war, den Blick auf die unternehmerischen Fähigkeiten C. G. Vogels verstellen lassen. Die Sparsamkeit war kein Geiz; sie wich der Großzügigkeit, gezügelt allerdings durch genaue Kalkulation, wenn es sich um die Vergrößerung des Unternehmens, den Ausgriff auf den neuen Markt Österreich-Ungarn etwa, handelte. Seine Bescheidenheit in persönlichen Dingen hinderte ihn durchaus nicht, den Wert einer angemessenen Repräsentation zu erkennen, wenn er sie in den Dienst der Firma stellen konnte. Er erwarb das erste Auto in Pößneck, weil der Besitz eines Kraftfahrzeugs günstig war für das Image eines Verlags technischer Fachzeitschriften, ganz abgesehen von den praktischen Verwendungsmöglichkeiten eines solchen Fahrzeugs im Unternehmen. Auch die Verlagsbauten in Pößneck und der Erwerb des Schlosses Hummelshain zeugen von einem gesunden Sinn für repräsentatives Auftreten.

C. G. Vogels innerbetrieblicher Führungsstil war nach heutigen Begriffen sicherlich autoritär – hier blieb er ganz dem 19. Jahrhundert verhaftet, dem er entstammte. Die Gefahren, die ein solcher Führungsstil in sich trug, wurden jedoch gemildert durch einen außerordentlichen Weitblick für wirtschaftliche und industrielle Entwicklungsmöglichkeiten, so daß sich die Fähigkeiten seiner Mitarbeiter, vor allem auch die seiner Söhne und Nachfolger zum Besten des Unternehmens entfalten konnten.

C. G. Vogel gehört in die lange Reihe der Unternehmer des letzten Jahrhunderts, die ihren Weg als Self-made-men gegangen sind. Auch die Pioniere der Maschinen- und Montanindustrie haben in den Anfangsdezennien der Indu-

Carl Gustav Vogel

strialisierung in Kleinbetrieben mit vergleichsweise geringem Kapital, nur durch grundlegende technische Verbesserung ihrer Fabrikate und Produktionsmethoden und durch harte persönliche Arbeit den Aufstieg zum Großbetrieb geschafft. In späterer Zeit war ein solcher Aufstieg im industriellen Bereich nur noch durch Aufnahme von Fremdgeldern, meist durch Gründung einer Aktiengesellschaft möglich.

Wie diese Pioniere der Industrialisierung steht auch C. G. Vogel am Beginn einer neuen Phase der Technisierung, wie sie greift er an einem wichtigen Punkt der Entwicklung entscheidend in ihren Ablauf ein. Die Welt der Werbemedien ist seit Ende des vorigen Jahrhunderts ein unabdingbarer Bestandteil im System des wirtschaftlichen Liberalismus geworden. Ihre Entwicklung aber, ihre Anpassung an die Erfordernisse der modernen Industriewirtschaft steckte noch ganz in den Anfängen. Fast alles war noch zu tun. C. G. Vogel hatte den richtigen Einfall zur richtigen Zeit.

Die Problematik der Offertenblätter

Die Zeitschriften, mit denen C. G. Vogel seine Verlagstätigkeit eröffnete, waren, wie die seiner Konkurrenten, reine Offertenblätter ohne Textteil von Gewicht. Sie bestanden praktisch nur aus Anzeigen. Das kam bei vielen dieser Zeitschriften – wie etwa dem »Internationalen Briefmarken-Offertenblatt« oder dem »Eberswalder Offertenblatt« schon im Titel zum Ausdruck. Andere bevorzugten in Anlehnung an die Generalanzeigerpresse den Titel »Anzeiger«, wie die Blätter der Häuser Girardet und Klepzig. Damit weisen sie ebenfalls deutlich auf die Natur ihres Inhalts hin.

C. G. Vogel hat bei der Wahl des Titels für seine zweite Zeitschrift einen überaus glücklichen Griff getan. Er bewies damit, daß die Lehrjahre mit dem »Internationalen Briefmarken-Offertenblatt«, um dessen Benennung sich der Anfänger wohl keine tieferen Gedanken gemacht hat, sich ausgezahlt hatten. Jedenfalls traf er mit dem Wort »Maschinenmarkt« genau das Richtige. Denn die Offertenblätter stellten der Wirtschaft eine Plattform zur Verfügung, die den längst untergegangenen Markt der Stadtwirtschaft ersetzte. Das Offertenblatt rekonstruierte ihn: Alle Anbieter der Branche waren wieder an einer Stelle vereint, Interessenten und Konsumenten wußten, wo sie zu suchen hatten. Die Bezeichnung »Markt« war die treffendste, die sich für diesen Zeitschriftentyp denken läßt, und C. G. Vogel hat später noch eine ganze Reihe solcher »Märkte« geschaffen. Nur eines war verändert. Mußte früher der Interessent den Markt aufsuchen, so kam dieser jetzt zu ihm. Am wirksamsten im Wechselversandsystem C. G. Vogels.

Industrie und Handel haben den Vorteil der »gedruckten« Märkte bald begriffen und ausgenutzt, nichts beweist das deutlicher als der Aufstieg des Vogel-Verlags. Wohl bestand – wie schon angedeutet – in weiten Kreisen der Industrie eine gewisse Abneigung gegen »Reklame«, aber der durch Insertion merklich gesteigerte Absatz brachte solche Bedenken rasch zum Schweigen.

Obwohl jene Märkte aller Branchen gut funktionierten – sie lernten voneinander, wurden in Aufmachung und Vertriebssystem immer ähnlicher –, meldete sich bereits kurz nach der Jahrhundertwende massive Kritik. Sie kam nicht so sehr aus den Kreisen der unmittelbar Beteiligten, sondern wurde von Wissenschaftlern, besonders von Vertretern der Nationalökonomie formuliert, die sich gerade damals um die Begründung einer wissenschaftlichen Beschäftigung mit der Presse bemühten. Fast alle Abhandlungen über die deutsche Fachpresse, die vor dem ersten Weltkrieg erschienen, sind sich in ihrem ablehnenden Urteil über die Offertenblätter einig, und sie fuhren gelegentlich recht scharfes Geschütz auf:

»Die sogenannten ›Offertenblätter‹ sind Fehlblüten des Zeitschriftenwesens, denen wegen Mangels jeden belehrenden Inhalts die Existenzberechtigung abgesprochen werden muß, und weil sie die Inserate als Selbstzweck des Unternehmens ansehen. Außerdem unterbieten sie die üblichen Anzeigenpreise und täuschen das inserierende Publikum oft durch unrichtige Angaben über ihr wirkliches Verbreitungsgebiet, also über den Wert ihrer Anzeigen.«

An dieser Polemik war zumindest eines richtig. Die Offertenblätter konnten aufgrund ihrer Struktur naturgemäß weit unter den Anzeigenpreisen der ausgesprochenen Fachpresse bleiben. Bei ihnen fielen die relativ hohen Kosten für eine Redaktion weg, und sie konnten den Gesamtumfang ihrer Zeitschriften für Anzeigen zur Verfügung stellen und so wirtschaftlich nutzbar machen. Die Industrie inserierte daher weniger in der eigentlichen Fachpresse, wodurch die finanzielle Basis dieser Zeitschriften geschmälert wurde. Die Angst vor einem Zeitschriftensterben größeren Ausmaßes und die Sorge um eine gute Fachpresse waren also die Triebfedern des Feldzugs der Zeitungswissenschaftler gegen die Offertenblätter.

Dennoch verkennt diese von idealistischen Motiven genährte Kritik die Bedeutung der marktschaffenden Offertenblätter gerade im Bereich der Industrie. Mochte sie für die Presse anderer Gewerbezweige schon damals berechtigt sein, hier ging sie in die Irre. Auf dem Gebiet der Investitionsgüterindustrie und vor allem des Maschinenbaus lag das Problem zu kompliziert, um mit der lapidaren Feststellung von den »Fehlblüten des Zeitschriftenwesens« erledigt zu werden.

Auf diesem Sektor war die Zeit noch nicht reif für ein Zeitschriftenwesen, das breitere Kreise über technische Fortschritte in allgemein verständlicher Form unterrichtete. Neue Errungenschaften der Konstruktion, der Betriebs- und Fertigungstechnik waren noch lange nach der Verabschiedung der Patentgesetzgebung des Deutschen Reiches in viel größerem Maß als heute Betriebsgeheimnisse, die man nicht gerne zur Veröffentlichung preisgab. Psychologische Vorbehalte dieser Art wirkten noch beträchtliche Zeit nach. Abgesehen davon fehlte noch ein Stamm von journalistisch interessierten

*Vom Offertenblatt
zur Fachzeitschrift*

und erfahrenen Ingenieuren, die eine solche Presse hätte tragen können. Noch brauchte die Industrie selbst alle diese Kräfte. Endlich war das Bedürfnis nach Unterrichtung im Kreis der an Herstellung und Handel von Maschinen Interessierten nicht sehr groß. Wer sich damit befaßte, war meist selbst Fachmann und verfügte über die nötigen Kenntnisse. Die Technik war noch überschaubar, im Vordergrund des Interesses stand das Verlangen nach direkter Information über den Markt.

Denn: Deutschland befand sich noch in einer Übergangsphase der Industrialisierung. Seine Maschinenindustrie hatte den Weltstandard erreicht und gehörte zu den größten Produzenten, aber die Durchdringung des Landes mit Maschinen war noch nicht abgeschlossen, die Grundausstattung an Maschinen sozusagen noch nicht komplett. Das alles führte zu einer gewissen Hektik auf dem Markt für Maschinen und Industrieausrüstung. Man wollte möglichst schnell verkaufen und auch kaufen, alle anderen Gesichtspunkte stellte man vorderhand zurück. Und für diesen Zweck waren Offertenblätter vom Typ des »Maschinenmarkt« das beste Medium, nicht die eigentlichen Fachzeitschriften. Sie blieben es bis in die Zeit nach dem ersten Weltkrieg.

Die unseriösen Blätter, die mit frisierten Auflagenziffern und vorgetäuschtem Verbreitungsgebiet operierten, blieben lange vorher auf der Strecke. Sie wurden dem Anspruch, den man an ein Informationsmedium stellte, nicht gerecht. Gerade die Blätter aber, die wie der »Maschinenmarkt« und andere Publikationen des Vogel-Verlags sich sorgfältig bemüht hatten, den Erfordernissen des Marktes Rechnung zu tragen, wurden die Ausgangsbasis für die Markt- und Fachzeitschrift moderner Prägung, die Text- und Anzeigenteil zu einer Einheit zusammenfaßt. Nur sie boten eine gesunde, wirtschaftliche Basis, auf der diese Neuschöpfung gedeihen konnte, und nur sie verfügten über die Erfahrungen, die ihnen die Behauptung auf dem Markt sicherte.

Für die Zukunft hatten die Kritiker des Offertenblatts um die Jahrhundertwende richtig gesehen. War der Markt für Maschinen einmal weitgehend gesättigt, so war die Mission des Zeitschriftentyps Offertenblatt vorbei. Das Inserat allein konnte dann nicht mehr die Grundlage der Marktinformation sein. Die nun immer stärkere Spezialisierung und das differenzierte Angebot bedurfte immer dringender der Erläuterung und der Einführung beim Konsumenten durch fachlich gut fundierte Texte. C. G. Vogel gehört zu den Pionieren, die das Informationsmedium Offertenblatt durchgesetzt haben. Seine Umgestaltung zu den modernen Fachzeitschriften des Vogel-Verlags blieb einer späteren Zeit vorbehalten. Sie ist das Werk der Söhne.

Vom Familienbetrieb zum Großverlag — der Vogel-Verlag von der Jahrhundertwende bis 1939

Erste Expansion

Abschußrampe

Der Aufstieg der Verlagsgründung C. G. Vogels folgte einer steilen Kurve, dem Flug einer dreistufigen Rakete vergleichbar. Mit dem »Internationalen Briefmarken-Offertenblatt« hob sie sich von der Rampe ab, der »Maschinenmarkt« zündete den nächsten Treibsatz, und durch den Schub seiner Zeitschriftengründungen nach 1918 wurde das Unternehmen endgültig in die Sphäre der Großverlage katapultiert.

C. G. Vogel mag sich zu Beginn des Abenteuers über diese Richtung der Entwicklung noch nicht klar gewesen sein. So wie er als Briefmarkenhändler noch eine Zeitlang auch Wolle verkauft hatte, hielt er als Zeitschriften-Verleger vorerst noch am Briefmarkengeschäft fest. Zahlreiche Eigenanzeigen im »Internationalen Briefmarken-Offertenblatt« belegen das. Schon bald aber war die Weiterführung dieser Tätigkeit nicht mehr als eine Art Rückversicherung, die mit fortschreitenden Erfolgen der Zeitschrift gekündigt werden konnte.

Das Wachstum des »Internationalen Briefmarken-Offertenblatt« verlangte auch gebieterisch den Einsatz aller Kräfte. Die Entwicklung des Blattes verlief anfangs ausgesprochen stürmisch; sein Umfang vergrößerte sich von 4 Seiten der ersten Nummer auf 20 Seiten am Ende des Jahres 1892, stieg 1893 noch weiter auf 28 Seiten, um sich dann auf 24 bis 30 Anzeigenseiten je Nummer einzupendeln. Trotzdem vergrößerte sich der Anzeigenraum immer noch, da von November 1893 an mehrere Ausgaben im Monat erschienen. Auch die Auflage erhöhte sich, so daß mehr als 20 000 Briefmarkenfreunde und -händler im Wechselversand beliefert werden konnten. Bereits im September des Jahres 1893 konnte der junge Verleger aus Pößneck selbstbewußt und unwidersprochen von seiner Zeitschrift behaupten: »Verbreitetstes Anzeigenblatt der Philatelie.«

Die Entwicklung des »Internationalen Briefmarken-Offertenblatt« von 1892 bis 1895
(Bei der Berechnung der monatlichen Anzeigenseitenzahl von November 1893 bis 1895 wurde ein Durchschnitt von 26 Seiten pro Heft zugrunde gelegt)

Jahr	Anzeigenseiten je Monat	Ersch.-Weise monatlich	Auflage
1892/I	4		8000
1892/II	4		6000
1892/III	4		6000
1892/IV	4		6000
1892/V	8		6000
1892/VI	6		6000
1892/VII	6	1mal	6000
1892/VIII	8		6000
1892/IX	10		6000
1892/X	12		6000
1892/XI	14		6000
1892/XII	20		6000
1893/I–X	28		6000–7000
1893/XI–XII	52	2mal	7750
1894	52	2mal	7750
1895	78	3mal	rd. 8000

Für C. G. Vogel wurde das »Internationale Briefmarken-Offertenblatt« zum Finanzier seiner weitergehenden Pläne. Im Vertrauen auf den Erfolg des systematischen Wechselversands hatte er die Preise für Großanzeigen mit 40,– Mark für die ganze Seite doppelt so hoch angesetzt wie seine schärfste Konkurrenz, die »Illustrirte Briefmarken-Zeitung« aus Leipzig, während er die Kleinanzeigen ebenfalls mit 0,20 Mark je Zeile in Rechnung stellte. Es ist bezeichnend, daß diese Maßnahme der Entwicklung des Blattes nicht geschadet hat. Offenbar waren die Großinserenten, deren Anzeigen sich oft über mehrere Seiten erstreckten und die naturgemäß vom Wechselversand am meisten profitierten, gern bereit, diesen Preis für gute und erfolgreiche Werbung zu bezahlen.

Die Rentabilität der Zeitschrift muß gut gewesen sein. Für den Herbst 1893 lassen sich anhand der Inseratezeilen Einnahmen von 1300 bis 1850 Mark je Monat errechnen. Da aber die Unkosten des Verlegers und auch die Einnahmen aus den beim »Internationalen Briefmarken-Offertenblatt« doch recht zahlreichen Abonnements unbekannt bleiben, läßt sich mit diesen Zahlen nicht viel anfangen. Auf jeden Fall aber warf das Unternehmen bald so viel ab, daß C. G. Vogel an die Gründung des »Maschinenmarkt« denken konnte, der den Erfolg des »Internationalen Briefmarken-Offertenblatt« weit in den Schatten stellen sollte.

Die Briefmarkenzeitschrift wurde danach zwar nicht wie eine ausgebrannte Raketenstufe abgestoßen, aber, nachdem sie ihre Funktion als Initialzündung erfüllt hatte, trat sie deutlich in den Hintergrund. Es mag ohnehin auf diesem Markt kaum noch Expansionsmöglichkeiten gegeben haben – ein Grund mehr für C. G. Vogel auf einem ganz anderen Gebiet etwas Neues zu beginnen! –, aber der Verleger hat auch in den späteren Jahren diese Zeitschrift sozusagen nur noch mit der linken Hand und dazu noch am langen Zügel geführt. Sie ist bis zum ersten Weltkrieg nicht über den 1895 erreichten Umfang herausgekommen, die Auflage stieg noch auf etwa 10 000, dann blieb sie so; ein Umsatz von 30 000 Mark je Jahr war das Normale. Der Favorit war fortan der »Maschinenmarkt«.

Aufschwung nach Maß

Er begann bescheiden. Im Sommer 1896, wohl im August, erscheint die erste Nummer in einer Auflage von 6000 Exemplaren. Ein Versuchsballon zunächst, fast zaghaft wie es scheint. Obwohl C. G. Vogel kaum eine Fahrt ins Blaue gewagt und sicher schon lange, wahrscheinlich seit seiner Rückkehr von Plauen nach Pößneck, den Start der neuen Zeitschrift vorbereitet hat, benötigt er eine Anlaufzeit, um sich in der neuen Umgebung zurechtzufinden.

Sie dauert nicht lange. In der Nummer 7 vom 25. Januar 1897 verkündet C. G. Vogel einen Einjahresplan zur Auflagensteigerung:

März	9 000	August	14 000
April	10 000	September	15 000
Mai	11 000	Oktober	16 000
Juni	12 000	November	17 500
Juli	13 000	Dezember	19 000

Dieser Plan wird eingehalten. Die Zeitschrift erscheint außerdem fortan zweimal monatlich.

Bis 1914 wird diese Steigerung der Leistung kontinuierlich fortgesetzt. Der Umfang verstärkt sich, die Erscheinungsweise wird immer häufiger. Dazu klettert die Auflage. Im Jahr 1900 gehen 20 000 Exemplare je Nummer im Wechselversand an 200 000 Adressen. 1909 hält man bei 100 000, 1914 bei 120 000 Hefte je Woche, die an 300 000 bzw. 350 000 Adressen verschickt werden.

Investitionen im Vogel-Verlag 1894 bis 1914, a) Pößneck, b) Wien/Bruck–Kiralyhida

a) Pößneck

Jahr	Druck-maschinen	Sonstige Anlagen	Kraft-anlagen	Grundstücke	Bauten
1894	1. Frankenthaler Schnellpresse Stoppzylinder-Presse 62×94 cm				
1895		Heftmaschine Papierschneide-maschine	2-PS-Gasmotor	Haus Wohlfahrt-str. 2, Pößneck. Preis: 14 900,— Mark	
1898				Grundstück 1336 1/3 Wohlfahrt-straße, Pößneck. 517 m², Preis: 2585,— Mark	Verlags-Bau I
1899	Handtiegel-Druckpresse »Boston-Tiegel«		4-PS-Gasmotor		
1900	2. Frankenthaler Schnellpresse				
1902	3. Frankenthaler Schnellpresse				
1903		Automatische Anlege-vorrichtung an Schnellpresse 3			
1904		Stereotypieanlagen: Schlag-radtrocken-presse, Flach-gießinstru-ment, fußbe-triebene Kreis-säge, Schmelz-kessel. Falzvor-richtung für Schnellpresse 2	6-PS-Gasmotor		
1905	Schnellpresse 80×110 cm (Schnellpressen-fabrik Mödling b. Wien), gekoppelt mit Falzvor-richtung — über-nommen aus Betrieb Wien			Grundstück 1336 1/8 Wohlfahrt-straße, Pößneck. 306 m², Preis: 1500,— Mark	Verlags-Bau II

Jahr	Druck-maschinen	Sonstige Anlagen	Kraft-anlagen	Grundstücke	Bauten
1906	1. Rotations=maschine 16 Seiten (Vogtländische Maschinen-Fabrik Plauen)	Galvanoplastik-Anlage zur Herstellung von Matrizen (Firma Langbein-Pfannhauser, Leipzig). Vergrößerung der Stereotypieanlagen. Falz und Aufschneidevorrichtung gekoppelt an Rotationsmaschine 1	14-PS-Gasmotor (Bau I), 25-PS-Dampfmaschine 10-PS-Gleichstrommotor (Bau II)		
1907				Grundstück 1332 1/8 (mit Saalbau Kaiserhof) Pößneck. 1427 m², Preis: 20 000,— Mark	
1908				Grundstück 1340 1/7, Schleizer Straße 37, Pößneck (Wohnhaus) Preis: 25 000,— Mark	
1910	2. Rotationsmaschine mit 25-PS-Gleichstrommotor, 48 Seiten (Vogtländische Maschinen-Fabrik Plauen)	Heftvorrichtung gekoppelt mit Rotationsmaschine 2	40/48-PS-Dieselmotor und 110-V-Gleichstromdynamo		
1913		Modernisierung der Stereotypie: Kniehebelpresse für Heißprägung (Vogtländische Maschinen-Fabrik Plauen). Schriftgießmaschine			Verlags-Bau III, IIIa
1914	3. Rotationsmaschine, 96 Seiten (Vogtländische Maschinen-Fabrik Plauen)	Vollautomatische Heftvorrichtung gekoppelt mit Rotationsmaschine 3	100-PS-Dieselmotor		Verlags-Bau IV (1. Phase) anstelle Saalbau Kaiserstraße

b) Wien/Bruck-Kiralyhida

Jahr	Druck-maschinen	Sonstige Anlagen	Kraft-anlagen	Grundstücke	Bauten
1904	Schnellpresse 80×110 cm (Schnellpressenfabrik Mödling b. Wien), gekoppelt mit Falzvorrichtung — 1905 an Betrieb Pößneck abgegeben —				
1910				Grundstückskauf	Bau I
1911	Rotationsmaschine 48 Seiten (Vogtländische Maschinen-Fabrik Plauen), Schnellpresse 70×100 cm »Boston-Tiegel«	Heftvorrichtung gekoppelt mit Rotationsmaschine	40-PS-Dieselmotor		
1913		Stereotypieanlagen			Bau II
	1916 nach Pößneck	1916 Verkauf		1916 Verkauf	

Die finanzielle Rentabilität einer so erfolgreichen Zeitschrift liegt auf der Hand. Der Verlag hat in den ersten zwanzig Jahren seines Bestehens gut verdient, zumal man die Anzeigenpreise zweimal erhöhen konnte, ohne daß ein Auftragsrückgang eintrat. Um aber Leistung und Erfolg auf die Dauer zu garantieren, waren Betriebserweiterungen dringend erforderlich. Eine Schnellpresse, ein Gasmotor und zwei Mann Personal waren keine Basis mehr für solche Größenordnungen.

Bauten, Maschinen...

Tatsächlich ist es in diesen zwei letzten Vorkriegsjahrzehnten zu ganz außerordentlich hohen Investitionen in Betriebsgrundstücken, Bauten und nicht zuletzt im Maschinenpark gekommen. Nicht nur im Stammbetrieb Pößneck wurden umfangreiche Baukomplexe hochgezogen, auch für die 1899 erfolgte Filialgründung in Österreich-Ungarn – von der noch die Rede sein wird – mußten aus Gründen größerer Rentabilität an der ungarischen Grenze Betriebsgebäude und technische Anlagen errichtet werden. Auch wenn – außer für die Grundstücksankäufe – exakte Zahlenwerte für die einzelnen Investitionen fehlen, so wird doch deutlich, daß nahezu der gesamte Gewinn wieder in das Unternehmen geflossen sein muß und seiner Expansion zugute kam (siehe Seite 57–59). Ja, bei den Grundstückserwerbungen sah sich C. G. Vogel – sicher mit Widerstreben – gelegentlich sogar genötigt, von hypothekarisch abgesicherten Bankdarlehen Gebrauch zu machen, die allerdings jedesmal sehr schnell wieder getilgt werden konnten.

Das Wachsen der Betriebsgebäude war der sichtbarste Ausdruck für die Fortune des Verlags, aber der strategische Faktor waren die technischen Anlagen der Druckerei; ihre Leistungsfähigkeit entschied nahezu alles. Beim »Internationalen Briefmarken-Offertenblatt« hatte der Versandtermin keine überragende Rolle gespielt – die Philatelie ist eine ruhige Leidenschaft, selbst der Briefmarkenhandel hat nichts mit der Hektik gemein, die den Kauf und Verkauf von Maschinen um die Jahrhundertwende kennzeichnete. Für eine

Der erste Betriebsneubau (Gebäudeteil I) 1899

Entwicklung des »Maschinenmarkt« von 1897 bis 1914

Jahr	Zahl der Anzeigenseiten je Heft	Zahl der Umschlagseiten je Heft	Erscheinungsweise
1897	16	–	monatlich 2mal
1898	16	4	monatlich 2mal
1899	16	4	wöchentlich 1mal
1900	16	4	wöchentlich 2mal
1901	16	4	wöchentlich 2mal
1902	16	4	wöchentlich 2mal
1903	20	4	wöchentlich 2mal
1904	20	4	wöchentlich 2mal
1905	20	4	wöchentlich 2mal
1906	16	4	wöchentlich 3mal
1907	16	4	wöchentlich 3mal
1908	20	4	wöchentlich 3mal
1909	20	4	wöchentlich 3mal
1910	32	4	wöchentlich 3mal
1911	36	4	wöchentlich 3mal
1912	36	4	wöchentlich 3mal
1913	40	8*	wöchentlich 3mal
1914 1. bis 3. Quartal	40	8*	wöchentlich 3mal
4. Quartal	24	4	wöchentlich 1mal

* 1913 und 1914 erschien der »Maschinenmarkt« mit doppeltem Umschlag.

Entwicklung der Anzeigenpreise des »Maschinenmarkt«

Jahr	Spalten	Preis für mm-Zeile	Sonderpreise
1897	4	0,30 Mk.	–
1900	4	0,60 Mk.	Umschlagseite 0,75 Mk.
1908	4	0,75 Mk.	1. Umschlagseite 1,30 Mk.
			2. Umschlagseite 0,90 Mk.
			4. Umschlagseite 1,20 Mk.

Die ersten Schnellpressen

Marktzeitschrift von der Art des »Maschinenmarkt« kam es jedoch vor allen anderen Dingen darauf an, den Herstellungsprozeß auf ein Minimum an Zeit zu reduzieren. Er mußte stets frühzeitig erscheinen, ganz bestimmt aber vor der Konkurrenz.

Beim wachsenden Umfang der Einzelhefte war die Leistung der Schnellpressen, deren Zahl bis 1905 auf vier angestiegen war, diesen gesteigerten Anforderungen nicht mehr gewachsen. Immer öfter kam es zu Verzögerungen beim Zusammentragen der Hefte, weil einzelne Teile zu spät ausgedruckt waren. Die Aufstellung der ersten Rotationsmaschine im Jahr 1906 markiert daher einen wichtigen Wendepunkt in der Verlagsgeschichte.

Nun wurde es möglich, ganze Zeitschriften in einem Arbeitsgang herzustellen, auch wenn ihr Umfang wechselte. C. G. Vogel achtete außerdem darauf, daß diese erste und erst recht die bald nachfolgenden weiteren Rotationsmaschinen mit den jeweils modernsten automatischen Falz- und Heftanlagen ausgerüstet waren. So konnten Arbeitskräfte eingespart werden, und dennoch betrug der Ausstoß der beiden letzten großen Maschinen 6000 vollständige Zeitschriftenexemplare in der Stunde – genau die gesamte Anfangsauflage des »Maschinenmarkt«. Die Ausrüstung der Druckerei mit Rotationsmaschinen machte es möglich, daß der »Maschinenmarkt« ab 1906 dreimal in der

Die erste Rotationsmaschine 1906

Die Stereotypie 1909

Woche pünktlich den Vogel-Verlag und Pößneck verließ und seine Adressaten ihn rechtzeitig auf dem Schreibtisch vorfanden: am Sonntag in Westdeutschland, am Mittwoch im Osten und am Freitag in Süddeutschland.

... und Personal

Für den technischen Betrieb hatte C. G. Vogel von Anfang an Hilfskräfte einstellen müssen, während er die eigentlichen Verlagsgeschäfte zu Zeiten des »Internationalen Briefmarken-Offertenblatt« und auch noch in der Vorbereitungszeit des »Maschinenmarkt« ganz allein unter Assistenz der Familienangehörigen erledigte. Die rasante Aufwärtsentwicklung des »Maschinenmarkt« schuf auch hier Wandel; die Anforderungen, die der Versand mit seiner ständigen Ausweitung und Pflege des Adressenmaterials stellten, waren von einem einzelnen nicht mehr zu bewältigen. Das gleiche galt für die rein mechanischen Arbeiten wie etwa das Adressenschreiben, das bei Versendung unter Streifband, und nur diese Versandart war bei Beschickung wechselnder Adressen möglich, nicht zu umgehen war. So trat bereits im Oktober 1896 der Schwager C. G. Vogels, O. Berlet, als Angestellter in den Verlag ein, und bald findet sich auch eine ausdrücklich als Adressenschreiber bezeichnete Hilfskraft auf der Lohnliste. Viele andere folgten seit dieser Zeit, ohne daß ihre Zahl genau zu fassen wäre. Im Jahr 1908 jedenfalls zählte der Betrieb fünfzig Mitarbeiter, bei Kriegsausbruch 1914 waren es etwa sechzig.

Adressen waren für C. G. Vogel der wichtigste Grundstock seines Verlags, schließlich handelte er – wie ein späterer Werbegag des Vogel-Verlags treffsicher bemerkt – sozusagen mit Kunden. Jeder Leser der Marktzeitschriften des Hauses Vogel war für die Inserenten ein potentieller Kunde, und diese Leserschaft war kein zufälliges Konglomerat aus Gelegenheitskäufern und Abonnenten. Umfang und Struktur seines Zeitschriftenpublikums bestimmte der Verleger durch Gratis- und Wechselversand selbst. Abonnements machten nur einen ganz geringen Prozentsatz aus.

Von Anfang an hatte C. G. Vogel alle Register gezogen, um neuer Adressen habhaft zu werden. So versprach er bereits im »Internationalen Briefmarken-Offertenblatt«: »Für Angabe von 5 bis 10 guter Sammler-Adressen sende ich umgehend als Entschädigung Briefmarken im Werte von einer Mark.« Die Eigenart des »Maschinenmarkt« erforderte natürlich eine viel systematischere Arbeit als vorher, die – bedenkt man die Vielgestalt der Branche – weitaus schwieriger war.

Als Quellen standen Adreßbücher, vor allem natürlich Branchenadreßbücher im Vordergrund. Aber auch jede andere Nachricht wurde verwertet: Zeitungsberichte, Ergebnisse der Beobachtung von Konkurrenzblättern, Hinweise der Verlagsvertreter, die schließlich am besten mit den industriellen

Gegebenheiten ihrer Bezirke vertraut waren. So häufte sich mit der Zeit das Material; bis 1914 war es auf 350 000 Adressen angewachsen.

Damit war es aber noch nicht getan. Bloße Anhäufung von Anschriften war von geringem Nutzen, erst die richtige Einstufung jeder Adresse konnte zum gewünschten Erfolg führen. Verhältnismäßig einfach war die horizontale Ordnung nach Versendungsgebieten. Seit der »Maschinenmarkt« mit drei

Die Versendungsgebiete des »Maschinenmarkt«

Ausgaben in der Woche erschien, wurden für die Versendung Schwerpunktregionen gebildet: Westdeutschland mit den Ballungsgebieten der Schwerindustrie an Rhein und Ruhr, Süddeutschland mit seinen breiter gestreuten Maschinenfabriken und schließlich Mittel- und Ostdeutschland mit den Zentren Berlin, Sachsen und Oberschlesien. Nur Abonnenten und sehr wichtige Empfänger erhielten jede Nummer, gleichgültig wo sie ihren Wohnsitz hatten.

Hier in der vertikalen Abstufung nach der Wichtigkeit der Anschrift lag das verwaltungstechnische Problem, hier war die größte Investition an Arbeitskraft erforderlich. C. G. Vogels Faustregel: »Wer Telefon hat, ist für mich wichtig«, war eben nur eine Faustregel, die mannigfacher Ergänzung bedurfte. Viele andere Kriterien, nicht zuletzt die eigene Insertionstätigkeit des Adressaten, waren heranzuziehen. Noch herrschte das Prinzip, Firmen zu beliefern, noch bildete die kaufentscheidende Einzelpersönlichkeit nicht den Mittelpunkt des Werbeinteresses. Auf den Verteilerlisten standen im übrigen noch Empfänger, die heute kaum noch als Kommunikationszentren anzusprechen sind, wie Gasthöfe, Cafés, ja sogar Eisenbahnabteile, die damals jedoch in dieser Hinsicht eine gewisse Rolle spielten. Dieser ganze große Vorrat an Adressen befand sich dauernd in Bewegung: Firmen konnten den Ort wechseln, in Konkurs gehen oder einen überraschenden geschäftlichen Aufstieg erleben; all das mußte in den Büros des Pößnecker Vogel-Verlags registriert werden. Ein großer Teil der im Innendienst tätigen Mitarbeiter war damit beschäftigt. Die Adressenverwaltung war eine der beiden großen Säulen, auf denen das Verlagsgebäude ruhte.

Auf einem Bein ist schlecht stehen. Der Erfolg der Annoncen des »Maschinenmarkt« beruhte auf seinem Verbreitungssystem, das im Interesse der Inserenten alle potentiellen Käuferschichten zu erfassen suchte – das gelang weitgehend. Und gerade auch der Leserschaft hatte der »Maschinenmarkt« etwas zu bieten. Das beste Vertriebssystem bleibt ein Versager, wenn das Anzeigenangebot einer Marktzeitschrift gering und unattraktiv ist. Der »Maschinenmarkt« aber bot ein umfassendes Spiegelbild von Möglichkeit und Leistung der mit Maschinen befaßten Industriezweige. Er war allgemeiner Anzeiger seiner Branche, hier fand jeder Interessent ein denkbar reichhaltiges Angebot. Aus dieser Tatsache resultierte die Beliebtheit des »Maschinenmarkt« bei seinem Publikum, die zur Folge hatte, daß man sich bei Bestellungen immer häufiger auf seine Anzeigen bezog. Der »Maschinenmarkt« verstand es, breiteste Kreise der Industrie zum Inserieren in seinen Spalten zu bewegen: Das imponierte.

Annoncen kommen nicht von selbst, und nur ein Bruchteil wurde von Annoncenexpeditionen vermittelt. Ein solch gewaltiges Angebot von Anzeigen, wie es den »Maschinenmarkt« kennzeichnete, mußte in zäher Arbeit geworben werden, die C. G. Vogel auf die Dauer zu leisten allein nicht imstande war. Er brauchte auch hier personelle Verstärkung, und zwar tüchtige, einfallsreiche Helfer mit persönlicher Initiative. Schon kurze Zeit nach der Gründung der zweiten Zeitschrift begann das spätere Vertreternetz des Vogel-Verlags, sich auf der Landkarte abzuzeichnen.

Der Schwerpunkt von C. G. Vogels eigenem Arbeitsbereich lag naturgemäß im nahen sächsischen Industriegebiet, das er zudem aus eigener Anschauung gut kannte. Wollte er aber in die Spitzengruppe der deutschen Industrie-Marktzeitschriften vordringen, so mußte er zu seiner heimatlichen Domäne noch das große Industriegebiet Westdeutschlands hinzuerobern. Dort suchte und fand er seinen ersten Vertreter: Georg Dregger aus Köln-Ehrenfeld, mit dem er am 6. Januar 1898 einen ersten Vertrag abschloß. Fortan lag die Anzeigenwerbung und die Repräsentation des Vogel-Verlags für gut ein Drittel des damaligen Deutschen Reichs in den Händen dieses Mannes.

Mit seiner Wahl hatte C. G. Vogel einen guten Griff getan. Er selbst war im Zeitschriftenwesen und in der Annoncenacquisition Autodidakt. Dregger aber, ein gewiefter Anzeigenwerber, hatte bereits eine längere Tätigkeit für andere industrielle Offertenblätter hinter sich und kannte das Ruhrgebiet genau. Der neue Mitarbeiter des Unternehmens entwickelte Methoden und setzte Maßstäbe, die lange Zeit für alle Verlagsvertreter verbindlich blieben. Vor allem bildete er ein System langlaufender, zum Teil mehrjähriger Anzeigenabschlüsse mit Weiterlaufklauseln aus, die dem Verlag weitschauende Vorausplanungen erlaubten.

Georg Dregger blieb nicht der einzige Mitarbeiter im Außendienst. Nur wenig später entstanden in Berlin und in Wien Geschäftsstellen, wo auch der »Österreich-Ungarische Maschinenmarkt« mitbetreut werden mußte. Das neue Jahrhundert brachte den Ausgriff nach Süddeutschland mit der Einrichtung einer Geschäftsstelle in Frankfurt am Main 1904. Stuttgart und München folgten bald, während das für Pößneck immer wichtige Leipzig schon 1900 mit einem Repräsentanten besetzt worden war. Von Pößneck selbst wurde der sogenannte Hausbezirk betreut, der Thüringen, Nordbayern bis zur Donau sowie die preußischen Provinzen Schlesien, Posen, West- und Ostpreußen umfaßte. 1914 dürften etwa zehn bis zwölf Vertreter für den Vogel-Verlag gearbeitet haben. Ihre Bezirke waren noch ausgesprochen groß, die Vorbereitungsarbeit vom Verlag aus zählte noch wenig, und das Reisen mit der Eisenbahn war umständlich und wenig bequem. Dennoch wurde der einträgliche Posten eines Vertreters bereits zu den begehrtesten »Jobs« im Unternehmen gerechnet. Oft wurde er zur Durchlaufstation für spätere Führungskräfte, ebensooft kehrten solche zur Vertretertätigkeit zurück.

Das Wachstum des Betriebs, der Zuwachs an Maschinen, Bauten und Personal kam wohl auch für C. G. Vogel überraschend schnell. Das atemberaubende Tempo erlaubte oft kein bedachtsames Planen und kaum organische Entwicklung des Vorhandenen. Ganz besonders bei den Bauten in Pößneck mußte die schmerzliche Erfahrung gemacht werden, daß der neugewonnene Raum bereits nach kurzer Zeit wieder zu eng wurde. Häufige Umzüge und Neuorganisation der Raumverteilung waren die unausbleibliche Folge. C. G. Vogel, der auch von seinen ausländischen Unternehmungen stark in Anspruch genommen war, wurde zwar durch den Lauf der Dinge nicht überfordert, empfand es aber sicher als Erleichterung, daß er seit 1906, seit der Umstellung auf Rotationsdruck, einen Mitarbeiter im Verlag wußte, der sich zu einem ausgesprochenen Organisationstalent und temperamentvollen Bauherrn entwickelte: seinen Sohn Arthur Gustav Vogel.

A. G. Vogels Lehrzeit

Es kann keinem Zweifel unterliegen, daß C. G. Vogel schon immer auf eine spätere Mitarbeit seines ältesten Sohnes gehofft hatte, der am 5. August 1889 in Pößneck geboren worden war. Ganz abgesehen davon, daß schon der

Schuljunge A. G. Vogel wie die ganze Familie im Betrieb mit Hand anlegen mußte, war auch seine Ausbildung auf eine spätere Tätigkeit im Verlag ausgerichtet. Er besuchte die Pößnecker Realschule, wo er die lebenden Fremdsprachen – Englisch und Französisch – sowie praxisbezogenes Rechnen lernen konnte. Nach dem sogenannten »Einjährigen« verließ er Ostern 1906 die Schule und wurde vom Vater nach Frankreich geschickt, in die normannische Stadt Caen. Dort hatte – offenbar angeregt durch die Erfolge des »Internationalen Briefmarken-Offertenblatt« – der Bruder C. G. Vogels, Hermann Vogel, ebenfalls eine Briefmarkenzeitschrift gegründet, das »Echo de la Timbrologie«.

Hier blieb A. G. Vogel neun Monate. Natürlich galt der Aufenthalt vorwiegend der Vervollkommnung seiner französischen Sprachkenntnisse, gleichzeitig aber knüpfte er durch die Tätigkeit im Unternehmen seines Onkels bereits manche Geschäftsverbindung an, die er später von Pößneck aus weiterverwerten konnte und die vor allem dem »Internationalen Briefmarken-Offertenblatt« zugute kamen.

Hier in Caen wohl ist durch die Berührung des jungen Menschen mit der für ihn neuen französischen Umwelt, die gerade in der Normandie auch starke Verbindungslinien zu England aufweist – das er wenig später kennenlernen

A. G. Vogel kündigt einen Geschäftsbesuch an

sollte –, der Grund gelegt worden für das ausgeprägte kosmopolitische Denken A. G. Vogels, das fortan für die ganze Familie Vogel charakteristisch geworden ist. Es zeigt sich schon bei der Ausbildung seines Bruders Ludwig Vogel, trotz der dafür wenig günstigen Nachkriegsjahre des ersten Weltkriegs, und erst recht in der Erziehung der Kinder A. G. Vogels.

Die vermehrte Belastung C. G. Vogels erzwang einen vorzeitigen Abbruch dieses Studienaufenthalts, und seit seiner Rückkehr hat sich A. G. Vogel mit wachsender Energie und sichtbarem Erfolg dem väterlichen Unternehmen gewidmet. Er arbeitete sich in alle Sparten des Betriebs ein, betreute aber anfangs vor allem das »Internationale Briefmarken-Offertenblatt«, für das er weite Reisen durch Frankreich, Holland, Belgien, Italien und Ungarn unternahm. Auch in die Bemühungen um die räumliche Vergrößerung des Verlags griff er gleich zu Beginn seiner Tätigkeit ein. Er brachte die Verhandlungen über den Erwerb des Areals des Gasthauses Kaiserhof, das an die Vogelschen Betriebsgrundstücke angrenzte, zu einem glücklichen Abschluß, ein Unterfangen, an dem C. G. Vogel wegen der Hartnäckigkeit und wohl auch Querköpfigkeit des Besitzers trotz mehrfachen Bemühens gescheitert war. Der erhebliche Zuwachs an Grund und Boden sicherte für geraume Zeit die Möglichkeiten für einen weiteren Ausbau des Betriebs.

Des Juniors erste Zeitschrift

A. G. Vogel hatte mit diesem Erfolg sein taktisches Geschick als Kaufmann bewiesen. Nun reizte es ihn, gleichsam als unternehmerisches Gesellenstück, wie sein Vater eine eigene Zeitschrift zu gründen. C. G. Vogel verhielt sich diesem Vorhaben gegenüber zunächst ablehnend. Vielleicht war er der Meinung, der im Aufbau befindliche Betrieb brauche alle Kräfte von Vater und Sohn und fürchtete eine Verzettelung von Energie. Vielleicht fand er aber auch, daß sein Sohn für ein derartiges Unternehmen denn doch noch zu jung sei. Dabei war er selber nur zwei Jahre älter gewesen, als er unter wesentlich schwierigeren Umständen und ohne rechte Erfahrung das »Internationale Briefmarken-Offertenblatt« herauszugeben begann.

Nur langsam gab er nach, erklärte schließlich, »damit nichts zu tun haben zu wollen«, gab freie Hand und verwarf nur noch kategorisch die erste Branchenwahl, die der Sohn getroffen hatte. Die Baulust, die den späteren Unternehmer A. G. Vogel nach eigenem Eingeständnis gekennzeichnet hat und die schon damals den vielfältigen Verlagserweiterungen zustatten kam, hatte ihn an einen »Bau-Markt« denken lassen. C. G. Vogel jedoch gab einem solchen Blatt keine Chance.

A. G. Vogel hatte jedoch rasch ein anderes Projekt zur Hand. Er hat später, im Alter, bekannt, daß er »im Grunde genommen nicht gerne zu Fuß laufe«.

Schwerlich ist das ein ernsthafter Grund für den Plan zu einer Autozeitschrift gewesen. Aber ein solches Objekt war eine ideale Ergänzung zum »Maschinenmarkt«, und die Aussichten auf Erfolg standen gut. A. G. Vogel hatte eine Marktlücke richtig diagnostiziert.

Die Bedeutung die das »Automobil« für die Gesellschaft und Industrie des 20. Jahrhunderts gewinnen sollte, war um 1910 erst in schwachen Umrissen erkennbar. Bereits im Mittelalter allerdings hatte der Franziskanermönch Roger Bacon den prophetischen Ausspruch getan: »Es wird uns möglich sein, Fahrzeuge ohne Hilfe von Tieren mit einer außergewöhnlichen Geschwindigkeit anzutreiben.« Aber als dann zu Beginn der Industrialisierung die Dampfkraft in den Dienst der mechanischen Fortbewegung gestellt wurde, gab man nur den Schienenfahrzeugen eine Zukunft. Die wenigen »Dampfwagen«, die auch auf Straßen fahren konnten, blieben Kuriosa, obwohl bereits 1804 ein Engländer mit einem solchen Vehikel eine Gartenmauer einriß und damit die lange Serie der modernen Verkehrsunfälle eröffnete. Diese Gefahr bewog immerhin das englische Unterhaus im Jahr 1865, ein Gesetz zu erlassen, das alle Besitzer mechanisch angetriebener Fahrzeuge verpflichtete, vor ihrem Wagen einen Mann mit roter Warnflagge einhergehen zu lassen.

Erst die Patente, die Gottlieb Daimler und Carl Benz fast gleichzeitig in den Jahren 1885 und 1886 auf ihre Erfindungen erhielten, machten das Automo-

Frühzeit des Automobils

bil mit Verbrennungsmotor zu einer technisch und geschäftlich aussichtsreichen Angelegenheit. In Deutschland setzten sich die neuen Erfindungen anfangs nur schwer durch, während sie z. B. in Frankreich rasch populär wurden. Am 22. Juli 1894 fand das erste Autorennen der Welt auf der Landstraße von Paris nach Rouen statt. Es erregte ungeheueres Aufsehen und übte eine starke Werbewirkung aus. In Frankreich erschienen bald auch die ersten Fachzeitschriften der Autobranche, die den deutschen Verlegern als Vorbild dienten, als das Reich langsam in der Entwicklung nachzog.

Autofahren war zunächst ein exklusiver und auch sehr teurer Sport. Daher sind die ersten Zeitschriften, die die neue Thematik aufgreifen, ausgesprochene Sportzeitschriften, die zumeist neben Automobilen auch Motorräder und Fahrräder, damals häufig noch Velociped genannt, in ihre Berichterstattung einbezogen. Den Radsportblättern gehört ohnehin die Priorität. Schon 1869 war das erste Radrennen auf der gleichen Strecke Paris–Rouen ausgetragen worden. Im Grunde verlief die Entwicklung so, daß sich die meisten bestehenden Fahrradzeitschriften nach und nach einen kraftfahrtechnischen Teil zulegten. Von 28 Fahrradzeitschriften, die im Jahr 1898 in Deutschland erschienen, verfuhren 16 noch im gleichen Jahr oder wenig später in dieser Weise.

So brachte der »Velo-Sport« den »Motor-Fahrer«, der »Deutsche Radfahrer« den »Deutschen Automobil-Fahrer« heraus, während – Vorbote der Frauenemanzipation! – »Die Motorfahrerin« ab 1899 als Beilage der »Draisina – Sportblatt der radfahrenden Damen« im Dresdener Verlag Ernst Heinrich Meyer erschien. »Rad und Auto« – Berlin von 1899 an, »Radwelt mit Motoren-Welt« von 1900 an gehören in die gleiche Kategorie.

Der Motorsport stand im Mittelpunkt des Interesses fast aller dieser neugegründeten Autozeitschriften. In vielen Fällen handelte es sich bei ihnen um Verbandsorgane der überall entstehenden Automobilistenvereinigungen. Ihr textlicher Inhalt reichte von Rennreportagen bis zu technischen Tips. Auflage und Verbreitungsgebiet waren wegen der Verbandsgebundenheit oft recht klein.

Auch Marktzeitschriften und Offertenblätter hatten sich bald in der neuen Branche etabliert. Der Bielefelder Verleger E. Gundlach erweiterte bereits 1900 seine Zeitschrift »Der Radmarkt« um den Zusatz »und das Motorfahrzeug«, und in Dresden erschien von 1902 an »Der Fahrradhändler und Automobil-Markt«, der wie die Zeitschriften des Hauses Vogel im Gratisversand vertrieben wurde.

Jedoch alle diese Blätter scheinen nicht recht floriert zu haben. Sie kamen zu früh. Der Markt für Erzeugnisse, die mit der Kraftfahrzeugindustrie zusammenhingen, war offensichtlich noch nicht aufnahmefähig genug, solange der

Kauf eines Autos das Privileg begüterter Sportenthusiasten darstellte. 1899 bis 1901 erst unternahmen die führenden Firmen Opel, Horch, Adler und Protos Anläufe zur Massenproduktion, 1903 erst erschien nach Gründung der »Ford Motor Company« in Amerika Henry Fords erster ausgereifter Serienwagen auf dem Markt. Das erste Jahrzehnt des neuen Jahrhunderts war zugleich die Pionieretappe auf dem Weg zu Fabrikationsmethoden, die das Auto einer breiteren Käuferschicht zugänglich machen sollten. Um 1910 war der Punkt der Entwicklung erreicht, an dem ein marktregelndes Informationsmedium auf dem Kraftfahrzeugsektor eine wirklich lohnende Investition darstellte.

A. G. Vogel hat diese Chance erkannt und genutzt. Hinter seiner Zeitschriftengründung standen die langjährigen Erfahrungen mit dem »Maschinenmarkt«, sein Adressenmaterial und sein Kundenstamm, den mit der nun stark expandierenden Autoindustrie manche Interessen verbanden. Nicht zuletzt stand hinter ihr auch der Name des Hauses Vogel. So schlug der »Auto-Markt«, als er 1911 im Oktober zur Deutschen Automobil-Ausstellung in Berlin mit seiner ersten Nummer erschien, schnell die ohnehin nicht sehr zahlreiche und wenig potente Konkurrenz aus dem Feld.

Fünf Monate Vorbereitungszeit hatte A. G. Vogel unter Mitarbeit eines der tüchtigsten Verlagsvertreter an das Projekt gewandt. Wieder wurde, wie schon beim »Maschinenmarkt«, die Zeitschrift als allgemeiner und umfassender Anzeiger der Branche geplant und verwirklicht. Daher nahm sie auch die Erzeugnisse der Motorradindustrie und des Flugzeugbaus in ihr Programm auf, die man damals durchaus zu diesem Industriezweig rechnete.

Die Leistungen, die die neue Vogel-Zeitschrift erbrachte, waren gleich zu Anfang enorm. Bereits die erste Nummer konnte in einem Umfang von 36 Seiten in einer Auflage von 10 000 Stück erscheinen. Auch die weitere Entwicklung verlief äußerst zufriedenstellend. Nach kurzem Absinken des Umfangs gegenüber der ersten Werbenummer auf 28 Seiten stieg er bis 1914 auf 40 bis 48 Seiten je Ausgabe. Die Auflage wurde im gleichen Zeitraum um das Doppelte auf 20 000 Exemplare je Ausgabe gesteigert, und kurz vor Kriegsausbruch ging das Blatt von zweimal monatlichem Erscheinen zu Wochenausgaben über. Von Anfang an wurden 100 000 Adressen im Wechselversand erfaßt.

Wichtig für die Zukunft des Vogel-Verlags und charakteristisch für die Konzeption, die A. G. Vogel von der Fachzeitschrift hatte, war die Tatsache, daß im »Auto-Markt« bald Ansätze zu einem selbständigen Textteil erkennbar wurden. Daß auch hier Sportnachrichten den Anfang machten, kennzeichnet die Situation auf dem damaligen Markt für Autozeitschriften. Schließlich stand auch im Untertitel des »Auto-Markt« der Sport noch vorne an: »Offertenblatt für den gesamten Motor-Sport und -Betrieb«.

Außenumschlag der ersten Nummer des »Auto-Markt«

Titelblatt der ersten Nummer des »Auto-Markt«

A. G. Vogel hatte mit dem erfolgreichen Experiment des »Auto-Markt« seine unternehmerischen und verlegerischen Qualitäten unter Beweis gestellt. Seine Zeitschriftengründung war, was seinen Vater befriedigen mußte, auch geschäftlich ein Unternehmen mit gutem Gewinn: Die Anzeigen konnten schon bald vom Anfangssatz von 15 Pfennig auf 20 Pfennig je Zeile angehoben werden. C. G. Vogel hat diese Leistung anerkannt und seinen Sohn, der bis dahin ohne fest umrissene Position im Betrieb mitgearbeitet und sich dadurch gelegentlich in seinem Schaffensdrang gehemmt gefühlt hatte, zu seinem Teilhaber gemacht.

1903 erst hat C. G. Vogel, der bis zu diesem Zeitpunkt auch als Verleger nur gewerbepolizeilich gemeldet war, die Firma »Carl Gust. Vogel (C. G. Vogel)« in das Pößnecker Handelsregister eintragen lassen, die er als Einzelkaufmann führte. Diese Firma wurde nun am 30. Dezember 1913 in eine offene Handelsgesellschaft umgewandelt, an deren Gewinn und Vermögen C. G. Vogel mit 95 und A. G. Vogel mit 5 Prozent beteiligt waren.

A. G. Vogel erhielt damit die Autorität im Betrieb, die ihm aufgrund seiner Leistungen zukam. C. G. Vogel aber fand größere Bewegungsfreiheit und mehr Zeit für Unternehmungen, die ihn schon seit langem zu immer häufigeren Aufenthalten im Nachbarland Österreich-Ungarn und damit zur Abwesenheit von Pößneck gezwungen hatten.

Griff über die Grenzen

Der »Maschinenmarkt« aus Pößneck hatte sich neben den schon vorhandenen, renommierten Blättern der Branche im Deutschen Reich durchgesetzt und war rasch in die vordersten Reihen gerückt. Das aber genügte dem jugendlichen Verleger C. G. Vogel, der damals immer noch am Anfang stand, bei weitem nicht. In dem ihm eigenen Expansionsdrang suchte er nach einer Marktlücke im deutschsprachigen Ausland und fand sie in Österreich-Ungarn.

Die Donaumonarchie war zu diesem Zeitpunkt noch vorwiegend ein Agrarland. Aber auch hier hatte, wenn auch zögernder als in Deutschland, die Industrialisierung seit langem in vollem Maße eingesetzt. Dabei blieben die Länder der Monarchie lange Zeit industrielles Kolonisationsgebiet des Westens. Engländer, wie John Hartwell und Joseph Hall, errichteten die Werkstätten der österreichischen Bahnen, der Amerikaner Morris baute Lokomotiven. »Es ist bezeichnend«, schreibt der österreichische Historiker Heinrich Benedikt, »daß alle Präsidenten des Industriellenklubs, dem die Vertretung der Gesamtindustrie des Kaiserstaates oblag, eingewanderten Familien entstammten.«

Hier wie anderswo auch war es der Eisenbahnbau, der das Wachstum der Maschinenfabriken bewirkte und damit die lange Zeit stagnierende österreichische und ungarische Eisenindustrie wieder belebte. Die Entwicklung der neuen Verfahren in der Stahlherstellung schuf dafür die Voraussetzungen. 1863 wurde in Österreich das Bessemerverfahren eingeführt, wodurch Abbau und Verhüttung der steirischen Eisenerze neuen Aufschwung nahmen. Das Thomas-Gilchrist-Verfahren ermöglichte dann von 1879 an die Verwertung der stark phosphorhaltigen böhmischen Erze und machte den Weg frei für die großen Industriezentren von Kladno und Pilsen.

Die Ungarn, stolz auf ihre weitgehende Autonomie, die sie sich gerade erst wieder im »Ausgleich« von 1867 erneut errungen hatten, standen nicht nach. Ihr Eisenbahnnetz erfuhr den gleichen raschen Ausbau wie das österreichische, die ungarische Maschinenfabrikation wurde bald zur gefürchteten Konkurrenz der cisleithanischen Industrie, jener im österreichischen Teil der Monarchie.

In den drei Jahrzehnten von der Katastrophe von Königgrätz bis zur Jahrhundertwende vollzieht sich die Emanzipation der österreich-ungarischen Industrie von westlicher »Kolonisierung«. Zwar arbeitet seit 1900 Ferdinand Porsche bei den Wiener Neustädter Austro-Daimler-Werken, hat z. B. Krupp bereits in Österreich investiert, doch 1899 gründet z. B. der Grazer Johann Puch in seiner Heimatstadt die Grazer Fahrradwerke, die Keimzelle des später so berühmten Großbetriebs der Kraftfahrzeugindustrie. Andere österreichische Firmen begannen bereits, selbst expansiv zu werden. So lieferte Skoda gerade um die Jahrhundertwende Maschinen an den Norddeutschen Lloyd und beteiligte sich in Kooperation mit Schneider-Creusot am Aufbau der russischen Putilow-Werke und der Newski-Werft.

Das Agrarland war unversehens zu einem ernstzunehmenden Industriestaat geworden, ein lohnendes Operationsgebiet für jeden, der mit Maschinen zu tun hatte. Hier sah C. G. Vogel seine Chance: Ein Offertenblatt, das als künstlicher Markt das rege Angebot und die starke Anfrage der Maschinenbranche zu regeln vermocht hätte, besaß Österreich-Ungarn noch nicht. Noch einmal wurde die Donaumonarchie zum »Kolonisationsgebiet«. Das Erfolgsmuster des Thüringer Verlegers wurde an die Donau verpflanzt.

C. G. Vogel handelte schnell. Schon drei Jahre nach der ersten Nummer des »Maschinenmarkt« in Pößneck gründete er 1899 den »Österreich-Ungarischen Maschinenmarkt«. In Wien wurde eine Geschäftsstelle errichtet, der Druck des Blattes erfolgte jedoch noch längere Zeit in Pößneck, da eine Druckkonzession in Österreich nur schwer zu erhalten war.

Auf die Dauer war diese Lösung aber nur schwer praktikabel und aufgrund der hohen Frachtkosten auch sehr teuer: Die ausgedruckten Exemplare wurden nach Wien verfrachtet und dort erst, mit österreichischen Marken versehen, an die Adressaten verschickt. Versuche mit einem Wiener Drucker als

Die Druckereigebäude in Bruck/Kiralyhida

Mittelsmann, dem man zeitweise sogar eine eigene Schnellpresse zur Verfügung stellte, befriedigten nicht recht. So führte energisches Bemühen 1910 schließlich zum Erwerb der Druckkonzession in Ungarn und zum Kauf von Grundstücken in Bruck/Kiralyhida an der Leitha – der damaligen Grenze zwischen Österreich und Ungarn –, knapp 50 km ostwärts Wiens.

Die österreichischen, sogenannten cisleithanischen Länder der Monarchie bildeten mit den ungarischen Reichsteilen eine Zolleinheit, die durch Verträge regelmäßig erneuert wurde, so daß ein Vertrieb von Industriegütern in der Gesamtmonarchie auf keinerlei Schwierigkeiten stieß. Mit anderen Worten: Der »Österreich-Ungarische Maschinenmarkt« konnte ohne weiteres in beiden Reichsteilen in gleicher Aufmachung und mit gleichem Text erscheinen, ohne daß seine Werbewirkung Einbußen erlitt. Aber es mußte den nationalbewußten Ungarn schmeicheln, wenn die Zeitschrift in einem ungarischen Ort verlegt und von dort mit ungarischen Briefmarken freigemacht versandt wurde. Denn über die Posthoheit verfügte Budapest selbstverständlich.

Unter diesem Gesichtspunkt war die Wahl des Grenzorts Bruck/Kiralyhida als Standort der Vogelschen Druckerei geradezu ideal. Den Versand an die österreichischen Empfänger konnte das Postamt in Bruck besorgen, der ungarische Auflagenteil wurde jenseits der Leitha in Kiralyhida abgeschickt.

Bereits 1911 begann der Druck des »Österreich-Ungarischen Maschinenmarkt« in Bruck/Kiralyhida, von allem Anfang an auf einer 48-Seiten-Rotationsmaschine. Zu diesem Zeitpunkt war er im übrigen schon nicht mehr die einzige Zeitschrift C. G. Vogels in Österreich-Ungarn. Der Maschinenzeitschrift war bald die »Börse für Eisenhändler« gefolgt. In Deutschland hatte C. G. Vogel darauf verzichtet, ein solches Blatt herauszugeben, das in der damaligen Zeit an sich die logische Ergänzung des »Maschinenmarkt« dargestellt hätte. Der deutsche Markt in dieser Branche war jedoch bereits völlig übersetzt, das Risiko zu groß. Die weniger entwickelte Konkurrenz in Österreich-Ungarn sicherte jedoch auch dieser neuen Zeitschrift des Hauses Vogel einen guten Erfolg. Gleichzeitig mit dem Start des »Auto-Markt« auf der Berliner Automobil-Ausstellung 1911 entstand dann auch der »Österreich-Ungarische Auto-Markt« und eroberte sich auf Anhieb die führende Stellung unter den Blättern dieser Richtung.

Der Vogel-Verlag auf der XI. Internationalen Automobilausstellung Prag 1914

Bruck/Kiralyhida wurde seit dem Erwerb der dortigen Grundstücke, erst recht nach Fertigstellung der Bauten, die der mißtrauische Senior des Hauses Vogel im übrigen durch Pößnecker Firmen errichten ließ, zu einer Art Nebenresidenz der Familie Vogel. Nach den großen Erfolgen der Vogelschen Marktzeitschriften im Deutschen Reich war nun die Eroberung eines ausländischen Markts geglückt. Schon bereitete man sich auch für die Donaumonarchie auf weitere Expansionen vor, da setzte der Ausbruch des ersten Weltkriegs diesen Plänen ein jähes Ende.

Bilanz 1914

Das Jahr 1914 schien nicht dazu bestimmt, ein Wendepunkt in der Verlagsgeschichte zu werden. Niemand im Unternehmen dachte zu Beginn des Jahres daran, eine große Bilanz zu ziehen; keine Entwicklung kam zum Abschluß, im Gegenteil, man befand sich gerade wieder mitten in einer Periode recht stürmischer Vorwärtsentwicklung.

Nach der Anschaffung der zweiten Rotationsmaschine 1910 und der Begründung des »Auto-Markt« war eine Erweiterung des Betriebs bald nicht mehr zu umgehen. Auf dem 1907 erworbenen Grundstück entstanden 1913 die Gebäudeteile III und IIIa unter der Leitung von A. G. Vogel, der zu dieser Zeit – fast ist man versucht zu sagen: nebenbei – sein Militärjahr im nahen Erfurt abzudienen hatte. Das Jahr 1914 selbst brachte dann den Abbruch des bisher behelfsmäßig genutzten Saalbaus »Kaiserhof« und den Baubeginn von Gebäudeteil IV. Dieser Bau war bereits so großzügig geplant, daß er auf lange Zeit hinaus die Rotationsmaschinen der Druckerei aufnehmen konnte. Eine weitere dieser Maschinen, mit einer Leistung von 96 Seiten die bisher größte, war bereits gekauft und wartete auf ihre Aufstellung.

Die neugeschaffenen Produktionskapazitäten sollten aber nicht allein den schon bestehenden Objekten zugute kommen. Im Hause Vogel wurde bereits wieder eine neue Zeitschrift geplant. Schon bei den Planungen für den »Automarkt« – A. G. Vogels erster großer Wurf – hatte die Idee einer Marktzeitschrift für die Elektroindustrie zumindest am Rand eine Rolle gespielt. Jetzt, im Sommer 1914, wurde dieser Plan wieder aufgegriffen. Gerade ein solches Objekt mußte sich in das Verlagsprogramm organisch einfügen.

Der »Elektro-Markt« sollte mit einer Anfangsauflage von 30 000 Exemplaren zielbewußt zum führenden Werbemedium einer krisenfesten Wachstumsbranche gemacht werden. »Der ›Elektro-Markt‹ wird die höchste Auflage besitzen von allen Blättern der Branche«, kündigt eine Selbstanzeige des Vogel-Verlags im »Internationalen Briefmarken-Offertenblatt« an. Zuversichtlicher als je zuvor wagten sich Vater und Sohn an die Eroberung eines neuen Markts.

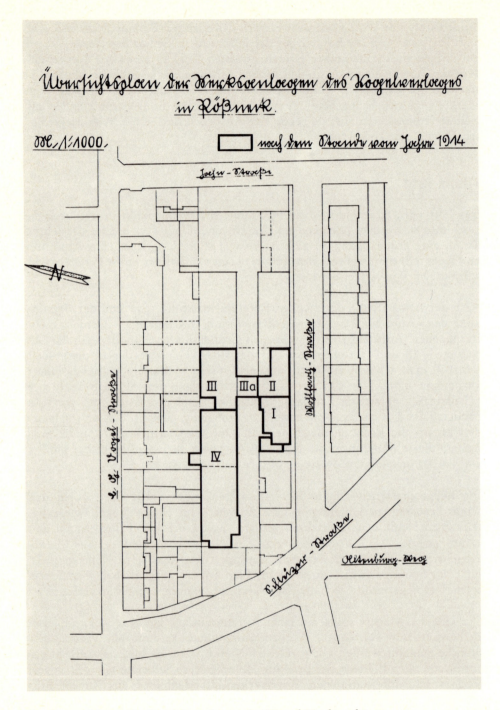

Die Entwicklung der Betriebsanlagen des Vogel-Verlags bis 1914

Sie operierten von einer gesunden wirtschaftlichen Basis aus. Der Verlag bestand jetzt 22 Jahre, fast ein Vierteljahrhundert. Das Unternehmen, das C. G. Vogel mit geringsten Mitteln in Gang gebracht hatte, wies in den Büchern ein Reinvermögen von 379 059 Mark aus; davon waren 204 466 Mark in Grundstücken und Bauten, 59 499 Mark in Maschinen und 13 737 Mark in elektrischen Anlagen einschließlich Motoren angelegt.

Im Januar 1892 waren 8000 Exemplare von C. G. Vogels erster Zeitschrift verschickt worden. Sie war vier Seiten stark gewesen. Im Juli 1914 erschienen im Verlag C. G. Vogel – im thüringischen Pößneck und in Bruck/Kiralyhida am Rand der ungarischen Pußta – sechs Zeitschriften. Allein in Pößneck verließen jeden Monat 530 000 Zeitschriftenexemplare die Druckerei, von denen jedes einzelne etwa zehnmal so umfangreich war wie jene erste Nummer des »Internationalen Briefmarken-Offertenblatt«. Die Vorbereitungen für die siebente Zeitschrift liefen auf Hochtouren. In der ersten Juli-Nummer des »Maschinenmarkt« – wenige Tage nach den Schüssen von Sarajevo – begann die Werbung für den »Elektro-Markt«. Am Ende des Monats stand sein Erscheinen unmittelbar bevor, als die österreichische Kriegserklärung an Serbien und die deutsche an Rußland das hektische Karussell der übrigen Kriegserklärungen in Gang brachte. Die bereits mobilisierten Armeen der europäischen Mächte marschierten, und alles schien zu Ende.

Werbung für den »Elektro-Markt« im letzten Vorkriegsheft des »Internationalen Briefmarken-Offertenblatt«

Der erste Weltkrieg — ein Wendepunkt

Krieg und Kriegswirtschaft

Das Deutsche Reich war auf einen Krieg nicht vorbereitet. Außer dem Schlieffenplan für die Operationen im Westen besaß es keine allgemeine Konzeption für die Kriegsführung. Vorausplanungen für eine Kriegswirtschaft waren weder vom Großen Generalstab noch von der Reichsregierung entwickelt worden. Man rechnete allgemein mit raschen Erfolgen der deutschen Truppen und baldigem Zusammenbruch des Gegners. Aber am vierzigsten Tag des Vormarsches erfolgte — ganz wie der damals noch junge Winston Churchill prophezeit hatte — der Kollaps der deutschen Angriffsspitzen südlich der Marne. Die Fronten erstarrten von der flandrischen Küste über Verdun bis zu den Vogesen. Der Stellungskrieg, der zermürbende Kampf der Ermattungsstrategie, begann sich abzuzeichnen.

Einen schweren Schock hatte durch den Kriegsausbruch das Wirtschaftsleben erlitten. Die Einberufungen der Mobilmachung, der Sturm der von Kriegsbegeisterung erfaßten jungen und älteren Männer auf die Freiwilligenmeldestellen entzogen der Wirtschaft auf einen Schlag eine große Zahl von Arbeitskräften. Ein nicht geringer Prozentsatz von Unternehmen, vor allem der kleineren, wurde von dieser Entwicklung vollkommen überrascht und von einem auf den anderen Tag für längere Zeit lahmgelegt. Manche Firmeninhaber schlossen unter dem Eindruck der Geschehnisse, der überall zutage tretenden Desorganisation, kurzerhand ihren Betrieb. Viele sahen in dieser »großen Zeit« keinen Sinn mehr in ihrer bisherigen Tätigkeit.

Verlagswesen und Presse machten keine Ausnahme, ja es scheint, als habe sie der Schock besonders hart getroffen. Viele Blätter stellten sofort — in den beiden ersten Kriegswochen — ihr Erscheinen ein. Die Schätzungen — und nur solche liegen vor — schwanken zwischen 150 und 1000 Titeln. Auch C. G. Vogel hat damals diese Entscheidung getroffen und den Verlag nach Kriegsausbruch geschlossen, nachdem der größte Teil der männlichen Belegschaft zum Heeresdienst eingezogen worden war. Sein Sohn A. G. Vogel hatte sich am 3. August zum Dienstantritt stellen müssen. Die allgemeine Unsicherheit, in der Anzeigenwerbung und pünktlicher Versand kaum möglich schienen, mag C. G. Vogel in seinem Entschluß bestärkt haben.

Die Chancen für die Herausgabe von Presseerzeugnissen standen ohnehin nicht allzu gut. Der Große Generalstab, der sich im Laufe des Krieges neben der Regierung auch auf dem zivilen Sektor immer mehr in den Vordergrund schob, erließ von Anfang an scharfe restriktive Anordnungen hinsichtlich der Presse. Daß Berichte über Truppenbewegungen verboten wurden, traf im wesentlichen nur die Tageszeitungen. Aber auch Mitteilungen und Abhandlungen über wichtige Neuerungen und Erfindungen in Technik und Wirtschaftsleben wurden untersagt, auch wenn sie nur ganz entfernt mit der Kriegsführung in Zusammenhang standen. Selbst vor dem Anzeigenteil machten die Einschränkungen nicht halt: Abbildungen, vor allem technischer Erzeugnisse, unterlagen der Zensur; für Annoncen, die Heereslieferungen betrafen, galten Sonderbestimmungen, und ausdrücklich verboten waren Chiffre-Anzeigen.

Es ist begreiflich, daß bei solchen Restriktionen das Niveau vieler Fachzeitschriften nicht gehalten werden konnte und dadurch auch das Interesse des Publikums an ihnen sank. Die Konsequenzen zeigten sich bald. Bis zum Frühjahr 1916 hatten 1067 Presseorgane (davon 221 politische Tageszeitungen) ihr Erscheinen für dauernd und 1295 (davon 287 Tageszeitungen) zeitweise eingestellt; insgesamt also 2362 Blätter. Die zu diesem Zeitpunkt – am 18. April 1916 – wirksam werdende Papierbewirtschaftung übte neben der allgemeinen Rohstoffknappheit weiterhin einen ungünstigen Einfluß aus, der durch neue drastische Zensurbestimmungen vom Februar 1917 noch verschärft wurde.

Die Aussichten für das Verlagsgewerbe lagen also schon bei Kriegsbeginn wenig günstig. Düstere Prognosen waren an der Tagesordnung. Der Verlauf der Dinge gab ihnen recht, die wirtschaftliche Entwicklung der Branche zeigte fallende Tendenz.

Um so erstaunlicher mutet auf diesem Hintergrund das Bild an, das der Vogel-Verlag in diesen Jahren bietet. Hier ist alles anders. Das Unternehmen erlebt die größte Konjunktur seines bisherigen Bestehens, noch während des Kriegs vollzieht es den Schritt vom Mittel- zum Großbetrieb.

Diese – auf den ersten Blick paradox anmutende Entwicklung – kam nicht von ungefähr. Kriegsministerium und Generalstab hatten sich bereits in dem wirtschaftlichen Durcheinander bei Kriegsbeginn vor einer schwierigen Lage gesehen, die sie aber durch Blitzsiege zu überwinden hofften. Sie verschlimmerte sich aber noch, als nach der Wende an der Marne klar wurde, daß das Reich einem langen, verlustreichen Krieg entgegenging, der nur bei äußerster Anspannung aller wirtschaftlichen Kräfte durchzustehen war. Die fehlenden Pläne lieferte nun ein Privatmann, ein Zivilist. Walther Rathenau, der Präsident der AEG, begann, als Chef der Kriegsrohstoffabteilung ins Kriegsministerium berufen, nach seinen Vorstellungen die Verwaltung der deutschen Kriegswirtschaft zu organisieren.

Eine ihrer Hauptaufgaben war es, die gewaltige Kriegsmaschinerie in Gang zu halten, die schon lange in einem immer stärkeren Ausmaß von der Technik abhängig geworden war. Die Kriege der Neuzeit wurden immer mehr zu einem Problem des Nachschubs und der Produktionskapazitäten.

Die Rohstofflage der Mittelmächte aber wurde seit der fast totalen Blockade durch die Entente rasch schwierig, mit der Zeit katastrophal. Die Erzeugung und Lieferung von Heeresbedarf aller Art war ungenügend; sie mußten besser organisiert, die Entwicklung und Produktion von Ersatzstoffen gesteigert werden. Der Staat griff fortan tief in die Selbständigkeit aller mit der Kriegsproduktion zusammenhängenden Betriebe ein und entwickelte endlich im Hindenburgprogramm von 1916 ein System des »Kriegssozialismus«, das alle wirtschaftlichen Kräfte den Bedürfnissen der Front dienstbar machen sollte.

In diesem System fanden die Zeitschriften des Vogel-Verlags ihren festen Platz. Es konnte – bei aller Planung von oben – nicht ohne ein möglichst weitreichendes und engmaschiges Nachrichtenmedium funktionieren. Der »Maschinenmarkt« und der »Auto-Markt« waren genau die Instrumente, deren die kriegswirtschaftliche Organisation Walther Rathenaus bedurfte. Noch im Herbst 1914 wurde die Firma C. G. Vogel zum »kriegswichtigen« Betrieb erklärt.

Der Vogel-Verlag im Krieg

A. G. Vogel hatte mit Scharfblick die Schwierigkeiten erkannt, in denen die deutsche Kriegswirtschaft steckte. Sein Dienst beim Proviantamt Mannheim, in einer Nachschubeinheit also, führte ihm die Probleme täglich vor Augen. Er riet dem Vater, die Zeitschriften des Vogel-Verlags sobald als möglich wieder erscheinen zu lassen. Er ahnte die günstige Konjunktur voraus. Da sich nach dem Abflauen der Erregung der Augusttage auch die Anzeigeneingänge in Pößneck wieder häuften, entschloß sich C. G. Vogel, diesem Rat zu folgen. Im Oktober wurden »Maschinenmarkt« und »Auto-Markt« wieder herausgebracht, wenn auch zunächst in verringertem Umfang. Der »Maschinenmarkt« erschien nur noch wöchentlich, der »Auto-Markt« alle vierzehn Tage. Aber die entstehende deutsche Kriegswirtschaft fand sogleich wieder funktionsfähige Marktzeitschriften vor, die für ihre Zwecke geeignet waren.

Die Entwicklung des »Maschinenmarkt« während des ersten Weltkriegs

Jahr	Zahl der Anzeigenseiten je Heft	Zahl der Umschlagseiten je Heft	Erscheinungsweise
1914 3. Quartal	40	8	wöchentlich 3mal
1914 4. Quartal	24	4	wöchentlich 1mal
1915	36	4	wöchentlich 3mal
1916	52	4	wöchentlich 3mal
1917	58	4	wöchentlich 3mal
1918	64	4	wöchentlich 3mal

Auflage gleichbleibend 40 000 je Ausgabe. 1917 wird die Seite von 4 auf 5 Spalten umgestellt

Die Anforderungen der Zeit veränderten auch das äußere Bild der Vogel-Zeitschriften. Nicht mehr die Anzeigenserien der Repräsentationswerbung großer Firmen bestimmten die Linie. Jetzt dominierten die Rubriken »Heeresbedarf« und eine gewaltige Zahl von Gelegenheitsanzeigen, die mithalfen, den schwierig gewordenen Austausch von wichtigen Einzelteilen und Rohstoffen zu regeln. So konzentrierten sich beispielsweise die Annoncen des »Auto-Markt«, je länger der Krieg dauerte, immer stärker auf Bereifung und andere Bestandteile aus Gummi, jene Mangelware, deren Fehlen in einer motorisierten Armee mit am schmerzlichsten empfunden wird.

Die besondere Lage im Krieg führte dem »Maschinenmarkt« und dem »Auto-Markt« Inserentenkreise zu, die vorher nie an Inserieren in einer großen Marktzeitschrift gedacht hatten. Die Einbußen, die durch den Wegfall der Empfehlungswerbung entstanden, wurden dadurch vollauf wieder ausgeglichen. Die Basis der beiden Zeitschriften verbreitete sich dadurch in kurzer Zeit so sehr, daß schon vom Januar 1915 an der Verlag, wenigstens für den »Maschinenmarkt«, zu den Vorkriegsleistungen zurückkehrte und ihn in einer Auflage von 40 000 und in einem Umfang von 32 Seiten dreimal in der Woche herausbrachte. Diese Zahlen konnten bis Ende des Kriegs noch gesteigert werden. Der »Auto-Markt« erschien ebenfalls wieder im alten Umfang, aber weiterhin nur alle vierzehn Tage. Selbst das »Internationale Briefmarken-Offertenblatt«, das man doch sicherlich nicht als »kriegswichtig« bezeichnen konnte, nahm, wenn auch in bescheidenem Umfang, an diesem geschäftlichen Aufschwung teil. Die allgemeine Neigung, Geld in unsicheren Zeiten wertbeständig anzulegen, ließ die Nachfrage nach Briefmarken steigen. Auch die vielen, häufig wechselnden Kriegsausgaben, vor allem in den von den Mittelmächten besetzten Gebieten, belebten das Geschäft, das einer Briefmarkenzeitschrift ebenfalls zugute kommen mußte.

Die Schwierigkeiten, die sich für den Vogel-Verlag beim Übergang von der Friedens- zur Kriegswirtschaft ergaben, waren groß. Sie steigerten sich noch durch die erhöhten Anforderungen, die im Verlauf des Kriegs an den Betrieb unter äußerst ungünstigen Bedingungen gestellt wurden. Nur durch den fast totalen Einsatz aller Mitglieder der Verlegerfamilie konnten sie bewältigt werden. Wie in den Anfangsjahren des Betriebs, wie immer in Krisenzeiten, trat nun die persönliche Leistung der Unternehmer besonders stark hervor.

Selbst A. G. Vogel widmete von seinem Standort Mannheim aus seine gesamte dienstfreie Zeit dem Verlag. Sooft es angängig war, befand er sich in Pößneck. In Mannheim richtete er darüber hinaus ein provisorisches Büro ein, in dem auch seine Frau mitarbeitete und aus dem die spätere Geschäftsstelle Mannheim des Vogel-Verlags hervorging.

Charakteristisch für die starke Belastung der Familie ist auch die Tatsache, daß nun auch bald der jüngere Sohn C. G. Vogels im Betrieb eingesetzt werden mußte. Ludwig Vogel – geboren am 23. Juli 1900 – ist dadurch wie sein Bruder schon als Schüler mit dem Familienunternehmen vertraut geworden. Sein Interesse galt von Anfang an den technischen Anlagen der Druckerei. Hier wurde während des Kriegs Aushilfe auch am dringendsten benötigt. Der Ausfall an qualifizierten Facharbeitern hatte diesen Teil des Betriebs am härtesten getroffen.

So kommt es, daß Ludwig Vogel bereits lange, bevor er nach dem »Einjährigenexamen« endgültig als Lehrling in das väterliche Unternehmen eintritt, fast seine ganze Freizeit für den Verlag opfern muß. Von einer eigentlichen, geordneten Ausbildung oder Lehrzeit kann unter diesen Umständen nicht die Rede sein. Aber die ausgesprochene technische Begabung des Realschülers erfaßt sehr schnell das Wesentliche. Er lernt setzen, drucken, wagt sich an den selbständigen Ab- und Aufbau von Maschinen, die auswärts gekauft werden müssen, und erwirbt knapp fünfzehnjährig mit einer Sondergenehmigung den Führerschein. Bald ist er soweit, daß er andere anlernen kann. In diesen Kriegsjahren erarbeitet sich Ludwig Vogel neben dem Schulwissen die Grundlagen für sein späteres Können, das dann beim Ausbau des technischen Betriebs reiche Früchte trägt.

C. G. Vogel selbst war zunächst noch stark durch den ausländischen Zweigbetrieb des Unternehmens in Anspruch genommen, dem sein Interesse schon vor dem Krieg in immer stärkerem Maß gegolten hatte. Auch in der Kriegswirtschaft der Donaumonarchie spielten die in Bruck/Kiralyhida herausgegebenen Zeitschriften ähnlich ihren Namensvettern im Reich eine bedeutende

Ludwig Vogel (r.) 1916 mit Rudi Strebel und Alfred Hüthig

Rolle. Aber die Voraussetzungen, unter denen man an die Verlagsgründung im Ausland gegangen war, hatten sich gewandelt.

Die österreich-ungarische Maschinenindustrie hatte durch die Kriegsereignisse wichtige Absatzgebiete in Südosteuropa verloren; die Marktzeitschriften des Vogel-Verlags waren von einem großen Teil ihres Versendungsgebiets abgeschnitten. Die kriegsbedingten Schwierigkeiten häuften sich in Bruck/Kiralyhida ebenso wie im Pößnecker Betrieb. Die Zersplitterung der Arbeitskraft C. G. Vogels war bei dem weitgehenden Ausfall seines Sohns A. G. Vogel auf die Dauer nicht zu vertreten; die Vorteile, die Bruck/Kiralyhida als Standort bot, konnten dieses Handicap nicht aufwiegen. Die Liquidierung des eben erst aufgebauten Betriebs war nicht zu umgehen, ein wenigstens vorübergehender Rückzug aus Österreich-Ungarn nicht zu vermeiden.

So wurden im Jahr 1916 Grundstücke und Bauten an eine Konservenfabrik veräußert und die technischen Anlagen, darunter eine 48-Seiten-Rotationsmaschine, nach Pößneck gebracht, wo sie eine willkommene Ergänzung des stark beanspruchten Maschinenparks darstellten. Wie in den frühen Jahren des Verlags wurden die für die Donaumonarchie bestimmten Zeitschriften in Pößneck hergestellt und von dort versandt.

Die Verleger hatten mit dieser Entscheidung eine Frontbegradigung vorgenommen. Auch wenn sie schon verhältnismäßig bald eine neue Firma auf österreichischem Boden – in Asch, im nordwestlichen Zipfel Böhmens – als Sprungbrett für spätere Zeiten errichteten und die Geschäftsstellen in Prag und Wien bestehen blieben, konzentrierte sich ihre Arbeit für die Dauer des Kriegs ganz auf den Pößnecker Stammbetrieb. An wesentliche Veränderungen, vor allem an räumliche Vergrößerung, war allerdings zunächst nicht zu denken. Zwar sahen die Verleger die Notwendigkeit weiteren Ausbaus, um Platz für Maschinen und Arbeitskräfte zu schaffen, aber die Pläne für die Erweiterung des eben erstellten Gebäudeteils IV mußten bis Kriegsende zurückgestellt werden.

Dennoch bahnten sich während des Kriegs Wandlungen an, die zunächst vielleicht unbedeutend schienen, aber doch in die Zukunft wiesen. Sie betrafen vor allem die innere Struktur des Betriebs. Den Anstoß dazu gab die völlig veränderte Zusammensetzung des Anzeigenteils der Zeitschriften. Gelegenheitsanzeigen standen nun im Vordergrund – sie nahmen 80 Prozent des Raums ein –, während in normalen Zeiten der gleiche Prozentsatz auf laufende Anzeigen, auf Empfehlungswerbung entfiel. Dieser Umstand löste zunächst Veränderungen im technischen Betrieb aus. Die Herstellung der auf Repräsentation angelegten Inserate der Empfehlungswerbung hatte durchweg Handsatz erfordert. Für die wenigen Gelegenheitsanzeigen Setzmaschinen anzuschaffen, schien unrentabel. Nun aber zwang auch der Mangel an

Die Rubrik »Heereslieferungen« im »Maschinenmarkt«
(Ausgabe vom 8. November 1918)

technisch geschultem Personal, den Betrieb mit solchen Maschinen auszustatten, um die große Menge der Gelegenheitsanzeigen reibungsloser und schneller setzen zu können. Unter großen Schwierigkeiten gelang es, nicht zuletzt dank der Initiative und dem Geschick Ludwig Vogels, bis Kriegsende sechs Linotype-Setzmaschinen, teils fabrikneu, teils gebraucht, zu erwerben, aufzustellen und in Betrieb zu nehmen. Damit waren technische Voraussetzungen geschaffen, die auch die spätere Umstellung der Zeitschriften auf einen größeren Textteil wesentlich erleichterten.

Die wachsende Bedeutung der Gelegenheitsanzeigen führte auch zu Veränderungen in der Art der Anzeigenwerbung. Hier ergriff A. G. Vogel die Initiative. Er hatte als erster die geschäftlichen Möglichkeiten erkannt, die unter den Bedingungen der Kriegswirtschaft zu erschließen waren. Aber er wußte auch, daß die neuen Inserentenschichten, für die die Zeitschriften des Vogel-Verlags nun wichtig wurden, erst für eine Insertion im »Maschinenmarkt« oder »Auto-Markt« gewonnen werden mußten, daß es darauf ankam, ihnen diese großen, überregionalen Marktzeitschriften in der richtigen Weise vorzustellen.

Die Anzeigenwerbung hatten bis zu diesem Zeitpunkt fast allein die Verlagsvertreter besorgt, ohne daß der Verlag selbst besonders aktiv wurde. Der Einsatz von Vertretern zur Werbung kriegsbedingter Gelegenheitsanzeigen war aber weder sehr sinnvoll noch überhaupt technisch durchführbar. Hier mußten andere Wege beschritten werden. A. G. Vogel bemühte sich deshalb, von seinem Mannheimer Büro aus durch Überwachung der Tagespresse potentielle Inserenten für Gelegenheitsanzeigen zu ermitteln, die er dann durch direkte Korrespondenz anzusprechen und für eine Annonce in den Zeitschriften des Vogel-Verlags zu werben suchte. Auf diese Weise entwickelte er ein System, das mit leichten Modifikationen mit der Zeit auf die gesamte Anzeigenwerbung angewendet werden konnte: das gezielte Zusammenwirken von Verlag und Vertretern in der Erfassung und Bearbeitung von Anzeigenkunden. Das provisorische Mannheimer Büro, betreut von A. G. Vogel und seiner Frau, wurde so zur eigentlichen Keimzelle der Werbeabteilung des Vogel-Verlags.

Alle diese Neuerungen werden dazu beitragen, daß sich in der allernächsten Zukunft das Gesicht des Verlags verändert. Zunächst sind sie nichts anderes als Reaktionen auf die besonderen Gegebenheiten der Kriegszeit, eines Ausnahmezustands. Aber im Hintergrund zeichnet sich bereits eine neue, umfassendere Expansion des Unternehmens ab; der Trend zum Großbetrieb wird immer stärker spürbar. Er läßt sich allein schon an der Belegschaftsentwicklung ablesen. Noch während des Kriegs steigt die Zahl der Mitarbeiter trotz des Arbeitskräftemangels von 60 auf 160. Der größte Teil davon sind Frauen. Anders sind die Leistungen, die dem Unternehmen, dem »kriegswichtigen« Betrieb, abverlangt werden, nicht zu bewältigen: In der Schlußphase

Entwicklung der Anzeigenpreise im »Maschinenmarkt« während des ersten Weltkriegs

Jahr	Spalten	Preis für die mm-Zeile in Pf	Sonstiges
1914	4	75	vgl. Tabelle S. 61, unten
1915	4	90	–
1917	5	120	Stellengesuche 60
1917, Nov.	5	150	Stellengesuche 75
1918	5	150	Stellengesuche 90

des Kriegs hat allein der »Maschinenmarkt« bei dreimaligem Erscheinen je Woche pro Ausgabe einen Umfang von 64 Seiten. Das bedeutet eine Zunahme von über 50 Prozent gegenüber den stärksten Heften der Vorkriegszeit.

Trotz aller Schwierigkeiten und zusätzlicher Kosten, die durch schlecht ausgebildete Arbeitskräfte, die katastrophale Rohstofflage und die durch beide verursachten Ausfälle und Schäden entstanden, konnte das Unternehmen von 1914 bis 1918 doch hohe Gewinne erzielen. Sie drängten nach rascher Investition, denn der Geldwert sank mit zunehmender Schnelligkeit; die Inflation begann nicht erst nach dem Versailler Vertrag. Noch aber hemmten die Fesseln der Kriegswirtschaft die freie verlegerische Tätigkeit, mußten alle Planungen zurückgestellt werden.

Nennenswerte bauliche Vergrößerungen konnten während des Krieges nicht durchgeführt werden. So blieb bis 1918 für die Inhaber des Vogel-Verlags Grunderwerb die einzige Möglichkeit der Kapitalanlage. Sie haben diese ihnen verbliebene Chance genutzt und das Betriebsareal durch den mit vielerlei Schwierigkeiten verbundenen Kauf günstig gelegener Grundstücke arrondiert, so daß künftigen Betriebserweiterungen nichts im Wege stand. Sogar Baupläne wurden bereits erstellt und besprochen. Der neue Gebäudeteil sollte eine beachtliche Ausdehnung bekommen und war dafür bestimmt, die gesamten technischen Einrichtungen einschließlich der notwendigen Papiervorräte im Kellergeschoß aufzunehmen. Aber um den Bau zu verwirklichen, mußte man erst das Kriegsende abwarten.

Der Krieg, der so hoffnungsvoll und zuversichtlich begonnen worden war, endete in einer Niederlage. Sie ließ jedoch die wirtschaftliche Struktur des Reiches im wesentlichen unangetastet. Wohl brach die monarchische Staatsform zusammen, aber die Revolution, die soeben Rußland in einen sozialistischen Staat verwandelt hatte, fand in Deutschland nicht statt. Das unabhängige Unternehmertum blieb die treibende Kraft auch in der Wirtschaft der neuen deutschen Republik, die man später die »Weimarer« nannte. Die Unruhen des Kriegsendes verflogen rasch, bald arbeiteten Industrie und Handel wieder fast normal; der Markt schüttelte die Beschränkungen, die die Kriegswirtschaft ihm auferlegt hatte, ab. Die deutsche Wirtschaft machte sich daran, den Schaden, den der Krieg angerichtet hatte, zu überwinden.

Der Vogel-Verlag ging aus dem Krieg wirtschaftlich gestärkt hervor. Seine finanzielle Grundlage war gesund. C. G. Vogel und A. G. Vogel konnten ohne Zögern daran denken, Altes wieder aufzubauen und neue Pläne in die Tat umzusetzen.

Der Aufstieg zum Großverlag

Krisenjahre der deutschen Wirtschaft

Die deutsche Wirtschaft war angeschlagen, aber ihre Kernsubstanz war erhalten geblieben, selbst wenn man die Gebietsverluste im Gefolge des Versailler Vertrags in Betracht zieht. Die deutsche Industrie verlor wichtige Rohstoffgebiete: Lothringen, das Saargebiet, Ostoberschlesien und damit 75 Prozent der abbauwürdigen Eisenerze, 68 Prozent der Zinkerze und 26 Prozent der Kohlenförderung. Alle diese Güter mußten nun in viel größerem Maß als vorher gegen Devisen importiert werden, eine stärkere Konzentration auf den Außenhandel mit Fertigwaren wurde dadurch unumgänglich. Dazu kamen die Schwierigkeiten, eine ganz auf Krieg und Rüstung zugeschnittene Produktion auf normale Friedenswirtschaft umzustellen, ein Problem, dem sich Deutschlands Kriegsgegner, insbesondere die Ententemächte, ebenfalls gegenübergestellt sahen. Es hätte einer längeren, ungestörten Entwicklung bedurft, um stabile, gesunde Verhältnisse auf Dauer zu schaffen.

Davon konnte allerdings nicht die Rede sein. Die Jahre zwischen den beiden Weltkriegen sind im Gegenteil charakterisiert durch ein ständiges Auf und Ab, das die Wirtschaft des Reiches nicht zur Ruhe kommen ließ, durch gefährliche Krisen, die sie an den Rand des Abgrunds brachten und dem politischen Radikalismus der Rechten die Machtergreifung erleichterten.

Die Folgen der Blockade und die Nachwirkungen des vierjährigen Raubbaus an der Volksgesundheit aufgrund der schlechten Ernährungslage wurden verhältnismäßig schnell überwunden. Auch die Wiedereingliederung der zurückkehrenden Soldaten in den Produktionsprozeß vollzog sich im ganzen reibungslos. Gefährlicher war die Krise, in die das Deutsche Reich durch die fortschreitende Geldentwertung geriet. Es rächte sich jetzt, daß man im Vertrauen auf einen raschen Sieg und in der Hoffnung auf Reparationen der

Gegner den Krieg hauptsächlich mit Kriegsanleihen, mit »Borgen« hatte finanzieren wollen, wie Helfferich es 1915 im Reichstag definiert hatte. Schon bei Kriegsende war die Mark auf die Hälfte ihrer Goldparität gesunken, waren die gesetzlich vorgeschriebenen Höchstpreise im Großhandel um durchschnittlich 130 Prozent gestiegen, war der Notenumlauf auf das Zwölffache des Vorkriegsstands gesteigert worden. Der Krieg hatte je Tag etwa 98 Millionen Mark gekostet; die Gesamtschuld des Reiches am 31. März 1919 betrug über 156 Milliarden Mark, das bedeutete etwas mehr als das Dreifache des jährlichen Volkseinkommens der Vorkriegszeit.

Geeignete Maßnahmen, um diese unheilvolle Entwicklung abzubremsen, unterblieben. Gefördert durch eine ungeschickte Politik der Reichsbank, begünstigt durch eine weitverbreitete Spekulation à la baisse, beschleunigt durch das Drängen der Kriegsgegner auf Leistung von Reparationen, das bis zur Repressalie der Ruhrbesetzung durch Frankreich führte, sank der Kurs der Mark ins Bodenlose. Am 15. November 1923 brauchte man 1 000 000 000 000 Mark um den Gegenwert für eine Mark des Jahres 1913 in den Händen zu halten.

Die Inflation hat in erster Linie die kleineren und mittleren Vermögen und Betriebe zerstört oder doch hart getroffen. Der Produktionsapparat der Industrie als Ganzes ging dagegen erstaunlich leistungsfähig aus ihr hervor. Erst das letzte Stadium der Geldentwertung und die Besetzung des Ruhrgebiets, durch die große Teile der Rohstofflieferungen blockiert wurden, führten zu ernsten Störungen und brachten die bis dahin herrschende Konjunktur zum Stillstand. Auch die Lage der größeren Unternehmen, die bis dahin eher günstig dagestanden hatten, verschlechterte sich nun zusehends. Die Reichsregierung zog daraus die Konsequenzen, brach den Ruhrkampf ab und fand einen Weg, die Währung durch Notverordnungen zu stabilisieren. Mit der 1924 eingeführten Reichsmarkwährung, die die Übergangslösung der Rentenmark vom November 1923 ablöste, begannen die »goldenen« Jahre der Weimarer Republik, eine kurze Zeitspanne ungeheurer, fast hektischer Prosperität. Begünstigt wurde sie durch eine erfolgreiche Außenpolitik, die mit dem Namen Gustav Stresemanns verknüpft ist und im Vertrag von Locarno ihren Höhepunkt fand. Durch die Aufnahme in den Völkerbund kehrte das verfemte Deutschland als gleichberechtigtes Glied in den Kreis der übrigen Völker zurück. Auch eine Lösung der Reparationsfrage, die das innenpolitische Klima Deutschlands so sehr vergiftete und die wirtschaftliche Gesundung verzögerte, schien in greifbare Nähe zu rücken.

Aber der allzu kurze Aufschwung der »golden twenties« hat keine stabilen Verhältnisse geschaffen. Die deutsche Wirtschaft, ja wie sich zeigen sollte, die ganze Weltwirtschaft, blieb krisenanfällig. Der Zusammenbruch der New Yorker Börse 1929 löste die große Weltwirtschaftskrise aus, die bald auch nach Europa übergriff, das in den letzten Jahren immer abhängiger vom amerikanischen Kapital geworden war. Der plötzliche Abzug dieser Investitionen, die Verwicklung verschiedener österreichischer und deutscher Großbanken in gewagte Spekulationen, die strukturelle Schwäche des deutschen Bankwesens seit der Inflation führten auch hier zu einem Zusammenbruch der Kreditinstitute. Produktions- und Absatzstörungen, die sich schon 1929 angebahnt hatten, unter normalen Bedingungen aber ohne weiteres zu überwinden gewesen wären, wurden nun als zusätzliche Krisenherde virulent. Drei schwere Jahre mit außerordentlicher Geldknappheit, fallender Produktion und steigender Arbeitslosigkeit folgten.

Politik und Wirtschaft waren in der Weimarer Republik so eng ineinander verflochten wie nie zuvor in der deutschen Geschichte. Die innenpolitischen Gegensätze wurden durch die Notlage breiter Bevölkerungsschichten weiterhin verschärft. Der politische Radikalismus, der die ungeliebte Republik, das »System« und die »Erfüllungspolitiker« für die wirtschaftliche Katastrophe verantwortlich machte, gewann die Oberhand. Heinrich Brüning, der letzte Kanzler aus dem Kreis der Weimarer Parteien, der, oft wenig glücklich, durch Notverordnungen, deflationistische Maßnahmen und rigorose Sparhaushalte die Wirtschaftskrise zu bekämpfen versucht hatte, sah sie bereits abklingen und wähnte sich »hundert Meter vor dem Ziel«. Da ließ ihn der Reichspräsident Hindenburg, veranlaßt durch eine regelrechte Hofintrige, im Mai 1932 fallen. Bald folgten in unheimlicher Steigerung der Wahlerfolg der Nationalsozialisten vom Sommer 1932, die Kabinette Papen und Schleicher und schließlich die Berufung Hitlers ins Reichskanzleramt am 30. Januar 1933. Der Weg in die Diktatur begann.

Maschinen suchen Käufer

Die Inhaber des Vogel-Verlags haben es verstanden, ihr Unternehmen durch diese außerordentlich stürmische Zeit sicher hindurchzusteuern und die Chancen für Ausbau und Expansion zu nutzen – wenn sie sich boten. Ihnen kam dabei der Umstand zu Hilfe, daß sich die deutsche Maschinenindustrie und zum großen Teil die mit ihr zusammenhängenden Branchen während der gesamten Zwischenkriegszeit in einer Lage befanden, die sie zu verstärkter Werbung veranlassen mußte. Und der »Maschinenmarkt«, der davon profitierte, war nach wie vor das wirtschaftliche Rückgrat des Verlags.

Im Krieg war es zu einer außerordentlichen Erhöhung der Produktionskapazitäten auf dem Maschinen- und Werkzeugmaschinenbausektor sowie der Produktion selbst gekommen. Nach dem Waffenstillstand fielen Heer und Kriegsmarine und ihre Zulieferbetriebe als Großabnehmer aus; die Lagerbestände der Maschinenfabriken wuchsen ins Unerträgliche. An diesem aufgeblähten Produktionsvolumen der Kriegszeit hat die deutsche Maschinenindustrie noch lange gelitten. Denn wenn auch eine große Zahl der ganz auf

Kriegsproduktion spezialisierten Betriebe bald stillgelegt wurde oder später der Inflation zum Opfer fiel, so strömten doch aus ihnen vor allem gebrauchte Werkzeugmaschinen auf den Markt und verstopften ihn aufs neue. Noch 1926, mitten in der kurzen Wirtschaftsblüte, scheinen die Nachwirkungen der Kriegswirtschaft nicht überwunden, lautet der Jahresbericht des Verbands Deutscher Werkzeugmaschinenfabriken pessimistisch: »Die durch Zusammenlegungen, Verkleinerungen und Stillegungen zahlreicher Betriebe freiwerdenden Tausende, vielfach fast noch neuer oder gut erhaltener Werkzeugmaschinen füllen den Markt, der auch im Ausland durch ähnliche Erscheinungen in den anderen Industrieländern mit Vorratsmaschinen übersättigt ist.« Sicher liegt in diesen Worten ein gutes Stück für die Öffentlichkeit bestimmter Zweckpessimismus; gerade 1925, für das der Verband das Wort »trostlos« gefunden hatte, war ein gutes Jahr für die Maschinenindustrie gewesen, und auch der Export stieg stetig weiter: 1926 war die deutsche Handelsbilanz erstmals seit Kriegsende aktiv, und der Maschinenhandel war daran nicht unbeteiligt. Dennoch kennzeichnet der Bericht die Lage. Der Maschinenabsatz blieb schleppend. Die Industrie war willens und fähig, weitaus größere Mengen zu produzieren, aber die chronische Kapitalenge der Nach-

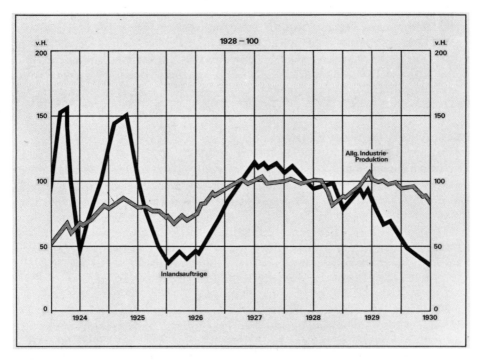

Inlandsaufträge der Werkzeugmaschinen-Industrie und allgemeine Industrieproduktion von 1924 bis 1930 (bezogen auf 1928 = 100) (nach Mengel, S. 74)

inflationszeit ließ einen Großteil der maschinenabnehmenden Betriebe zögern, an sich notwendige Neuinvestitionen vorzunehmen.

Auch die Kraftfahrzeugindustrie hatte ihre Absatzprobleme. Ihre Modelle waren bei Kriegsende veraltet, neue verständlicherweise lange Zeit nicht entwickelt worden. Mit umgebauten Fahrzeugen aus dem aufgelösten Kraftfahrzeugpark des Heeres konnte man sich auch auf dem Inlandsmarkt nicht lange behaupten, um so mehr als nun rasch die modernen Entwicklungen der großen amerikanischen Automobilfirmen, allen voran Ford, Chrysler und Chevrolet, das heimische Publikum zu faszinieren begannen. Ihre Serienfabrikate, deren Produktion durch die Erfordernisse der Kriegswirtschaft kaum behindert worden war, waren ganz auf breite Käuferschichten zugeschnitten. Die deutsche Autoindustrie drohte gefährlich in den Rückstand zu geraten, ein scharfer Konkurrenzkampf stand ihr bevor. Typisch für die Zeit sind Klagen, wie sie im Geschäftsbericht der Daimler AG von 1919 laut werden: »Da unser Werk von der Heeresverwaltung fast ganz für die Erzeugung eigentlicher Kriegsgeräte in Anspruch genommen war und auf Veranlassung der Heeresverwaltung weit über unseren Friedensbedarf hinaus vergrößert worden ist, war uns der Übergang zur Friedenswirtschaft besonders erschwert. Wie fast in der ganzen deutschen Industrie wird auch in unseren Fabriken nur zu einem geringen Teil produktive Arbeit geleistet. Die Produktion und infolgedessen auch der Absatz sind minimal, obwohl Verkaufsmöglichkeiten vorhanden wären.«

Die betroffenen Branchen machten naturgemäß alle Anstrengungen, um aus dieser Lage herauszukommen. Durch Rationalisierung – die zum großen Schlagwort der zwanziger Jahre wurde – versuchte man, die Produktionskosten zu senken. Die Inflation begünstigte eine Konzentrationsbewegung, die vor allem für die Autoindustrie wichtig wurde, aber den Markt doch nur geringfügig entlastete. Abhilfe für die Dauer konnte allerdings bei übersetztem Inlandsmarkt für Maschinen nur stärkerer Export bieten, eine Möglichkeit, die die deutsche Maschinenindustrie kräftig genutzt hat. Im Zentrum der Bemühungen standen dabei Länder, die sich im Stadium der beginnenden Industrialisierung befanden. Hier konnten neue, wichtige Märkte erschlossen werden. In den Vordergrund rückten dabei Südamerika und die Sowjetunion, ja man kann sagen, daß das Piatakoffabkommen vom April 1931 und seine Ergänzungen, die der deutschen Werkzeugmaschinenindustrie Aufträge von über 200 Millionen Reichsmark verschafften, wesentlich dazu beitrugen, daß sie die Wirtschaftskrise überstand.

Um auch auf dem Inlandsmarkt wieder eine größere Nachfrage zu schaffen, hat die Maschinenindustrie sich auch um eine fortwährende Verbesserung ihrer Erzeugnisse bemüht und viel Zeit und Kapital in Neuentwicklungen investiert. So steigerte z. B. die Werkzeugmaschinenindustrie die Schnittgeschwindigkeit ihrer Modelle erheblich, wodurch die Bearbeitungszeiten wesentlich herabgesetzt werden konnten. Der Übergang zur spanlosen Fertigung wurde beschleunigt, die Entwicklung der Spritzgußtechnik forciert. Auch bei knapper Kapitaldecke sahen sich die Abnehmer von Werkzeugmaschinen dadurch zu Neuinvestitionen veranlaßt, um konkurrenzfähig bleiben zu können.

Ob man sich nun aber um neue Absatzgebiete im europäischen Ausland und in Übersee oder um den Inlandsmarkt bemühte: immer war eine intensive Werbearbeit unerläßlich, die die Kenntnis der technischen Verbesserungen in weite Kreise trug. Aussicht auf Erfolg boten jedoch nur Werbemedien, die es verstanden, sich den veränderten Bedingungen der Nachkriegszeit anzupassen. Daß es dem Vogel-Verlag – wie in seinen Anfangsjahren – gelang, die Zeichen der Zeit richtig zu deuten, hat seinen neuen, steilen Aufstieg nach 1918 möglich gemacht.

Wandel der Konzeption

Die Vorkriegswerbung war tot, das Offertenblatt lag im Sterben. A. G. Vogel wußte, daß sich die Konzeption der Zeitschriften des Vogel-Verlags wandeln mußte, wenn er im Geschäft bleiben wollte. Der Juniorchef des Unternehmens hat die notwendigen Änderungen durchgesetzt, nicht abrupt, sondern Schritt für Schritt. In manchem konnte er dabei an Ideen anknüpfen, die er bereits vor dem Weltkrieg in der Verlagsarbeit im Ansatz zur Geltung gebracht hatte.

Die Wirtschaftswerbung, die früher so verlästerte Reklame, war auch in der Industrie seit langem zum unentbehrlichen Hilfsmittel der Absatzplanung geworden. Die Marktzeitschriften hatten nicht wenig zu ihrer Durchsetzung beigetragen. Seit den Tagen der Jahrhundertwende aber, in denen der »Maschinenmarkt« groß geworden war, hatten sich ihre Methoden verfeinert. Die theoretische Beschäftigung der Wissenschaftler verschiedener Fachrichtungen mit ihren Problemen hatte begonnen: Nationalökonomen, Soziologen und vor allem auch Psychologen untersuchten ihre Wirkung auf den Wirtschaftskreislauf und machten sich Gedanken über ihre zweckmäßige, wirkungsvolle Gestaltung. 1913 bildete sich die »Freie Vereinigung für Reklamekunst und -Wissenschaft«, die von namhaften Gelehrten unterstützt wurde. Die bahnbrechenden literarischen Pionierleistungen des k. u. k. Sektionschefs und zeitweiligen österreichischen Finanzministers Victor Mataja, die seit etwa 1910 zu erscheinen begannen, lösten nun auch im deutschsprachigen Gebiet eine reiche Literatur zu diesem Thema aus, wie sie im angelsächsischen Bereich schon länger bestand. Sie fand ihre Zusammenfassung in der »Allgemeinen Werbelehre« Rudolf Seyfferths von 1929 und in dem Buch »Die Reklame« von Fritz Redlich. Die Werbelehre rückte in den Rang einer Wissenschaft auf.

Die Ergebnisse dieser Forschungsarbeit drangen rasch in weite Kreise und wurden von der Geschäftswelt als Allgemeingut rezipiert. Die Kunden der Werbemedien begannen nun von sich aus, höhere Ansprüche an die Gestaltung und Durchführung ihrer Werbung zu stellen. Auch die Investitionsgüterindustrie machte keine Ausnahme, um so mehr als 1923 das Buch Georg von Hanffstengels »Die Reklame des Maschinenbaus« erschienen war, das die neuen Erkenntnisse auch in diesem Bereich der Wirtschaft kräftig propagierte. »Man gewöhne sich daran«, heißt es dort, »die Reklame nicht als eine mehr oder minder lästige Zutat, als ein ›notwendiges Übel‹ anzusehen, sondern sie als ein neben der technischen und kaufmännischen Arbeit gleichberechtigt dastehendes, unentbehrliches Element des Geschäftsbetriebs zu würdigen.«

Mehr als je zuvor galt nun die Aufmerksamkeit der Anzeigenkunden der äußeren Aufmachung der Werbeträger und der Gestaltung der Inserate. Das Bild, schon immer wichtiger Bestandteil einer Anzeige, rückte noch mehr in den Mittelpunkt. Sinnvolle Kombination von Text und Bild, wirkungsvolle Präsentation durch die Mittel der modernen Drucktechnik, ja künstlerische Durchformung sollten mithelfen, um beim Betrachter jenen fundamentalen Mechanismus auszulösen, der einer guten Werbung Durchschlagskraft verleiht: attract attention – arouse interest – create desire – inspire confidence – induce action. Die Abbildung in der Anzeige war nicht länger bloße Illustration eines mehr oder weniger umfangreichen Textes, ein Element zweiten Rangs, sondern wurde mit fortschreitender Zeit immer mehr zur Hauptsache, die mit Raffinement erarbeitet sein wollte.

Der Vogel-Verlag hat diesen Wünschen, die jetzt auch vielfach in der nüchternen Welt der Maschinenindustrie geäußert wurden, Rechnung getragen und seine Kunden bei der Gestaltung ihrer Annoncen weitgehend unterstützt. Nicht jedes Unternehmen, selbst wenn seine Geschäftsleitung modernen Werbeformen aufgeschlossen gegenüberstand, konnte sich eine eigene »Propaganda-Abteilung« für die Erstellung von Entwürfen leisten, wie sie etwa die DEMAG besaß, deren Archiv bereits 1919 10 000 Original-Fotoplatten und 25 000 Bildstöcke zu Reklamezwecken umfaßte. Gleich nach Kriegsende, als wieder genügend Arbeitskräfte zur Verfügung standen, wurde deshalb im Vogel-Verlag ein eigenes »künstlerisches Atelier« eingerichtet und die entsprechende Abteilung des Graphischen Betriebs auf den modernsten Stand gebracht. Viele Anzeigen jener Zeit tragen als Zeichen ihres Entstehens im eigenen Haus das kleine Signet mit dem stilisierten Vogel, das ebenfalls damals kreiert wurde und noch heute als Verlagsemblem dient.

Im Zusammenhang mit diesem neuen Kundendienst stand auch das Bemühen um eine bessere Aufmachung der Verlagsobjekte überhaupt. Seit der Gründung des Verlags war der »Maschinenmarkt« auf relativ schlechtem Papier gedruckt und mit einem blaßgrünen Umschlag versehen worden. Er sah einer

Anzeige aus dem verlagseigenen »Künstlerischen Atelier« im »Maschinenmarkt« 1920

Zeitung ähnlicher als dem, was man sich heute unter einer Zeitschrift vorstellt. Das entsprach ganz dem Zweck, den C. G. Vogel seinen Blättern zugedacht hatte: rasche, schnelle Marktinformation, so billig wie möglich, ohne jeden Aufwand. Schritt für Schritt wurde in den beiden Jahrzehnten nach dem ersten Weltkrieg Wandel geschaffen: Mehrfarbendruck, besseres Papier, festere Umschläge, auch hier Bemühen um künstlerische Gestaltung. Aus dem lediglich nach einzelnen Fachgruppen getrennten Anzeigenteil wurde mit der Zeit ein bildmäßig ruhiges und typographisch klar gegliedertes Gebilde. A. G. Vogel tat alles, um die Leistungsfähigkeit des Verlags schon im äußeren Gewand seiner Zeitschriften zu dokumentieren.

Attraktive Aufmachung allein genügte nicht, um sich im Konkurrenzkampf der Werbemedien behaupten zu können. Der »Maschinenmarkt« alter Prägung war sozusagen ein reiner Bezugsquellennachweis gewesen für eine Zeit mit großem Bedarf, ja Hunger nach Maschinen. Jetzt aber stand die Maschinenindustrie vor übersetzten Märkten, in die sie durch verbesserte Qualität wieder einzudringen hoffte. Sie forderte mehr von ihren Werbemedien. Sie verlangte von den Zeitschriften ihrer Branche, daß sie dem Interessenten ein fundiertes Wissen von den erzielten technischen Verbesserungen vermittelte, ihm Aufklärung über die Qualität neuer Erzeugnisse verschaffte, deren Menge für einen einzelnen nicht mehr überschaubar war. Das Offertenblatt, die völlig anzeigenorientierte Marktzeitschrift mußte sich zur marktbezogenen Fachzeitschrift wandeln. Die Konsequenz daraus: Der »Maschinenmarkt« und

Titelseiten von Zeitschriften des Vogel-Verlags 1920 und 1936

die anderen Zeitschriften des Hauses Vogel erhielten einen immer umfangreicheren Textteil.

Die Notwendigkeit dieser Maßnahme hatte A. G. Vogel schon in der Vorkriegszeit erkannt, als er am Projekt des »Auto-Markt« arbeitete. Er hatte dem bereits damals erkennbaren Trend Rechnung getragen und seine Zeitschrift mit einem sparsamen Text ausgestattet. Das geschah ein wenig gegen die Wünsche des Seniors C. G. Vogel, der über den Raum klagte, der auf diese Art für Werbezwecke verlorenging. Aber auch er mußte sich von den besseren Argumenten seines Sohns überzeugen lassen. Die Qualität des Textteils bestimmte fortan neben der äußeren Aufmachung über den Aufmerksamkeitswert des Werbemediums beim Leser. Nur eine Marktzeitschrift mit gediegenem Textteil, der die Brücke schlug zwischen Forschung und Praxis, konnte bei den Werbungstreibenden auf erstrangiges Interesse rechnen. Und der Vogel-Verlag hatte eine erstrangige Stellung zu verteidigen.

Der »Maschinenmarkt« erhielt im Jahr 1921 eine Redaktion, für die Neugründungen war von vornherein Text vorgesehen. War dieser Text anfänglich noch stark auf die Werbung bezogen – redaktionelle Anzeigen waren keine Seltenheit –, so gewann er doch zunehmend, nicht zuletzt auch durch regelmäßig wiederkehrende Rubriken und Beilagen, an echtem Informationswert. Der Vogel-Verlag vollzog so den Übergang zum neuen, zeitgemäßen Fachzeitschriftentyp in ruhiger und organischer Entwicklung. Die gesetzlichen Maßnahmen der dreißiger Jahre, die einen solchen Textteil für alle Marktzeitschriften verbindlich machten, trafen ihn nicht unvorbereitet.

Carl Gustav und Arthur Gustav Vogel sowie später auch Ludwig Vogel zogen noch eine weitere Konsequenz. Sie erweiterten das Programm ihres Verlags entscheidend. Der »Maschinenmarkt« hatte sich ursprünglich an die Maschinenindustrie in ihrer ganzen Breite und dazu noch an manche ihrer Zulieferindustrien gewandt. In einer Zeit fortschreitender Differenzierung und Spezialisierung der Industrie wurde es immer schwieriger, allen Interessen in einer einzigen Zeitschrift gerecht zu werden. Der Spezialist erhielt zuviel Ballast mitgeliefert, dem er gleichgültig gegenüberstand. Der Wert eines Werbemediums mußte darunter leiden.

Schon im »Auto-Markt« hatte der Verlag für eine wichtige, mit der Maschinenindustrie eng verbundene Branche eine eigene Zeitschrift geschaffen und sie aus dem allgemeinen Programm des »Maschinenmarkt« herausgelöst. Der »Elektro-Markt«-Plan bedeutete einen weiteren Schritt in dieser Richtung, auch wenn seine Thematik nur noch lose mit der des »Maschinenmarkt« zusammenhing. Die Entwicklung nach dem Krieg machte deutlich, daß eine weitere Auffächerung des Programms, die Gründung weiterer, enger spezialisierter Zeitschriften marktgerecht war. Die Kombination von Zeitschriften allgemeinerer Thematik mit Spezialblättern, verstärkt noch durch die ebenfalls neu entwickelten Sondernummern und Fachhefte, garantierten zugleich weiträumige Abdeckung und schwerpunktmäßige Erfassung des Markts.

Für die Verleger boten sich in der Realisierung eines solchen Programms einmal lohnende Chancen für eine verhältnismäßig schnelle Investierung der im Krieg erzielten, nun aber dem raschen Währungsverfall ausgesetzten Gewinne in rentable Objekte. Zum anderen konnte man dabei den größten Schatz des Unternehmens, sein Adressenmaterial, noch stärker aktivieren, es noch sinnvoller und rationeller nutzen und – gleichsam im Baukastensystem – stetig erweitern. Die meisten neugegründeten oder neuerworbenen Zeitschriften des Vogel-Verlags fügten sich aus diesem Grunde in die bisher verfolgte Linie des Unternehmens ein und hingen irgendwie mit der Welt der Technik und der Maschinen zusammen.

Dabei blieb der verlegerische Unternehmungsgeist der Familie Vogel allerdings nicht stehen. Auch ferner liegende Branchen wurden in das Verlagsprogramm einbezogen, und man begann damit, die Erfahrungen, die der Verlag auf dem Gebiet der Werbewirtschaft gesammelt hatte, in der Herausgabe von Fachadreßbüchern und Kundenzeitschriften zu verwerten. Trotz allem waren auf dem Fachzeitschriftensektor verlegerische Erschöpfungsgrenzen abzusehen. Die Verleger scheuten sich daher nicht, ihre Expansion auch auf das Gebiet von Publikumszeitschrift und Tageszeitung auszudehnen.

Es liegt auf der Hand, daß bei einer solchen Fülle der Unternehmungen nicht jede Planung realisiert wurde, sich nicht jedes Objekt als lebensfähig und rentabel erwies oder in der ursprünglichen Form weiterzuführen war. Kleinere Mißerfolge wurden rasch und energisch liquidiert; größere Rückschläge blieben aus. Die Gesamtkonzeption eines modernen Fachverlags, wie sie im wesentlichen die zweite Verlegergeneration, Arthur Gustav Vogel und Ludwig Vogel, entwickelt und verwirklicht hat, erwies sich als richtig. Der Vogel-Verlag stieg in die Reihe der Großverlage auf.

Der Vogel-Verlag und seine Zeitschriften

Mit drei Zeitschriften ging der Pößnecker Verlag aus dem ersten Weltkrieg hervor; als die große Wirtschaftskrise zur Neige ging, umfaßte das Programm seiner Verleger im Deutschen Reich fünfzehn große Zeitschriften, mehrere Kundenzeitschriften und zwei Tageszeitungen. Zwei Verlagsgründungen im Ausland mit mehreren Objekten kamen noch hinzu. Der »harte Kern« von 1918, mit dem der Weg in die Friedenswirtschaft angetreten wurde, bestand aus dem »Internationalen Briefmarken-Offertenblatt«, dem »Maschinenmarkt« und dem »Auto-Markt«. Die beiden letzten setzten sogleich den während des Kriegs begonnenen Aufstieg fort und gaben dem Start der Neugründungen den nötigen finanziellen Rückhalt.

Der Maschinenmarkt — Im Auf und Ab der Konjunktur

Die Lage der deutschen Maschinenindustrie verhalf dem »Maschinenmarkt« zu neuer rasanter Aufwärtsentwicklung. Die Seitenzahl mußte, nach kurzem Rückgang in den Monaten der Nachkriegsunruhen, die das Wirtschaftsleben

Entwicklung des »Maschinenmarkt« von 1918 bis 1921

Jahr	Anzahl der Seiten (mit Umschlag) je Heft	Erscheinungsweise	Textseiten
1918	68	3mal wöchentlich	–
1919			
1. Quartal	44	3mal wöchentlich	–
2. Quartal	74	3mal wöchentlich	–
3.–4. Quartal	80	3mal wöchentlich	–
1920	48	täglich	–
1921	32 bis 36	täglich	4

empfindlich störten, weiter gesteigert werden. Im Jahr 1920 ging man – ein erstaunliches Faktum für eine Zeitschrift – zu täglichem Erscheinen über, da die Hefte zu dick und unhandlich wurden.

Neben der dadurch noch schnelleren Angebotsvermittlung begann auch der neueingeführte redaktionelle Teil eine wichtige Rolle zu spielen, da er neben allgemeinen, meist wirtschaftspolitischen Leitartikeln auch Wirtschaftsanalysen, Marktberichte und letzte Börsennachrichten brachte. Das bedeutete in einer Zeit, die den Rundfunk noch nicht kannte, daß der »Maschinenmarkt« durchaus mit der Aktualität einer Handelszeitschrift konkurrieren konnte, was nicht wenig zu seiner steigenden Beliebtheit beitrug.

Durch Zufall ist eine Gegenüberstellung von Einnahmen und Ausgaben für drei verschiedene Nummern des Jahrgangs 1921 erhalten geblieben, die einen Eindruck von den Gewinnen vermitteln kann, die in der ersten Nachkriegszeit mit einer Zeitschrift wie dem »Maschinenmarkt« möglich waren. Aber dieser ganz große Boom dauerte nur recht kurze Zeit. Schon 1921 ging die Seitenzahl leicht zurück, bis der Höhepunkt der Inflation eine Zäsur setzte. In einer Zeit, da der Vogel-Verlag seine Kunden bitten mußte, »die Beträge unserer Rechnungen, die innerhalb acht Tagen fällig sind, künftig mit dem am Vortage der Zahlung ... gültigen Berliner Dollar-Briefkurs zu multiplizieren und das Ergebnis durch 4,20 zu teilen« und als der Abonnementspreis

Rentabilität des »Maschinenmarkt«, dargestellt an je einer Nummer vom Juli, August und Oktober 1921 (nach Hüthig, S. 106)

	Juli	August	Oktober
Seitenzahl	28	36	44
Umfang der Auflage	32 000	32 000	32 000
Papierverbrauch in kg (+ 5% Makulatur)	1 860	2 386	3 057

Ausgaben in Mark

	Juli	August	Oktober
Papier	8 211,15	9 782,60	13 145,10
Draht	54,58	54,08	192,00
Satz und Stereotypie	896,00	1 219,14	1 707,20
Druckkosten einschließlich Farbe	779,52	1 013,76	1 422,08
Rest der technischen Löhne	1 894,93	1 352,82	1 795,91
Rest der kaufmännischen Löhne	4 016,15	3 606,45	4 970,48
Versandkosten (Streifband einschl. Porto + Restauflage)	2 115,22	2 194,30	2 156,96
Redaktionskosten + Honorare	120,18	228,00	180,60
Werbeunkosten	39,90	41,23	37,96
Drucksachenunkosten inkl. Porti	292,05	309,40	624,07
Gehälter und Löhne	496,77	495,30	784,14
Provision	4 550,14	5 753,03	7 684,92
Umsatzsteuer 10%	3 987,80	4 134,52	6 752,41
Allgemeine Unkosten inklusiv Amortisation	3 217,20	3 756,60	5 437,08
Ausfälle 5%	1 993,90	2 067,62	3 376,45
Gesamtkosten der Ausgaben	32 665,49	36 009,29	50 264,86

Einnahmen in Mark	Juli	August	Oktober
Einnahmen aus Abonnement	533,00	622,50	634,00
laufende Anzeigen	22 750,70	28 769,16	38 424,62
kleine Anzeigen	17 127,30	12 576,00	29 104,50
Gesamtsumme d. Einnahmen	40 411,00	41 967,66	68 163,12

für den »Maschinenmarkt« sich auf 1 300 000 000 Mark belief, da sank der Umfang auf 6 bis 8 Seiten im November 1923. Nach der Marktstabilisierung kehrte man zum dreimaligen Erscheinen je Woche zurück und war mit 48 Anzeigenseiten in etwa bei den Vorkriegsverhältnissen angelangt.

In der nun weniger stürmischen Entwicklung der zweiten, »guten« Hälfte der zwanziger Jahre, die nur durch die »kleine Rezession« von 1926 (vgl. Seite 96) unterbrochen wurde, hat sich das äußere Bild des »Maschinenmarkt« nur wenig verändert. Der Textteil blieb wirtschaftlich betont, wenn auch mit der Zeit die fachlich-technische Unterrichtung des Lesers in den Vordergrund rückte. Durch Heranziehung namhafter Fachleute verbesserte der Leiter der »Maschinenmarkt«-Redaktion, Dr. Karl Walter in Berlin, der auch für andere Zeitschriften des Hauses verantwortlich zeichnete und als Pionier des Fachtextes im Vogel-Verlag angesprochen werden kann, gerade die Qualität dieses Teils. Doch blieb der »Maschinenmarkt«, auch in seiner Aufmachung, die Zeitschrift mit dem stärksten Marktcharakter im Programm des Verlags.

Erst die Weltwirtschaftskrise traf auch den »Maschinenmarkt« empfindlich. Nun, da die Geldknappheit katastrophale Ausmaße angenommen hatte, konnte auch die beste und intensivste Werbung niemanden zum Kauf kostspieliger Maschinen bewegen. Die Aufträge für den »Maschinenmarkt« blieben aus, und er konnte zunächst nur noch zweimal in der Woche erscheinen. Noch 1934 war die Lage so schwierig, daß für die Dauer dieses Jahrs die Zeitschrift nur einmal in der Woche herausgegeben wurde. Ernste Folgen hat dieser zeitweilige Rückgang nicht gehabt. Das Blatt erholte sich noch in der Zeit der Arbeitsbeschaffungspolitik schnell und blieb nach wie vor die große »Brotzeitschrift« des Vogel-Verlags.

Die Kraftfahrzeug-Zeitschriften des Vogel-Verlags — systematische Vielfalt

Auf dem Kraftfahrzeugmarkt setzte nach dem ersten Weltkrieg die Aktivität womöglich noch hektischer ein als auf dem Maschinensektor. Mit Maschinen war auch in der Kriegszeit noch relativ freier Handel möglich gewesen, während der Automobilvertrieb völlig durch Bewirtschaftungsvorschriften geknebelt war. Der »Auto-Markt«, der zwischen 1914 und 1918 nur alle 14 Tage erschienen war, konnte jetzt zweimal, ja seit 1923 dreimal die Woche herausgebracht werden, bis die Wirtschaftskrise von 1929/30 auch ihn auf wöchentlich einmaliges Erscheinen zurückwarf. Die Seitenzahl schwankte dabei zwischen 36 und 48 Seiten je Ausgabe.

A. G. Vogel hatte in der ersten Kriegsnummer des »Auto-Markt« prophezeit: »Nach dem Kriege wird – vor allem bei einem für uns günstigen Aus-

Der Maschinenmarkt
Allgemeiner Anzeiger für Deutschlands Industrie

Nr. 132 — Pößneck i. Thür., den 4. November 1923 — XXVIII. Jahrgang.

Die neuen Zahlungsmittel.

Wir befinden uns augenblicklich in einer Uebergangszeit von der Papiermarkzahlung zur Zahlung in wertbeständigem Gelde. Dabei sind Reibungen und Unzuträglichkeiten unvermeidlich, und sie kommen auch in genügend großer Anzahl vor. Der Abweigung, die Papiermark in Zahlung zu nehmen, entspricht nicht, wenigstens nicht allgemein, die Freude, wertbeständig zahlen zu können. Aus dem einfachen Grunde, weil sich der geschäftliche Verkehr in den neuen Zahlungsmitteln noch nicht auskennt, und sich erst an sie gewöhnen muß. Es spielen aber auch sachliche Gründe mit, aus denen heraus die neuen Zahlungsmittel eine verschiedene Bewertung erfahren und auch erfahren müssen. Diese sachlichen Unterschiede in der Bewertung der Dollarschatzanweisungen einerseits, der Goldanleihe andererseits, werden natürlich in den großen Geschäftshäusern viel leichter begriffen als im kleinen Verkehr.

Als neue Zahlungsmittel kommen in Betracht die Goldanleihe und die Dollarschatzanweisungen. Die Dollarschatzanweisungen sind gedeckt durch Reichsbankgold, die Schatzanleihe durch das Steueraufkommen des Staates. Eine Spezialdeckung, also eine Verpfändung ganz bestimmter Staatseinnahmen zur Deckung für die Goldanleihe war zunächst nicht vorgesehen. Sie ist auf einem Umwege aber jetzt doch insoweit bereitgestellt worden, als im Januar 1924 die Kleinstücke der Goldanleihe, deren Benutzung als Zahlungsmittel für das große Publikum hauptsächlich in Betracht kommt, umtauschbar sind in Rentenbankscheine. Hinter diesen Rentenbankscheinen aber steht die Garantie der deutschen Wirtschaft.

Die Bewertung der Goldanleihe und der Dollarschatzanweisung an der Börse ist regelmäßig so, daß der Kurs der Dollarschatzanweisung über dem Kurse der Goldanleihe steht. So wurden an der Berliner Börse am 24. v. Mts. Dollarschatzanweisungen mit 70 Milliarden, Goldanleihe mit 56 Milliarden notiert, am 25. die erstere mit 72, die letztere mit 65 Milliarden, am 26. war das Verhältnis 75 zu 65 Milliarden, am 29. 79 zu 65 Milliarden. Die Goldanleihe also hält sich etwa auf der Höhe des offiziellen Berliner Dollarkurses.

Es wäre nun wünschenswert gewesen, wenn die Stücke der Goldanleihe auch äußerlich von den Stücken der Dollarschatzanweisungen leicht unterschieden gemacht worden wären. Das ist unglücklicherweise nicht der Fall. Man muß im Publikum genau darauf achten, daß die höher bewerteten Dollarschatzanweisungen ein längliches Format als die Goldanleihe aufweisen. Sie haben ferner an beiden Seiten Kästen, in denen der Betrag, über den die Dollarschatzanweisung lautet, noch einmal zu finden ist, und sie haben in der rechten oberen Ecke ein großes lateinisches D. Ferner lauten die Dollarschatzanweisung auf Schatzanweisung des Deutschen Reiches von 1923, die Goldanleihe aber nur auf Schatzanweisung des Deutschen Reiches. Das sind Unterschiede, die wenigstens bei den vorliegenden Stücken ins Auge fallen, es ist aber im Augenblick nicht festzustellen, ob wenigstens das verschiedene Format durchgängig beibehalten worden ist.

Die Hauptrolle im Zahlungsverkehr wird die Goldanleihe übernehmen. Da die Goldanleihe kein gesetzliches Zahlungsmittel ist, sondern die Rolle des gesetzlichen Zahlungsmittels nach wie vor für die Papiermark reserviert bleibt, so ist kein Händler verpflichtet, noch kann er dazu gezwungen werden, sie in Zahlung zu nehmen. Aber über alle juristische Möglichkeit wird die Praxis wohl zur Tagesordnung übergehen, und viel eher besteht die andere Möglichkeit, daß die Papiermark, das gesetzliche Zahlungsmittel, aus dem Verkehr völlig verschwindet. Es fragt sich nun, zu welchem Kurse die Goldanleihe in Zahlung genommen werden wird. Die großen Geschäfte scheinen mit der Goldanleihe übereinstimmend mit der Börsennotierung zum Dollarkurs anzunehmen und gewähren noch für Zahlungen in diesen Zahlungsmitteln einen fünfprozentigen Rabatt. Sie können das deshalb tun, weil sie für Papiermarkzahlungen vermutlich einen Geldentwertungszuschlag in die Papiermarkpreise einkalkuliert hatten, der nunmehr in Fortfall kommen kann. Und er durch den fünfprozentigen Rabatt bereits ganz zum Verschwinden gebracht wird, dafür dahin. In kleineren Geschäften dagegen wird die Goldanleihe zunächst nicht so glatt in Zahlung genommen. In einem bekannten Berliner Speiselokal passierte es, daß der Kellner einem Gast, der in Goldanleihe zahlen wollte, den Bescheid brachte, daß sie nur mit einem zehnprozentigen Abschlag genommen würde. Statt mit 65 Milliarden wolle man sie nur mit 58,5 Milliarden bewerten. Der Grund dieses Verhaltens dürfte darin liegen, daß auch die Banken die Goldanleihe nicht zum Börsenkurse einlösen sondern zu einem Kurse, der unter der Berliner Notierung liegt und durchaus nicht einheitlich ist. Sie führen zur Begründung an, daß sie nicht wüßten, wie die Goldanleihe am nächsten Tage notiert würde, respektive, wie der Dollarkurs des nächsten Tages, der ja für die Bewertung der Goldanleihe ausschlaggebend sein muß, sich gestalten wird. Wenn für Goldanleihe an den Schaltern der Bank Papiergeld gefordert wird, so kommt der Mangel an diesem Zahlungsmittel hinzu, und es scheint, daß die einige Bankfilialen diese Gelegenheit vornehmen. Auf alle Fälle ist nötig, daß sich hier in kürzester Zeit eine gleichförmige Praxis herausbildet, um gerade in dieser Zeit der Einführung des neuen Zahlungsmittels Unklarheiten und Unruhe zu vermeiden. Die Reichsbank respektive das Reichswirtschaftsministerium bemühen sich ihrerseits, Uebergangsschwierigkeiten nach Möglichkeit dadurch zu vermeiden, daß der Dollarkurs stabil gehalten wird.

Heute liegen die Zahlungsverhältnisse für alle diejenigen, die sich bisher den Kopf über Dollar, Papiermark, Goldanleihe, Dollarschatzanweisung, Börsennotierung usw. nicht zu zerbrechen brauchten, weil sie immer nur in Papiermark zu zahlen hatten, noch verhältnismäßig einfach. Man wird hoffen, daß Komplizierungen nicht eintreten, aber es wird doch für jeden einzelnen von Wichtigkeit sein, der weiteren Entwicklung viel Interesse und einiges Nachdenken zu widmen.

Inhaltsübersicht:
Maschinenmarkt Nr. 132 vom 4. November 1923
Anzeigengruppen: Seite
Rubrik 1: Maschinen — Werkzeuge 2
Rubrik 2: Kraft- und Industrieanlagen nebst Zubehör (Armaturen u. Industrie-Feuerungen).
Rubrik 3: Transmissionen, Transportmittel, Hebezeuge, Rohre, Pumpen. 18
Rubrik 4: Rohstoffe, Halbfabrikate, Technische Artikel, Chemikalien, Farben. 25
Rubrik 5: Elektro-Technik. 31
Rubrik 6: Büro-Bedarf, Organisation, Reklame, Spedition. 33
Rubrik 7: Metallwaren, Beleuchtung, Fabrikbedarf, Apparate, Heizung, Behälter, Ventilation und allgemeiner Markt. 39
Gelegenheitsanzeigen (Spezialrubriken: Verkäufe, Kaufgesuche, Stellenangebote, Verschiedenes). 35—39

"Der Maschinenmarkt"
C. G. Vogel,
Allgemeiner Anzeiger für Deutschlands Industrie.

Der »Maschinenmarkt« am Tag nach der Währungsstabilisierung

Deutsche Kraftfahrzeugproduktion 1913 bis 1933 in Stück (nach »40 Jahre Auto-Markt« 1951, S. 50)

Jahr	Personenkraftwagen	Lastkraftwagen und Kraftomnibusse	Zugmaschinen	Summe
1913	12 400	7 600	388	20 388
1926	31 958	15 088	5 721	52 767
1927	84 668	33 002	10 114	127 784
1928	101 701	37 806	11 056	150 563
1929	92 025	41 358	6 486	139 869
1930	71 960	29 989	3 212	105 161
1931	58 774	27 249	2 430	88 453
1932	41 727	20 986	1 664	64 377
1933	90 041	28 433	3 300	121 774

Die Entwicklung der deutschen Kraftfahrzeugproduktion bezogen auf die Preise von 1913 (= 100) (nach W. Hoffmann, S. 358)

1913	100
1925	329,4
1926	275,7
1927	467,0
1928	558,2
1929	559,4
1930	403,0
1931	319,0
1932	236,4
1933	408,9

---

gang – ein großer wirtschaftlicher Aufschwung erfolgen, mit dem ein allgemeiner Wohlstand Hand in Hand geht. Sicher demnach, daß auch das Luxusauto mehr und mehr Eingang findet.« Nun, der Krieg war verlorengegangen, mit dem allgemeinen Wohlstand haperte es besonders nach der Inflation auch, aber die Voraussage über die Zunahme der Autos traf dennoch ein. Es zeigte sich immer deutlicher, daß die Kraftfahrzeugindustrie zu einem der volkswirtschaftlich wichtigsten Industriezweige wurde, dessen Produktion ständig stieg, der eine große Menge Arbeitsplätze bereitstellte und einen nicht unbeträchtlichen Anteil des Exports aufbrachte, auch wenn dessen damalige Zahlen mit den heutigen nicht zu vergleichen sind.

Das Jahr 1924 wurde zum Schlüsseljahr für die deutsche Automobilindustrie. War sie bis dahin durch Einfuhrsperren für ausländische Erzeugnisse weitgehend vor Konkurrenz geschützt worden, so setzte jetzt, nachdem der große Ford mit einem Zweigbetrieb auf deutschem Boden Fuß gefaßt hatte, ein scharfer Wettbewerb ein. Unter seinem Druck kam es in Deutschland von da an mehrfach zu Fusionen kleinerer Werke, die oft aus Werkstattbetrieben hervorgegangen waren. So schlossen sich auch die beiden Großen, Daimler AG und Benz & Cie. zusammen, und es entstand die »Auto-Union« aus Audi, DKW, Horch und Wanderer. Erst durch eine solche Konzentrationsbewegung, die noch lange anhielt, wurde es möglich, Modelle zu entwickeln, die nicht nur auf heimischen Boden gegen das Ausland eine Chance hatten, sondern auch mit Erfolg zum Kampf um die Exportmärkte antreten konnten.

Import und Export von Kraftfahrzeugen von 1913 bis 1934 in Mill. Mark (nach »40 Jahre Auto-Markt« 1951, S. 49)

Jahr	Personenkraftwagen		Lastkraftwagen		Kraftwagen insgesamt		+ Ausfuhr- − Einfuhr-Überschuß
	Einf.	Ausf.	Einf.	Ausf.	Einf.	Ausf.	
1913	12,2	71,1	1,9	13,2	14,1	84,3	+70,2
1924	32,5	10,7	3,8	7,3	36,3	18,0	−18,3
1925	56,8	13,3	8,1	10,1	64,9	23,4	−41,5
1926	43,4	8,6	3,9	9,2	47,3	17,8	−29,5
1927	56,9	16,5	1,4	10,5	58,3	27,0	−31,3
1928	70,5	26,0	1,0	21,0	71,5	47,0	−24,5
1929	47,7	32,3	2,1	22,3	49,8	54,6	+ 4,8
1930	30,8	21,7	2,0	15,7	32,8	37,4	+ 4,6
1931	14,1	24,9	1,1	20,1	15,2	45,0	+29,8
1932	6,9	18,6	0,6	8,9	7,5	27,5	+20,0
1933	5,8	20,1	0,7	7,7	6,5	27,8	+21,3
1934	8,7	21,6	0,8	6,9	9,5	28,5	+19,0

Der »Auto-Markt« des Vogel-Verlags hat in dieser Entwicklung keine unwichtige Rolle gespielt. Seine führende Rolle als Insertionsorgan war unbestritten, vor allem seit es ihm gelungen war, während der Inflation zwei Konkurrenzblätter aufzukaufen: die »Auto-Börse« und die »Auto-Welt«, deren Namen er künftig als Untertitel führte. Bekanntlich aber hat der »Auto-Markt« schon vor dem Krieg über Text verfügt. A. G. Vogel hat ihn auch bereits im August 1918 – also noch vor dem Waffenstillstand – wieder aufgenommen und ständig ausgebaut, bis er fast ein Viertel des Heftumfangs ausmachte. Hier wurden neben allgemeiner Wirtschaftsberichterstattung neue Kraftfahrzeugteile besprochen, hier wurden die Prüfberichte über neuentwickelte Automodelle der Öffentlichkeit vorgelegt. Da die Zahl der belieferten Adressen von 150 000 im Jahr 1919 auf 240 000 im Jahr 1924 gestiegen war, erreichten die Veröffentlichungen im »Auto-Markt« eine außerordentlich hohe Publizität. Die Anerkennung blieb nicht aus: Der Interessenverband Deutscher Kraftfahrer in Leipzig machte den »Auto-Markt« zu seinem offiziellen Organ.

Wenn 1924 ein Schlüsseljahr für die Kraftfahrzeugindustrie bedeutete, so nicht weniger für die Auto-Zeitschriften des Vogel-Verlags. Es ergab sich zu diesem Zeitpunkt die Notwendigkeit, den so vielfältig gewordenen Markt schwerpunktmäßig besser zu erfassen und übersichtlicher zu gestalten. Um diesen Zweck zu erreichen, wurde einmal eine selbständige Beilage »Motorrad-Markt« geschaffen, in der diese expandierende Branche, die das Fahrzeug der »unteren Zehntausend« herstellte, besser betreut werden konnte. Darüber hinaus aber konzipierte A. G. Vogel eine neue Zeitschrift.

Schon im Krieg hatte der Lastkraftwagen begonnen, sich als Transportfahrzeug in den Vordergrund zu schieben. Die Nachkriegszeit hatte gewaltige Fortschritte in der Konstruktion und einen Zuwachs der Produktion gebracht. Die Forderung nach Rationalisierung veranlaßte viele Betriebe zu einer Mechanisierung ihrer Transportmittel, wobei auch der Wunsch mitspielte, sich vom bis dahin dominierenden Eisenbahntransport unabhängiger zu machen. Die Nachfrage nach Lkw stieg. Es ist ganz symptomatisch, daß eine Firma wie Henschel in Kassel, die seit ihrer Gründung dem Lokomotivbau als Monokultur verpflichtet gewesen war, von 1925 an auch zur Herstellung von Lastkraftwagen überging. A. G. Vogel faßte den Plan, den Markt für Lkw aus dem »Auto-Markt« herauszulösen und ihn in einem neuen Objekt, dem «Last-Auto«, zu konzentrieren. Er stieß dabei auf den geschlossenen Widerstand der anderen Mitglieder der Geschäftsleitung, die der Neugründung ein Desaster prophezeiten. Aber A. G. Vogel hatte, wie schon bei der Gründung des »Auto-Markt«, die wirtschaftliche Entwicklung richtig eingeschätzt. Die neue Zeitschrift kam von Anfang an zufriedenstellend in Schwung und erfüllte die Erwartungen, die A. G. Vogel an sie geknüpft hatte.

Das »Last-Auto« erschien zunächst alle 14 Tage, bald wöchentlich in einem gleichbleibenden Umfang von durchschnittlich 36 Seiten, von denen etwa die Hälfte Text enthielt. Diese Tatsache und auch die für damalige Zeiten recht ungewöhnliche, aufwendige Gestaltung – fester Umschlag, Offsetdruck in Schwarz-Rot, bei Sondernummern auch mehrfarbig, mit Textabbildungen und einer sehr sorgfältigen typographischen Gliederung – lassen erkennen, daß diese Zeitschrift stärker auf Abonnenten rechnete als andere Objekte des Vogel-Verlags.

Das »Last-Auto«, erste Nummer vom 6. Mai 1924

Bis in die Wirtschaftskrise hinein profitierte das »Last-Auto« vom allgemeinen Aufschwung und der Investitionsfreudigkeit eines neu entstehenden motorisierten Transport- und Speditionsgewerbes. Ein besonderer Umstand kam dabei noch zur Hilfe. Die Zeitschrift wandte sich in der Hauptsache an die Betriebe des Transportgewerbes selbst, also direkt an die Abnehmer von Lastkraftwagen, wodurch die Werbung für Ersatz- und Zubehörteile im Vordergrund des Interesses stand. Die Vereinheitlichung von Gerät und Zubehör hatte damals noch keine nennenswerten Fortschritte gemacht, so daß eine Vielzahl von Firmen auf diesem Sektor miteinander konkurrierte. Normierung, Konzentrationsbewegung und Depression haben dann zu einem gewissen Rückgang des Objekts geführt, das nach 1933 nur noch einmal im Monat erschien. Es erholte sich nur langsam, erwies sich aber immer als lebensfähig und rentabel.

»Auto-Markt«, »Motorrad-Markt« und »Last-Auto« blieben die marktorientierten Kraftfahrzeugzeitschriften des Hauses Vogel, auch wenn sie sich in ihrer äußeren Aufmachung – denn der »Auto-Markt« entwickelte sich ebenfalls in der für das »Last-Auto« geschilderten Art – stärker dem Publikumsgeschmack anpaßten als etwa der »Maschinenmarkt«. Im »Auto-Markt« hatte ja schon in den Anfängen seines Bestehens wenigstens ein winziges Stück Motorsportzeitschrift gesteckt, ein Element, das damals allen Kraftfahrzeugzeitschriften gemeinsam war. Dieser Gedanke wurde 1924 wieder aufgegriffen. Am 8. August brachte der Verlag die Zeitschrift »Motor und Sport« heraus.

Unter den Zeitschriften des Vogel-Verlags war sie etwas völlig Neuartiges, aber sie sollte die bekannteste von allen werden. Erstmals plante man eine Publikumszeitschrift, auf die keines der erfolgreichen Verlagsprinzipien angewendet werden konnte. Die Hauptsache war hier der Text, die Inserate standen im zweiten Glied: Der Leser sollte unterhalten werden, das Blatt sollte keine marktregelnde Funktion ausüben. An einen Vertrieb durch das verlagstypische System des kostenlosen Wechselversands war nicht zu denken, das Objekt sah sich im Gegenteil auf zahlende Abonnenten, auf die Verbreitung durch den Buch- und Zeitschriftenhandel angewiesen.

»Motor und Sport« wurde in einem großangelegten Werbefeldzug auf den Markt gebracht, aber es hat lange Zeit gedauert, bis das ungewöhnliche Verlagsobjekt zufriedenstellende Gewinne brachte. Zwar traf die Zeitschrift den Lesergeschmack von Anfang an: aktuelle Sport- und Ausstellungsberichte, Vorstellung neuer Typen und Modelle, ja sogar Modebeilage und Roman – kurz, sie enthielt alles, was von einer Publikumszeitschrift mit motorsportlicher Thematik erwartet werden durfte.

Aber es liegt auf der Hand, daß bei »Motor und Sport« ganz andere und größere Schwierigkeiten zu überwinden und höhere Investitionen erforder-

»Motor und Sport«, 1. Jahrgang.
Sondernummer zur Deutschen Automobil-Ausstellung in Berlin

lich waren als bei anderen Neugründungen des Hauses. Die bessere Ausstattung und der geringe Umfang des Annoncenteils – das Verhältnis Text–Anzeigen war auf 2 : 1 festgesetzt worden – verteuerten das Unternehmen beträchtlich. Die Zeitschrift war unabhängig von allen Verbänden und Vereinen und hatte also auch von daher keine Unterstützung zu erwarten.

Im Jahr 1928 jedoch war »Motor und Sport« über den Berg. Für die Redaktion, die in Berlin arbeitete, um den Anschluß an neue Entwicklungen besser halten zu können, hatte sich ein leistungsfähiges Team herausgebildet; die graphische Gestaltung und die äußere Ausstattung entsprachen nun endgültig den Normen, wie sie für eine Publikumszeitschrift zu fordern waren. Der »Motorritter«, der bereits das Titelblatt der ersten Nummer geziert hatte, trat seinen Siegeszug durch Deutschland an und wurde neben dem Vogelsignet zum zweiten Wahrzeichen des Verlags.

Die Begründung von »Motor und Sport« bleibt ein wichtiges Faktum in der Verlagsgeschichte der Zwischenkriegszeit. Sie dokumentierte einmal mehr die Leistungsfähigkeit des Verlags, der auch Probleme zu meistern verstand, die nicht auf der Linie seiner sonstigen Tätigkeit lagen. Mochte die unmittelbare Rentabilität des Objekts zunächst auch schwankend sein, so stand doch fest, daß mit dieser ausgezeichneten Leistung das Unternehmen sein Prestige als Verlag kraftfahrtechnischer Zeitschriften ungeheuer festigte. Nichts zeigt das deutlicher als die Tatsache, daß auch die seit 1925 bzw. 1931 herausgegebenen Kundenzeitschriften des Vogel-Verlags, die »Kraftfahrer-Praxis« und »Opel-Fahrer« florierten und bei den Kraftfahrzeugbetrieben an Beliebtheit zunahmen.

Man hatte große Anstrengungen gemacht, um eine möglichst wirkungsvolle Aufmachung der Zeitschrift zu erreichen und zu erhalten. Auch das hatte sich gelohnt. »Motor und Sport« wurde zum Schrittmacher und vielfach zum Experimentierfeld bei den Bemühungen um die Wandlung der Vogel-Zeitschriften zu modernen Fachblättern.

Endlich aber sahen die Verleger in »Motor und Sport« auch eine Ausgangsbasis für spätere Expansionen auf dem Markt der Publikumszeitschriften, falls einmal der Fachzeitschriftensektor keine verlegerischen Möglichkeiten mehr bieten sollte. Die Probefahrt jedenfalls war geglückt.

Der »elektromarkt« — stetiger Fortschritt

Das Ende des Weltkriegs bedeutete auch das Wiedererstehen des »Elektro-Markt«, dessen Entwicklung 1914 nach der ersten Nummer so jäh unterbrochen worden war. A. G. Vogel bemühte sich, so schnell wie möglich den Anschluß an den Markt dieser Wachstumsbranche zu finden. Die Elektrizität hatte zwar schon eine lange Entwicklung seit dem 19. Jahrhundert hinter sich und hatte vor allem eine moderne Fernmeldetechnik erst möglich gemacht. Jedoch erst im zweiten Jahrzehnt des 20. Jahrhunderts stellte Elektrizität im Haushalt keinen unerhörten Luxus mehr dar, sondern war zum allgemeinen Konsumgut geworden. Elektrisches Licht und eine Vielfalt von durch elektrischen Strom angetriebenen Geräten wurden zu unentbehrlichen, täglich beanspruchten Gebrauchsartikeln.

Als der »Elektro-Markt« am 3. April 1919 mit einer ungewöhnlich umfangreichen Probenummer von 96 Seiten wieder zu erscheinen begann, war sein Empfängerkreis durch diese Fakten festgelegt: Er wandte sich in erster Linie an Installateure, Elektrogeschäfte und kleinere Betriebe, so daß im Inseratenteil die Kleinanzeigen dominierten. Der Textteil, der dem zunächst noch kurze Zeit als reines Offertenblatt erscheinenden Objekt bald beigefügt wurde, trug anfänglich allgemein wirtschaftspolitischen Charakter, da er von der Schriftleitung des »Maschinenmarkt« mit besorgt wurde. Nach Ende der Inflation änderte sich das Bild. Es erschienen nun immer mehr fachlich technische Aufsätze, die speziell auf die Bedürfnisse des geschilderten Empfängerkreises zu-

Anzeige aus dem »Elektro-Markt« von 1923 – Lichtschalter: Symbol des elektrifizierten Haushalts

geschnitten waren. Eine wesentliche Verbesserung erfuhr der Fachtext noch einmal 1926, als der Vogel-Verlag die Zeitschrift »Die elektrische Maschine« erwerben konnte, die seit ihrer Entstehung 1921 ihren Textteil besonders gepflegt hatte. Zwar behielt man diese Zeitschrift nicht im eigenen Verlagsprogramm, sondern verkaufte sie schon nach wenigen Wochen an die »Industrie-Verlags- und Druckerei GmbH Stuttgart« weiter. Aber ihr langjähriger Redakteur Kurt Gutmann entschloß sich, fortan im Vogel-Verlag den »Elektro-Markt« zu leiten.

Die Zeitschrift, die zweimal in der Woche in einer Auflage von rund 15 000 bis 20 000 Exemplaren und in einem Umfang von 24 bis 32 Seiten erschien, nahm eine ruhige Entwicklung, die nicht mit den großen Konjunktursprüngen etwa des »Maschinenmarkt« zu vergleichen ist. In der großen Depression trat sie rechtzeitig einen geordneten Rückzug auf einmaliges Erscheinen je Woche an und erholte sich später rasch wieder. Ihre ganz große Zeit allerdings war noch nicht gekommen. Die Anwendung der Elektrotechnik in der Industrie steckte noch ganz in den Anfängen, obwohl sie durch Rationalisierungsbestrebungen begünstigt wurde. In der Entwicklung der Industrieelektrik lag die große Chance des »Elektro-Markt« für die Zukunft, die vorerst nur in Ansätzen erkennbar wurde.

Ein Gebiet der Elektrotechnik allerdings forderte schon frühzeitig gesonderte Bearbeitung. Kurz nach der Eröffnung des »Deutschen Rundfunks«, der er-

Titelvignette der ersten selbständigen Nummer des »Radio-Markt« vom 5. November 1927 im 3-Farben-Offsetdruck

sten deutschen Radiostation, erschien am 19. Januar 1924 im »Elektro-Markt« eine Beilage, der »Radio-Markt«. Seit 1920 in den USA als erste öffentliche Rundfunksendung die Ergebnisse der Präsidentschaftswahl ausgestrahlt worden waren, zeichnete sich die wachsende Bedeutung des Radioempfängers auf kulturellem wie auch besonders auf politischem Gebiet immer stärker ab. Durch den Rundfunk wurden weite Kreise der Bevölkerung schneller und unmittelbarer angesprochen, als es durch die traditionellen Mittel – Konzerte, Theateraufführungen und Presse – möglich war. Die »Telekratie« der 5. französischen Republik de Gaulles hat ihre Vorläuferin in der »Radiokratie« des NS-Regimes, das von der Faszination der Massen durch das neuartige Gerät profitierte.

Ähnlich wie der »Motorrad-Markt« und das »Last-Auto« im Verhältnis zum »Auto-Markt« dokumentiert auch der »Radio-Markt« die immer größere Differenzierung der traditionellen Industrien und die Notwendigkeit der Zergliederung von Zeitschriften mit allgemeinerer Thematik in Spezialausgaben. Der »Radio-Markt« erschien zunächst als Beilage zum »Elektro-Markt« und war als Textblatt konzipiert. Er mußte hart um seinen Anteil am Markt gegen die sogleich sehr rührige Konkurrenz kämpfen. Daß er dabei Erfolg hatte, beweist die Tatsache, daß er von November 1927 an in die Mündigkeit einer selbständigen Zeitschrift entlassen werden konnte, um erst 1930 – veranlaßt durch die Wirtschaftskrise – für einige Zeit als Beilage in den »Elektro-Markt« zurückgegliedert zu werden.

»Der Agrar-Markt« — nur ein halber Erfolg

Nach der Reaktivierung des »Elektro-Markt« tat der Vogel-Verlag den Schritt auf ein Gebiet, das zu den traditionsreichsten des deutschen Fachzeitschriftenwesens gehörte: Er versuchte die deutsche Landwirtschaft für seine Verlagsobjekte zu erschließen. Die landwirtschaftlichen Fachzeitschriften reichten in Deutschland bis ins 18. Jahrhundert zurück, waren auch jetzt zahlreich vertreten, und auf dem Gebiet der für den Vogel-Verlag typischen Marktzeitschriften fehlte es ebenfalls keineswegs an beachtlicher, ernstzunehmender Konkurrenz.

Doch schien eine Neugründung bei geschicktem Vorgehen keineswegs als aussichtslos. Die Entschuldung der deutschen Landwirtschaft hatte während des Kriegs große Fortschritte gemacht, und der Nachholbedarf der ausgehungerten Bevölkerung ließ eine günstige Einkommensentwicklung der Agrarbetriebe erwarten, auch wenn die Regierung gesonnen war, die alte Politik der Agrarschutzzölle aufzugeben.

So bereitete man im Vogel-Verlag mit großem Werbeaufwand und mit Einrichtung einer besonderen landwirtschaftlichen Abteilung den »Agrar-Markt«

Die erste Nummer des »Agrar-Markt« vom 23. Juli 1919

vor. Es begann mit vier Probenummern in einer Auflage von je 66 000 Exemplaren. Seit September 1919 erschien er dann regelmäßig zweimal in der Woche in einem Umfang von 40, dann 80 Seiten, mit der erklärten Absicht, eine »Leipziger Messe für die Agrikulturwelt« zu werden.

Die neue Zeitschrift hatte sich zur Aufgabe gestellt, für *alle* in der Landwirtschaft benötigten Güter zu werben. Die Rubriken des Blattes zeigen die ganze Breite des Angebots dieser geplanten »Messe«:

1. Getreide- und Saaten-Markt,
2. Futter- und Düngemittel-Markt,
3. Kleine Anzeigen (vor allem Tier-Markt),
4. Maschinen-, Werkzeug- und Geräte-Markt,
5. Mühlen- und Speicherbetrieb,
6. Milch-, Butter- und Käse-Markt,
7. Forst- und Jagdwirtschaft, Fischerei- und Imker-Markt,
8. Haus- und Wirtschaftsbedarf,
9. Unterricht und Erziehung,
10. Bücher-Markt,
11. Geld- und Grundstücks-Markt.

Ein Textteil war von Anfang an dabei, der mit Aufsätzen wie »Protest der Landwirtschaft gegen den Gesetzentwurf über Betriebsräte« und »Gegen die Landarbeiterstreiks« auf die besondere politische Interessenlage der Landwirte einging. Man hatte es auf besonders breite Empfängerkreise abgesehen und hoffte stärker als sonst auf Abonnements sowie eine rege Benutzung der Zeitschrift als Werbeträger für Kleinanzeigen, etwa im Bereich des Tiermarktes. Bezugspreis und Zeilengebühr waren daher bewußt niedrig (mit zwei Mark halbjährlich und 20 Pfennig) angesetzt worden. Diese Hoffnungen erfüllten sich jedoch nicht, der Anfangserfolg bei den Anzeigenkunden ließ sich daher nicht halten. Der Empfängerkreis, wie ihn die erste Nummer umriß, war zu unorganisch zusammengesetzt: »Sämtliche Gutsbesitzer und Pächter, Gemeindevorstände, Dorfschmieden, Dorfgasthäuser, Molkereien, landwirtschaftliche Maschinenfabriken, Landmaschinen-Handlungen und Reparatur-Werkstätten in Deutschland und den angrenzenden Gebietsteilen.«

Die ländliche Bevölkerung stand der überregionalen Marktzeitschrift mit Mißtrauen gegenüber und zog die Werbung des vertrauten Lokalblatts vor. »Wat de Bur nich kennt, dat frett he nich« – ein großer Teil der Annoncen im »Agrar-Markt« fand keine Resonanz. Die Anzeigenkunden zogen ihre Aufträge zurück, und schon Ende 1919 verringerte sich der Umfang der neuen Zeitschrift erheblich. Er sank auf den Anfangsstand von etwa 40 Seiten ab.

In Pößneck zog man nicht lange darauf die verlegerische Konsequenz. Im Jahr 1921 teilte man die Zeitschrift in zwei Ausgaben. Die eine verfolgte unter dem Titel »Der Agrar-Markt – Allgemeiner Anzeiger für alle Zweige der Landwirtschaft« den bisherigen Kurs weiter. Die andere aber – und das bedeutete eine Angleichung an den Charakter der früheren Zeitschriften des Hauses – wurde auf das Gebiet der landwirtschaftlichen Maschinen spezialisiert. Sie erhielt zunächst den Titel »Der Agrar-Markt – Anzeiger für Händler landwirtschaftlicher Maschinen«, der aber schon im gleichen Jahr in »Landmaschinen-Markt« umgewandelt wurde. Damit war ein richtiger Weg eingeschlagen worden. Die Händler, die nun vorzugsweise als Empfänger in Frage kamen, kannten keine Ressentiments gegen Marktzeitschriften, und der Vertrieb von landwirtschaftlichen Maschinen war bei weitem der interessanteste und erfolgversprechendste Markt im Agrarbereich. In den frühen zwanziger Jahren vollzog sich die endgültige Mechanisierung der deutschen Landwirtschaft, die zu großen Umsätzen in Landmaschinen führte. Es war vor allem der Traktor, der das gesamte Landmaschinenwesen revolutionierte. Er verlagerte die Zug- und Transportkraft vom Tier auf die Maschine. Seine Einführung zog darüber hinaus eine weitgehende Veränderung und Vergrößerung

---

Der Fortschritt der Mechanisierung der deutschen Landwirtschaft von 1907 bis 1925, dargestellt am Beispiel Mecklenburgs (nach Bentzien)

	1907	1925
Betriebe mit Maschinenbenutzung	14 413	41 606
Dampf-/Motorpflüge	7*	429
Düngerstreumaschinen	— —*	5 121
Sämaschinen	8 073	10 685
Hackmaschinen	158	2 581
Kartoffelrodemaschinen	35*	2 385
Grasmähmaschinen	— —*	12 669
Mähmaschinen		
a) Mähbinder	(10 734)	7 113
b) Ableger		10 330
Heuwender	— —*	2 830
Dreschmaschinen		
a) Göpel	10 935	9 887
b) Motor/Dampf	796	7 271
Milchzentrifugen	3 166	32 742

* Insgesamt wurden 1907 auf 85 Gütern Dampfpflüge benutzt, die aber nicht betriebseigen waren. Düngerstreumaschinen, Grasmähmaschinen und Heuwender sind in der Erhebung von 1907 nicht gefragt worden. Die Angaben für die Kartoffelrodemaschinen beziehen sich für 1907 nur auf Mecklenburg/Schwerin.

des gesamten ländlichen Maschinenparks nach sich. Der Anteil der Landmaschinen verwendenden Betriebe im Deutschen Reich stieg von 26,1 Prozent im Jahr 1907 auf 39,7 Prozent im Jahr 1925.

Der »Landmaschinen-Markt« wurde ein Erfolg und rechtfertigte die Werbeausgaben, die der Einführung des »Agrar-Markt« gegolten hatten. Er blieb mit ruhigem Geschäftsgang im Programm des Vogel-Verlags. Bei wöchentlich einmaligem Erscheinen schwankte sein Umfang zwischen 16 und 32 Seiten, von denen etwa ein Viertel auf den redaktionellen Teil entfiel. Die Auflage von 24 000 Exemplaren im Jahr 1922 konnte bis zum Beginn der Wirtschaftskrise gehalten werden. Vom allgemeinen Teil des »Agrar-Markt«, der ein Zuschußunternehmen zu werden drohte, trennte sich der Vogel-Verlag so bald wie möglich. Noch im Jahr 1921 wurde das Blatt an den Verlag Dr. Arthur von Dory in Dresden verkauft.

Der »Export-Markt« — ein ganz großer Wurf

Schon vor dem ersten Weltkrieg hatte der Export eine ausschlaggebende Rolle im deutschen Wirtschaftsleben gespielt. Die Vollindustrialisierung hatte sein Volumen rasch wachsen lassen: Der Wert der Ausfuhr von Fertig- und Halbfertigwaren stieg von 2,1 Milliarden Mark im Jahr 1890 auf 7,5 Milliarden 1913. Während aber andere Industrie- und Exportnationen schon lange mit ausgezeichneten Exportzeitschriften für ihre Erzeugnisse im Ausland Werbung trieben – so erschien in Großbritannien das »British Trade Journal«, für die USA wurde im »American Exporter« geworben –, verfügte der deutsche Außenhandel über kein wirklich repräsentatives Organ. Eine Reihe von Zeitschriften, die sich dieser Zweckbestimmung verschrieben hatten, konnten weder von der Auflage her noch durch ihre Aufmachung und geeignetes Vertriebssystem den gestellten Ansprüchen genügen.

Das Interesse an solchen Werbemedien wuchs in Kreisen der exportierenden Industrie, und 1911 – in einer Zeit größter wirtschaftlicher Blüte also – umriß ein Aufsatz von O. Appelius die Aufgaben einer Exportzeitschrift:
»Deutscher Kultur, deutschem Wesen, deutschem Erfindungsgeist durch Wort und Bild Bahn zu brechen in fremden Landen, dem deutschen Exporthandel allerorten neue Absatzgebiete zu öffnen, Verständnis zu wecken für die Eigenart und Vorzüge des deutschen Kaufmanns, diesem den gebührenden Platz an der Sonne zu erobern und gleichzeitig den Millionen Deutscher im Auslande die Brücke zur Heimat zu bauen und offenzuhalten, das ist der eine und hauptsächlichste Teil der hohen kulturellen Aufgabe, die die Exportzeitschrift zu erfüllen hat; auf der anderen Seite soll sie aber auch volles Verständnis zeigen für die Eigenart fremder Völker, ihrem Nationalcharakter, ihren Sitten und Gebräuchen Rechnung tragen, ihren Anschauungen sich anpassen. Nur dadurch wird sie in der Lage sein, die Vorurteile zu besiegen, die

im Auslande, wie gegen alle fremden Erzeugnisse, auch gegen die deutsche Exportindustrie bestehen, nur dadurch der letzteren allerorten Eingang verschaffen.

Gerade in der Vereinigung dieser Ziele und der sachgemäßen Überbrückung ihrer Gegensätze liegt die Hauptaufgabe und zugleich die Hauptschwierigkeit; nur wenn sie die beiderseitigen Interessen gleichzeitig wahrt, nur wenn sie nach jeder Richtung hin ihren Ruf eines unparteiischen und nie versagenden Ratgebers in allen Fragen des Exports und Imports für In- und Ausland rechtfertigt, wird der Exportzeitschrift ein voller Erfolg beschieden sein.«

Der Verfasser beließ es nicht bei solchen rein definitorischen Überlegungen, sondern entwickelte im Anschluß daran einen umfassenden Katalog von Forderungen, die ein Organ dieser Art zu erfüllen hatte. Ein wichtiges Faktum: der Wechselversand, wie er im Hause Vogel gepflegt wurde, gehörte dazu.

Wenn aber auch bereits zu diesem Zeitpunkt der Gedanke an eine Exportzeitschrift im Vogel-Verlag aufgetaucht sein sollte – im Ernst war an die Herausgabe eines solchen Objekts bei der damaligen Größe des Unternehmens nicht zu denken. Erst knapp drei Jahre nach dem Weltkrieg war die Zeit reif. Das Deutsche Reich war mehr denn je auf einen Ausgleich seiner Handelsbilanz und damit auf verstärkten Export angewiesen. Es galt, die alten Verbindungen, die der Krieg zerrissen hatte, wiederherzustellen und neu zu knüpfen. Vor allem kam es darauf an, die bestehenden Vorbehalte und Ressentiments gegen Deutschland abzubauen, den beginnenden Autarkiebestrebungen besonders der europäischen Partnerländer entgegenzuwirken und dort zum Kauf deutscher Exportwaren anzuregen. Eine verstärkte und intensivierte Auslandswerbung wurde notwendig.

Eine Vielzahl von neugegründeten Exportzeitschriften versuchte, von dieser Entwicklung zu profitieren, ohne die Voraussetzungen für eine solche Werbearbeit mitzubringen, ohne die Forderungen zu erfüllen, die Appelius 1911 umschrieben hatte. Wenn nun auch im Vogel-Verlag der Entschluß gefaßt wurde, in dieses Geschäft einzusteigen, so konnte man die Erfahrungen mit mehreren florierenden, technischen Fachzeitschriften und die Vorteile einer gegenüber der Vorkriegszeit weiter ausgebauten, gut funktionierenden Organisation in die Waagschale werfen. Jetzt bot der Verlag mit seinem Zeitschriftenprogramm, dessen Thematik gerade die wichtigsten Exportgüter betraf, ein sicheres Fundament für ein so weitgespanntes, ehrgeiziges Vorhaben.

Am 21. April 1921 erschien eine erste Probenummer des »Export-Markt«, die als Titelvignette die neuen Verlagsgebäude vor einer Weltkarte zeigte. Sie erläuterte das Programm der geplanten neuen Zeitschrift und kündigte drei verschiedene Ausgaben an:

Probe-Nummer des »Export-Markt« vom 1. April 1921

1. »Export-Markt für Maschinen, Werkzeuge, Autos, technische und Baubedarfsartikel«.
2. »Export-Markt für Eisenwaren, Beleuchtung, Elektrotechnik, Heizung«.
3. »Export-Markt für Kurz-, Spiel-, Galanterie-, Papierwaren, Bürobedarfsartikel, Warenhaus- und Bazarartikel, Waren für Apotheker, Drogisten, Optiker und Uhrmacher«.

Ihr Textteil sollte allgemeinwirtschaftliche Artikel über die Lage und Leistung der deutschen Industrie bringen. Bezugsquellennachweise, Fachpresseschau und Erläuterung neuer Exportgüter sollten das Ausland über die Möglichkeiten des Handels mit dem deutschen Reich orientieren.

Das Echo auf die Ankündigung war positiv. Am 1. September konnte der »Export-Markt« mit wöchentlichen Ausgaben gestartet werden, die abwechselnd in deutscher, englischer, französischer und spanischer, später zusätzlich noch in portugiesischer Sprache herauskamen. Mit Heften in einer Stärke von 50 bis 60 Seiten, die etwa 10 bis 20 Seiten Text enthielten, ging er insgesamt an zwei Millionen Adressen in 98 Ländern der Erde, eine Zahl, die sich bis 1928 auf 172 erhöht hatte.

Um diese Reichweite zu sichern, waren Anstrengungen gemacht worden, die weit über alles hinausgingen, was dem Verlag bisher abverlangt worden war. Außer den Erweiterungen in Pößneck selbst war in Europa und Übersee ein weitgespanntes Netz von Vertrauensleuten aufgebaut worden, die dem Vogel-Verlag Adressen von Importfirmen und – was noch wichtiger war –

Auskünfte über sie und die allgemein für den Import wichtigen wirtschaftlichen Gegebenheiten des betreffenden Landes vermitteln konnten. Die Gestaltung und Aufmachung der Zeitschrift selbst erforderte ebenfalls ungleich größere Sorgfalt als die anderer Objekte, um die Leistungsfähigkeit der deutschen Industrie ins rechte Licht zu rücken. Das Bild, der künstlerische Entwurf einer Anzeige, stand hier noch mehr im Vordergrund als sonst, besondere Verhältnisse fremder Länder mußten in Text und Bild berücksichtigt werden. Nicht zuletzt erhöhten sich die Kosten der Redaktion noch durch die Notwendigkeit, technisch geschulte Übersetzer zur Übertragung aller Texte zu beschäftigen.

Diese Arbeit trug jedoch Früchte. Die exportierende Industrie bediente sich gern der Zeitschriften eines Verlags, die ihnen vom Inlandsmarkt her als erfolgreiche Werbemedien gut vertraut waren. Es erwies sich als richtig, daß sich der »Export-Markt« thematisch weitgehend auf Gebiete beschränkte, die auch von anderen Objekten des Verlags betreut wurden. In der Zeit, als die Geldentwertung den deutschen Export begünstigte, wuchs auch der Erfolg des »Export-Markt« als Motor des Außenhandels. Er wurde zu einer der tragenden Säulen des Unternehmens, ja die mit ihm erzielten Gewinne übertrafen eine Zeitlang sogar die des »Maschinenmarkt«.

Wie bei fast allen Zeitschriften des Vogel-Verlags setzte auch beim »Export-Markt« im Jahr 1924 eine neue Phase der Entwicklung ein. Der Wettbewerb auf den Auslandsmärkten war nun schärfer geworden, die Werbemethoden mußten verfeinert, die Schlüsselstellung der Exportzeitschriften in der Zu-

Die »Export-Organisation«

sammenführung von Angebot und Nachfrage gestärkt werden. Im Vogel-Verlag ging man dazu über, zusätzliche Informationen, die beim Ausbau des Vertriebsnetzes und durch den Direktkontakt mit ausländischen Firmen sozusagen als Nebenprodukt anfielen, weiterzuverwerten und den Inserenten des »Export-Markt« zur Verfügung zu stellen.

Dazu diente in erster Linie eine neue Zeitschrift, die »Export-Organisation«, die seit 1924 halbmonatlich erschien. Dieses Organ unterrichtete die Industrie des Inlands über Absatzmöglichkeiten ihrer Erzeugnisse auf dem Weltmarkt und veröffentlichte Kaufgesuche ausländischer Importeure, die den Inserenten des »Export-Markt« durch eine Schlüsselliste zugänglich gemacht wurden. Damit aber nicht genug, denn aus der Abteilung des Verlags, die sich mit dem »Export-Markt« befaßte, war mit der Zeit ein regelrechtes Exportorganisationsbüro, ein »Export-Dienst« herausgewachsen, der erstmals in der Geschichte des Verlags Dienstleistungen auch außerhalb des Zeitschriftenprogramms an seine Kunden vermitteln konnte und der aufgrund der weiten Verbreitung des »Export-Markt« jährlich etwa 20 000 Anfragen ausländischer Firmen zur Weitervermittlung erhielt.

Dieser »Export-Dienst« bot den Kunden des Vogel-Verlags:
ein *Weltadressenbüro* – mit Vermittlung von Adressen ausländischer Importeure und anderer Firmen zur gezielten Direktwerbung –,
eine *Welthandelsauskunftei* – mit Lieferung kompletter Marktanalysen –,
eine *Weltkreditauskunftei*.

Darüber hinaus übernahm der »Export-Dienst« juristische Beratung in Außenhandelsfragen bis hin zum Inkasso und gerichtlicher Eintreibung von Außenständen, leistete Hilfestellung bei der Übersetzung von Geschäftsbriefen durch seine Korrespondenzzentrale und beriet die Anzeigenkunden in der zweckmäßigen Gestaltung ihrer gesamten Exportwerbung.

Mit seinen Exportzeitschriften und dem »Export-Dienst« konnte der Vogel-Verlag erstmals ganze Werbesysteme vermitteln und verfügte in ihnen über eine Einrichtung, die damals als »einzig dastehend und von kaum übersehbarer Tragweite für die Entwicklung der Beziehungen der deutschen Industrie, des Ex- und Importgeschäfts« bezeichnet worden ist. Der große Erfolg der Zeitschriften, die es in der Wirtschaftsblüte um 1928/30 gelegentlich auf Hefte von 120 Seiten Umfang brachten, bestätigte die Richtigkeit dieser Konzeption und sicherte die Rentabilität der im Aufbau dieses »Service« angelegten Investitionen.

Der Entschluß zur Gründung des »Export-Markt« und seine konsequente Ausführung bleibt wohl der bedeutsamste Schritt der Verleger in der Zwischenkriegszeit, ja vielleicht sogar die wichtigste unternehmerische Entscheidung nächst der Gründung des »Maschinenmarkt«. Im »Export-Markt«

wurde nicht einfach ein beliebiges weiteres, rentables Verlagsobjekt geschaffen. Erst durch ihn gewann der Verlag internationale Bedeutung, begann er Wege zu beschreiten, die über das Werbemedium Fachzeitschrift hinausführten zu Modellen, die gegenwärtig aktueller sind als je zuvor.

Die übrigen Zeitschriften — Einheit in der Vielfalt

Die Welt der Technik, der Maschine, hatte bisher in der Thematik der Vogelschen Fachzeitschriften eindeutig dominiert. Selbst beim »Agrar-Markt«, der sich zum »Landmaschinen-Markt« mauserte, war es am Ende wieder darauf hinausgelaufen. Der »Export-Markt« aber war im Grund als Universalzeitschrift für die Güter des deutschen Außenhandels konzipiert, auch wenn einige Zweige der Exportindustrie nicht in ihm zu Wort kamen. Der Vogel-Verlag stieß auf diesem Weg bei der Anzeigenwerbung auch in andere Branchen vor, deren Erzeugnisse von jeher einen bedeutsamen Anteil an der deutschen Ausfuhr hatten: Spielwarenindustrie, Luxus- und Galanteriewaren, Eisenwaren, ja sogar Apotheker und Drogisten waren mit einbezogen und damit die chemisch-pharmazeutische Industrie.

Diese neugeschaffenen Verbindungen haben offenbar neue verlegerische Impulse ausgelöst, die zu Versuchen führten, sie auch in weiteren Inlandszeitschriften nutzbar zu machen. Da gerade bei diesen verhältnismäßig alten und mitunter sehr traditionsgebundenen Industriezweigen der Fachzeitschriftenmarkt stark übersetzt war, kamen Neugründungen meist nicht in Frage. Es blieb oft nur der Weg, bereits bestehende, einigermaßen eingeführte Objekte mit spezialisierter Thematik zu erwerben und auszubauen.

Diese Erkenntnis zog man jedenfalls aus einer kurzen, schmerzlichen Erfahrung, aus einem der wenigen Fehlschläge von Zeitschriften, die im Vogel-Verlag herausgebracht wurden. 1920 kaufte der Verlag den »Waren-Markt«, der als »Dresdener Offertenblatt« bereits seit 1908 bestand. Die Zeitschrift war als »Universalblatt« aufgezogen und bot Insertionsmöglichkeiten für Hersteller von Eisenwaren, Haus- und Küchengeräten, Galanterie-, Luxus-, Kurz- und Spielwaren, Schreib-, Textil- und Lederwaren. Sie schien das geeignete Objekt zu sein, jene Teile des Markts abzudecken, die man ein Jahr später mit der Neugründung des »Export-Markt« im Interesse des Außenhandels erfassen wollte. Aber die Zeitschrift hatte mehrfach den Besitzer gewechselt und offenbar an Resonanz verloren. Für das Inlandsgeschäft war sie zudem unter den Bedingungen der Nachkriegszeit zu universell gedacht. Wirklich gezielte Werbung ohne ganz enorme und daher unrentable Auflagensteigerung erwies sich als unmöglich. Das Objekt war nicht zu halten, auch nicht dadurch, daß man ihm mit der Beilage »Der Spiel- und Holzwaren-Markt« eine genauere Zielrichtung zu geben versuchte. Noch im Jahr 1921 wurde der »Waren-Markt« wieder aufgegeben.

Titelseite des »Waren-Markt«

Seine letzte Beilage hatte jedoch die weitere Entwicklung bereits angedeutet. Kurz vor Ende der Inflation bot sich im November 1923 den Verlegern die Gelegenheit, ein renommiertes Blatt des Spielwarenfachs zu erwerben, den »Wegweiser für die Spiel-, Galanterie- und Kurzwarenindustrie und verwandte Branchen«. Zusammen mit der »Wochenschrift für den Papier- und Schreibwarenhandel« wurde er für 160 000 tschechische Kronen – auch im innerdeutschen Zahlungsverkehr herrschten jetzt schon die Devisen vor, wenn man sie beschaffen konnte – für den ebenfalls kurz vorher in Vogelschen Besitz übergegangenen Verlag Dr. L. Nonnes Erben in Hildburghausen angekauft.

Der ein wenig umständliche Titel war wieder sehr universell gehalten, aber die Spielwaren standen schon beim Erwerb eindeutig im Vordergrund des Interesses: Nicht zufällig war der »Wegweiser« offizielles Organ des Deutschen Spielwarenhändler-Verbands und des Verbands Deutscher Zinnfigurenfabrikanten. Diese Linie wurde von den neuen Besitzern konsequent fortgeführt. Auch den Titel suchte man zu vereinfachen und mit »Spielwaren-

Titelkopf des »Wegweiser« vom 2. Februar 1924

Titelseite der »Papier-Welt« von 1938

Titel des »Luxus- und Galanteriewaren-Markt« von 1930 –
Spiegel der »golden twenties«

Markt« an die Fachzeitschriften des Vogel-Verlags anzugleichen, ein Versuch übrigens, dem interessanterweise kein Erfolg beschieden war. Die recht konservative Branche hing zäh am alten, eingeführten Titel »Wegweiser«, der dann in der Folgezeit auch beibehalten wurde.

Die Galanteriewaren, die im Titel des »Wegweiser« mitenthalten waren, ließ man nicht einfach fallen, sondern pflegte sie als Beilage weiter. Die miterworbene Papier-»Wochenschrift« allerdings legte man zunächst für gut ein Jahr auf Eis, bevor man – wieder im Verlag Dr. L. Nonnes Erben – 1924 mit der »Papier-Welt« in die Öffentlichkeit trat. Beide Zeitschriften wurden zunächst in Hildburghausen gedruckt, um die technischen Anlagen des Verlags der Dorfzeitung auszulasten. Erst 1926 überführte man sie, nachdem der Vertrieb von Anfang an von Pößneck aus erfolgt war, ganz in den Stammbetrieb.

Im gleichen Jahr wurde auch die Galanteriewarenbeilage des »Wegweiser« als selbständige Zeitschrift auf eigene Füße gestellt, die den Titel »Luxus- und Galanteriewaren-Markt – Zeitschrift für Bazar- und Geschenkartikel« erhielt. In der Zeit der Depression wurde das Wort »Luxuswaren« vielfach als nicht recht zeitgemäß, ja geradezu als anstößig empfunden. Die Bezeichnungen »Galanteriewaren« und »Bazarartikel« wirkten mittlerweile ebenfalls reichlich antiquiert, so daß die Zeitschrift von 1930 an unter dem Titel »Deutsche Wertarbeit« erschien.

Die Entstehung dieser drei Zeitschriften kann – ähnlich wie die Entwicklung der Kraftfahrzeugzeitschriften des Unternehmens – als Schulbeispiel der im Vogel-Verlag gepflegten organischen Aufbauarbeit gelten. Sie gehörten zu den kleineren Objekten des Hauses. Bei wöchentlich einmaligem Erscheinen hatte der »Wegweiser« rund 48 Seiten, der »Luxus- und Galanteriewaren-Markt« 20 bis 24, die »Papier-Welt« 30 bis 36 Seiten Umfang mit verschieden großem Textteil. Die Auflage lag bei den beiden ersten um 8000, bei der »Papier-Welt« um 12 000 Exemplare je Ausgabe. Mit den großen technischen Blättern konnten sie also nicht ganz mithalten, galten aber doch, ganz besonders der »Wegweiser«, als führende Zeitschriften ihrer Branche. Ihre Bedeutung für das Verlagsganze aber lag darin, daß vor allem »Wegweiser« und »Deutsche Wertarbeit« von den behandelten Sujets her eine ganz besonders gute Ausstattung verlangten. Sie stellten so im Verein mit Zeitschriften wie »Motor und Sport« und »Radio-Markt« immer wieder einen Ansporn zu weiterer Verbesserung von Drucktechnik und Layout dar.

Allen Schwierigkeiten zum Trotz griff der Vogel-Verlag noch mitten in der Wirtschaftskrise zu, als er 1932 nach mehrjährigen Verhandlungen endlich die Möglichkeit hatte, die im »Export-Markt« vertretenen Gebiete durch eine weitere Inlandszeitschrift zu arrondieren. Mit dem Ankauf der Zeitschrift »Eisen und Stahlwaren-Markt« aus dem Braunschweiger Verlag Julius Drews schloß er eine Lücke, die gerade im Verlag des »Maschinenmarkt« verwundern mußte. Wegen der außerordentlich starken Konkurrenz auf diesem Sektor in Deutschland hatte sich schon C. G. Vogel mit seiner »Börse für Eisenhändler« auf Österreich-Ungarn beschränken müssen. Auch jetzt gestaltete sich die Weiterführung der Neuerwerbung recht schwierig, die immerhin in einer Auflage von 18 000 Exemplaren erschien. Aber ein Anfang war gemacht, und in späterer Zeit, kurz vor dem Ausbruch des zweiten Weltkriegs, ist auch diese Zeitschrift durch den Erwerb einer Konkurrenzpublikation auf soliden Boden gestellt worden. Der Weg zur Übernahme einer führenden Stellung auch auf diesem wichtigen Markt schien frei zu sein.

»Eisen- und Stahlwaren-Markt«, »Wegweiser«, »Deutsche Wertarbeit«, ja sogar die »Papier-Welt« lassen sich trotz ihrer thematischen Verschiedenheit doch um den Mittelpunkt des »Export-Markt« als organisches Ganzes ordnen. Aus diesem Bild heraus fällt eine weitere Vogel-Zeitschrift der zwanziger Jahre: der »Textil-Markt«. Trotz des vertrauten Titels war dieses Objekt keine eigene Gründung des Hauses Vogel, scheint aber von seinen Initiatoren, den Inhabern des Verlags G. Knapp in Pfullingen/Württemberg, nach dem Muster der erfolgreichen Publikationen des Pößnecker Verlags aufgebaut worden zu sein. Als der »Deutsche Textil-Markt« dann doch nicht recht reussierte, bot man ihn 1921 Pößneck zum Kauf an. C. G. Vogel, wohl eingedenk seiner Vergangenheit als »Fadenmolch« – wie man im Thüringschen die Textilfachleute bezeichnet –, zögerte nicht lange, um so mehr, als fast gleichzeitig in Forst in der Lausitz die »Deutsche Tuchhalle«, ein traditionsreiches und angesehenes Marktorgan des deutschen Textilfachs zum Verkauf stand. Seit April 1922 ließ der Vogel-Verlag dann seinen »Textil-Markt« erscheinen, der neben den Namen der beiden angekauften Objekte auch noch »Textil-Welt« und »Textil-Börse« im Untertitel führte.

Trotz des sehr allgemein gehaltenen Titels wandte sich der »Textil-Markt« nur an Betriebe, in denen Textilwaren hergestellt wurden. Einen Inseratenmarkt für Textilien selbst bildete er dagegen nicht. Es hätte, bei der sonstigen Ausrichtung des Verlags, nahegelegen, wenn sich die Zeitschrift – ähnlich wie der »Agrar-Markt« in einen »Landmaschinen-Markt« – mit der Zeit etwa in einen »Textilmaschinen-Markt« verwandelt hätte. Gerade das aber war nicht der Fall. Der Text, der zunächst durch die Redaktion von »Maschinenmarkt« und »Elektro-Markt« betreut wurde und folglich allgemein wirtschaftlichen Charakter trug, behandelte später immer häufiger und intensiver Fragen der Fabrikationstechnik, insbesondere der Veredelung und der Textilchemie. Auch im Anzeigenteil blieb dadurch die umfassende Thematik des »Textil-Markt« erhalten – alles was zur Textilherstellung benötigt wurde, war hier vertreten. Diese eindeutige Festlegung auf die Textilienherstellung hat den Verlag bewogen, 1932 eine Umbenennung in »Textil-Betrieb« vorzunehmen, um dem immer wieder anzutreffenden Irrtum zu begegnen, beim »Textil-Markt« handele es sich um eine Textilienzeitschrift, in der man Stoffe und Konfektion inserieren könne.

»Eisen- und Stahlwaren-Markt« 1933

Messe-Nummer des »Textil-Markt« von 1923

Die »Wäsche- und Leinen-Zeitung« 1929

Auch auf das Gebiet des reinen Textilienmarkts hat der Vogel-Verlag in dieser Zeit seine Fühler ausgestreckt, in dem Bestreben, sein Fachzeitschriftenprogramm zu erweitern. 1928 kaufte er vom Verlag J. P. Küster in Bielefeld die »Deutsche Leinen- und Wäsche-Zeitung«, die dann in Pößneck als »Deutsche Wäsche- und Leinen-Zeitung« weiter erschien. Die Titeländerung bedeutete mehr als nur die bloße Umstellung zweier Worte: Der Vogel-Verlag machte aus dem lange vernachlässigten Blatt ein beachtliches Spezialorgan für Wäschemoden. Trotz großer verlegerischer und redaktioneller Anstrengungen – die Auflage wurde in kurzer Zeit von 1800 auf 5000 angehoben, die Zeitschrift erhielt einen interessanten Textteil mit vielen Modezeichnungen, der fast die Hälfte der 22 bis 26 Seiten starken Hefte umfaßte und war ausgesprochen spritzig aufgemacht, wie es der etwas kapriziösen Wäschebranche entsprach – fiel das Objekt dann doch der Wirtschaftskrise zum Opfer.

Der »Textil-Betrieb« dagegen konnte weitergeführt werden. Er blieb nun zunächst wieder die einzige Textilzeitschrift im Hause Vogel, konnte aber als Ausgangsbasis für weitere Expansionen auf diesem Gebiet in der Zukunft dienen.

Am Schluß dieser Übersicht über die Fachzeitschriften des Vogel-Verlags steht jene Zeitschrift, mit der C. G. Vogel einst begonnen hatte. Den anderen Zeitschriften des Hauses war sie inzwischen im Titel angeglichen worden: aus dem »Internationalen Briefmarken-Offertenblatt« war ein »Internationaler Postwertzeichen-Markt« geworden. In der Inflationszeit, als alle Welt die Flucht in die Sachwerte antrat, hatte die Zeitschrift noch einmal eine große Zeit erlebt, und auch danach blieb sie immer noch ein gutes Geschäft. Sie besaß bei einer Auflage von 15 000 bei wöchentlichem Erscheinen allein 5000 Auslandsabonnenten, damals wohl prozentual der höchste Anteil unter allen Zeitschriften des Verlags. Die Sondernummer zum 60. Geburtstag C. G. Vogels konnte 1928 in einem Rekordumfang von 122 Seiten erscheinen.

Aber das Blatt begann im Vogel-Verlag einen Fremdkörper zu bilden, und das nicht allein wegen seiner Thematik. Der »Internationale Postwertzeichen-Markt« ist vielmehr dem allgemeinen Trend nicht gefolgt, er erhielt keinen Textteil, er wurde nicht zur philatelistischen Fachzeitschrift, er blieb das, als was er gegründet worden war: ein reines Offertenblatt. An seinem Schicksal zeigt sich am deutlichsten der Wandel der Zeit und die Umstrukturierung des Fachzeitschriftenmarktes zwischen den Kriegen. Nach 1933, als durch eine neue Gesetzgebung die reine Marktzeitschrift in völligen Mißkredit geriet, wurde der »Internationale Postwertzeichen-Markt« sozusagen zum Pensionär des Verlags, eine Entwicklung, die durch andere ungünstige Umstände noch verschärft wurde.

Die trotz aller Rückschläge der großen Wirtschaftskrise und aller Beschränkungen der nationalsozialistischen Wirtschaftspolitik im ganzen günstige

Sondernummer des »Internationalen Postwertzeichen-Markt« zum 60. Geburtstag von C. G. Vogel

Entwicklung der übrigen Verlagsobjekte hebt sich dagegen in voller Klarheit ab und zeugt für die vorausschauende Einsicht der Verleger A. G. und Ludwig Vogel, die das Steuer des Verlagsschiffs rechtzeitig herumwarfen, um den Anschluß an die Fachzeitschrift von morgen zu gewinnen.

Die Dorfzeitung — das Wagnis einer Tageszeitung

Bis 1923 hatte sich die stürmische Nachkriegsexpansion des Vogel-Verlags im vertrauten Bereich der Offertenblätter und Fachzeitschriften vollzogen. Zu Beginn dieses Jahrs, mitten im Ruhrkonflikt, der die schwierige wirtschaftliche Situation des Deutschen Reiches noch wesentlich verschärfte, wagten die Verleger einen Schritt in bisher völlig unbekanntes Gelände. Sie erwarben eine Tageszeitung: die »Dorfzeitung« in Hildburghausen.

Das Blatt war älter als der Vogel-Verlag, ja älter als die meisten bestehenden deutschen Zeitungen. Es war ein Produkt der Spätblüte der deutschen Aufklärung, und es war – darin den Gründungen C. G. Vogels ähnlich – in seinen Anfängen zum größten Teil das Werk eines einzelnen, des Hildburghausener Schul- und Konsistorialrats Karl Ludwig Nonne. Seine Geschichte verdient auch in der Geschichte des Vogel-Verlags einen längeren Exkurs.

Nonne, am 6. Dezember 1785 in Hildburghausen geboren, stammte aus einer in Mitteldeutschland weit verzweigten Publizisten- und Druckerfamilie. Schon nach seiner Promotion zum Doktor der Philosophie, die er knapp neunzehnjährig in Jena hinter sich brachte, schien es, als wolle auch er in diesem Milieu heimisch werden. Die »Jenaische Literaturzeitung« zählte ihn damals zu ihren Mitarbeitern.

Publizistik aber bedeutet in jenen Zeiten fast immer auch praktische Volksaufklärung, in jedem Zeitungs- und Zeitschriftenschreiber schlummerte ein Pädagoge. Und gerade diese Begabung trat bei Nonne immer stärker hervor. Er richtet ein »Erziehungs-Institut für Kinder gebildeter Stände« ein, der Hof des kleinen Fürstentums Sachsen-Hildburghausen wird auf ihn aufmerksam und beruft den jungen Doktor 1808 als »Educations-Rath« in die oberste Kirchen- und Schulbehörde des Landes. Damit beginnt für Nonne eine rasche, steile Karriere.

Herzog Friedrich und seine Umgebung begeisterten sich an den Gedanken Johann Heinrich Pestalozzis, der damals in seiner Schweizer Erziehungsanstalt Ifferten die Grundlagen für die Elementarbildung der ländlichen, bäuerlichen Bevölkerung ausarbeitete. Dorthin schickte man den frisch ernannten Schulrat, dort sollte er Erfahrungen sammeln, um das Volksschulwesen und die Lehrerbildung des ebenfalls ganz ländlichen Herzogtums nach diesem Vorbild einzurichten.

Karl Ludwig Nonne

Nonne enttäuschte seine Gönner nicht, er organisierte nach seiner Rückkehr das Bildungswesen Hildburghausens im Sinn des Schweizer Pädagogen und wurde zum »Apostel Pestalozzis in Thüringen«. Er trat an die Spitze der Schulbehörde, übernahm die Leitung des Lehrerseminars und avancierte zum Hofprediger. Auch als nach dem Tod Herzog Friedrichs Hildburghausen 1826 an Sachsen-Meiningen fiel, behielt er seine Ämter und konnte seine Tätigkeit nun auch auf das bisherige Nachbarland ausdehnen.

Wenn Nonne auch 1835/36 seine Schulämter abgeben mußte – eine jüngere Generation mit neuen Ideen drängte nach –, blieb er doch aufgrund seiner Stellung in der Landeskirche bis in die letzten Jahre vor seinem Tod am 17. Juli 1854 eine bedeutende Kraft im Bildungswesen Thüringens. Das verdankte er nicht zuletzt der »*Dorfzeitung*«, einer Gründung, die er von Anfang an ganz bewußt in den Dienst seiner bildungspolitischen Bestrebungen gestellt hatte.

». . . daß von jetzt an eine Dorfzeitung herauskommt, die von Steuern nichts, von Feldarbeit wenig, von dem was in der Welt vorgeht, soweit einem tüchtigen Bauern nöthig ist, wenn er als Landstand mit Ehren in der neueingerichteten Landschaft fortkommen will, aber neue und alte Geschichten, gute und schlechte Verse in Menge, viel Ernst und noch mehr Spaß enthalten soll« – so hatte der »Dorfzeitungsschreiber«, ein Pseudonym, hinter dem Nonne sich ein ganzes Leben lang verbarg, zu Lichtmeß 1818 in der ersten Nummer sein Blatt angekündigt.

Der »Wandsbecker Bote« des Matthias Claudius, die »Patriotischen Phantasien« des Justus Möser und die Kalendergeschichten des Johann Peter Hebel haben bei dieser Gründung Pate gestanden. In witziger, spöttischer Manier, dem einfachen Mann leicht faßlich, hat die »Dorfzeitung« die »Welthändel«, die große Politik ihrer Zeit abgehandelt; der Titel dieser Rubrik hielt sich übrigens bis ins 20. Jahrhundert. Sie vermied es, zur Regionalzeitung zu werden, Kirchturmpolitik zu betreiben; sie war vielmehr von Anfang an auf weite Verbreitung bedacht.

Radikal, wie so viele Neugründungen jener Jahre vor den Karlsbader Beschlüssen, wurde sie nicht. Sie versuchte, das politische Verständnis der Landbevölkerung zu wecken, war im Unterhaltenden aufklärend und moralisch, bekämpfte den Aberglauben, predigte religiöse Toleranz und paßte sich in kritischen Lagen der Regierungsmeinung behutsam an, ohne die Kritik völlig verstummen zu lassen: im ganzen ein Organ des gemäßigten Fortschritts.

Die »Dorfzeitung« wurde ein großer Erfolg, trotz starker Konkurrenz gerade in den thüringischen Gebieten. Als Wochenzeitung beginnt sie, erscheint bereits 1828 zweimal wöchentlich und geht im Revolutionsjahr 1848 zu viermaliger Publikation in der Woche über.

Dorfzeitung.

№ 45   Dinstag, den 17. Februar   **1863.**

Welthändel.

Der Weg zwischen **Cassel** und **Berlin**, seither nur für Feldjäger zu Pferde zu passiren, ist auch für Diplomaten wieder fahrbar. D. h. die sehr diplomatische Verbindung zwischen Kurhessen und Preußen ist wieder angeknüpft.

Herr v. Roon, der preußische Kriegsminister, ist ein schlechter Novellen-Schreiber; nie hat eine **Novelle** so wenig gefallen als die Novelle zum Militärgesetz, welche er dem preußischen Volkshaus vorgelegt hat. Sie wird weder den ersten, noch den zweiten Preis, das Accessit, erhalten. Preis und Ruhm ertheilen die Kritiker im Militär-Ausschuß der alten Scharnhorst'schen Landwehr-Ordnung, welche in ihrem goldenen Jubiläum zur Disposition gestellt werden soll.

Der Aufstand in **Polen** macht entschiedene Fortschritte, nur Warschau bleibt unter der Wucht der russischen Garnison ruhig. Dennoch will Niemand für die Erhaltung der Ruhe einstehen; denn die Bevölkerung ist durch die Geistlichkeit dermaßen aufgeregt, daß sie entschlossen ist, gegen die russische Uebermacht einen Verzweiflungskampf zu wagen. Tausende sagen: wir haben nichts zu verlieren als unser Leben, wir wollen es einsetzen für's Vaterland, jetzt oder nie wird Polen auferstehn. In den Provinzen schlägt man sich mit wechselndem Glücke. Das Städtchen Wonchozk ist nach hartnäckigem Kampf von den Russen angezündet worden und bis auf drei Häuser abgebrannt, zu gleicher Zeit schlugen die Flammen von 5 Dörfern zum Himmel auf. Andere Städte z. B. Tomarzow sind von den Russen geplündert und viele angesehene Leute, darunter russische Beamte und Offiziere, ermordet worden. Die gegenseitige Wuth der Kämpfenden ist ungeheuer.— Der Aufstand ist nach Litthauen vorgedrungen. ☞ Aus Paris und Turin wird die heimliche Abreise der Polen Mieroslawsky und Pulsky und des Ungarn Klapka u. a. nach Polen gemeldet.

Ob **Preußen** in Polen zu Gunsten der Russen einschreiten wird? Manche Anzeichen deuten darauf hin, die Zeitungen aber, mit Ausnahme der †Zeitung und ihrer Sippe, rathen entschieden ab, und der Landtag wird schwerlich Geld dazu bewilligen. Einstweilen sind die 500 gefangenen Russen, die in Gleiwitz untergebracht waren, mit klingendem Spiel in Rußland wieder eingezogen. Ihre Waffen waren ihnen von den Preußen zurückgegeben worden und bei ihrem Auszuge spielte die preußische Regimentsmusik und ritt das preußische Offiziercorps an der Spitze.

König Otto in München hat endlich seine griechische Volkstracht abgelegt, nachdem er lange genug gewartet hat, ob seine Griechen eine tüchtige bayerische Tracht bekämen.

Die Union in Amerika weiß keine Soldaten mehr im eigenen Lande aufzutreiben und darum schickt sie die **Werbetrommel** herüber nach Europa. In den Schweizercantonen wird sie bereits gerührt und kommt am Ende auch noch nach Deutschland.

Ganz Paris unterhält sich von den **Maskenbällen** bei der Fürstin Metternich und der Kaiserin Eugenie. Bei dem ersten stellte die Kaiserin die Juno dar und ihr kostbares Kleid die 100 Augen des Argus. (Alle Hundert aber drückt sie zu, wenn ihr Jupiter „europäische" Allotria treibt.) Die Fürstin Metternich trat als Veilchen, die Prinzessin Murat als Schnee auf, und die Fürstin Esterhazy kündigte als Schneeglöckchen den nahenden Frühling an. Andere vornehme Damen stellten Gewitterregen, einen Bienenkorb, eine Feuerzange, eine verzehrende Flamme und Frau Rothschild den Paradiesvogel dar. Die Herren, auch der Kaiser, warfen sich den venetianischen Mantel über, obgleich es besser gewesen wäre, sie hätten ihn manchen Damen übergeworfen, die noch lebhafter als Frau Rothschild an das Paradies erinnerten.

Meiningen, 14. Feb. Gestern Abend feierte der hiesige besonders durch seinen Director Fr. Jahn weithin bekannte Verein für Pomologie und Gartenbau das Fest seines 25jährigen Bestehens. In dem durch Herrn Garteninspektor Buttmann, den 2ten Director, sinnig geschmückten Saal des Reichischen Locals versammelten sich um 5 Uhr viele Mitglieder aus der Stadt und der Ferne, um die Rede des Herrn Directors, der ein schönes Bild von der Thätigkeit des Vereins in dem verflossenen Zeitabschnitt entwarf, anzuhören. Mit ihrer Theilnahme beehrten die Versammlung auch Se. Hoheit der Erbprinz, der schon seit längerer Zeit Mitglied ist und gestern zum Ehrenmitglied ernannt wurde, sowie der Herr Staatsminister v. Krosigk. Den Verhandlungen folgte ein durch viele fröhliche Toaste belebtes Mahl im Gasthof zur Meise.
                              S. S.

Auf der Werrabahn gehen jetzt viele Wagenladungen **Eis** sowohl nach Thüringen als nach Franken. Sie kommen aus unserer Nachbarstadt Eisfeld und das Eis wird aus einem großen Teiche, der 1460 Fuß über dem Meeresspiegel liegt, gewonnen. Derselbe kann noch gegen 100,000 Ctr. abgeben und vermöge seiner günstigen Lage an der Eisenbahn kommt die Wagenladung zu 100 Ctr. vom Bahnhofe Eisfeld ab nur auf 3 fl. 45 kr.

Coburg. In Sachen des Reparaturwerkstätten-

Die »Dorfzeitung«

Die Grenzen Thüringens hat sie bald überschritten; schon 1823 erregt sie den Unwillen des Frankfurter Bundestags, 1824 läßt sie der allmächtige Metternich in Wien verbieten, und 1836 erklärt Herr von Krafft, der Minister von Sachsen-Weimar: »Die ›Dorfzeitung‹ wird in ganz Deutschland gelesen.«

Das war nicht übertrieben. Die Auflagenhöhe der Anfangsjahre ist zwar nur schwer zu fassen – 1819 ist in einem Regierungsbericht von 900 bis 1000 Exemplaren die Rede –, aber für 1841 ist die erste sichere Abonnentenzahl überliefert: der Leipziger Zeitungskatalog nennt 6000. Die berühmte Vossische Zeitung in Berlin brachte es im gleichen Jahr auf 7000. Dabei muß man noch berücksichtigen, daß die »Dorfzeitung« eine weit größere Zahl an Lesern erfaßte, als sie Abonnenten hatte, da sie in den Dörfern oft gemeinschaftlich gelesen wurde; »alle Sonnabende wird ein Blatt verschickt, das bringt Er (gemeint ist der Gemeindevorsteher) mit ins Wirtshaus, und wer gut lesen kann liest's vor«. So hatte es bereits die erste Nummer vorgeschlagen, und so wurde es ohne Zweifel weithin gehalten.

Nicht nur in der Auflagenhöhe spiegelt sich der große Widerhall, den die »Dorfzeitung« fand. Es entstand eine große Anzahl von Blättern, die sich ebenfalls – Bayerische, Schweizerische, Sächsische oder Vaterländische – »Dorfzeitung« nannten und den Hildburghausener Stil nachahmten. In Oppeln erschien sogar eine »Gazetta wiejska dła Gornego-Slaska«, eine Oberschlesische Dorfzeitung in polnischer Sprache.

Damit nicht genug: manche Verleger, vor allem die Herausgeber einiger hamburgischer Journale, sparten sich eine Redaktion und druckten einfach die Hildburghausener »Dorfzeitung« ohne Namensnennung nach. Nonnes trokkener Kommentar, als ihm diese Erzeugnisse vor Augen kamen: »Wenn der Dorfzeitungsschreiber ein Schottländer wäre, so würde er fürchten, bald zu sterben, da er sich in der Tat selbst leibhaftig gesehen.«

Die Furcht zu sterben war aber für die Dorfzeitung durchaus unbegründet, denn sie erwies sich schon bald als außerordentlich gutes Geschäft. Bereits im Juli 1818 nämlich hatte Nonne seiner Gründung einen »Beiwagen« verordnet. So nannte er den Anzeigenteil, der von da an regelmäßiger Bestandteil des Blattes wurde und seine finanzielle Grundlage bildete.

Das Anzeigengeschäft machte die »Dorfzeitung« zur ertragreichsten Provinzzeitung jener Jahre, die wiederum der »Vossischen« nur wenig nachstand. Auch ihre wirtschaftliche Bedeutung für das Herzogtum muß enorm gewesen sein. Der Buchhändler Keßelring, ein Mitbegründer des Blattes, sprach von ihr als der »unstreitig einträglichsten Fabrik des an Fabriken armen Landes«. Mag diese Aussage noch als Eigenlob gewertet werden, so bemerkt doch ein gewiß unverdächtiger Zeuge, der Gesandte der sächsischen Herzogtümer beim Bundestag, Graf Beust 1824: »Schon jetzt hätte man es (nämlich das Verbot der ›Dorfzeitung‹) ausgesprochen, könnte die, wie das ganze Ländchen arme Stadt auf eine Einnahme verzichten.«

Zu einem Verbot ist es übrigens nicht gekommen, auch wenn noch 1851 ein Beamter der königlich sächsischen Regierung behauptete, die »Dorfzeitung« habe geholfen, die Revolution vorzubereiten. Solche Äußerungen sind, ebenso wie die zahlreichen Zensurfälle, nur ein Ausdruck der Hysterie, mit der der Regierungsapparat der Restaurationszeit auf die freie Meinungsäußerung in der Presse reagierte.

Daß die »Dorfzeitung« einen ruhigen, ja staatserhaltenden Kurs steuerte, dafür bot schon die Person Nonnes Gewähr, der – eine der Paradoxien jener Epoche – von der Meiningschen Regierung 1836 auch noch zum Zensor seines eigenen Blattes eingesetzt wurde. Sein eigenes Blatt war die »Dorfzeitung« immer mehr geworden. Er verfaßte und redigierte von Anfang an die Texte zum größten Teil selbst, unterstützt von einem kleinen Kreis Gleichgesinnter, die fast sämtlich wichtige Positionen im öffentlichen Leben des Herzogtums innehatten. Aber auch namhafte Dichter, wie de la Motte-Fouqué und Friedrich Rückert, konnte er für eine Mitarbeit gewinnen.

Vor allem aber übte Nonne immer größeren Einfluß im Verlag der »Dorfzeitung« aus. Verleger war zunächst der Hofbuchhändler Keßelring, nach dessen Tod im Jahr 1838 die Verhältnisse zunächst in einige Unordnung gerieten. Ein »Comité« unter Nonnes Führung übernahm die Geschäftsleitung, und so ging wohl nach und nach die Firma in das Eigentum Nonnes über: 1862 jedenfalls erscheint sein Sohn Johannes Nonne, der bereits seit 1845 seinen Vater in der Redaktion unterstützte, als Firmeninhaber. Gedruckt wurde bei der Hofbuchdruckerei Gadow, bis die »Dorfzeitung« 1886 eine eigene Druckerei einrichtete. Im gleichen Jahr schied die Buchhandlung aus dem Besitz der Familie Nonne aus.

Im Lauf des 19. Jahrhunderts, vor allem nach Karl Ludwig Nonnes Tod, als dessen volkspädagogische Bestrebungen nicht mehr das Gesicht der »Dorfzeitung« bestimmten, wandelte sich auch die politische Richtung des Blattes: Die »Dorfzeitung« wurde konservativer und nahm auch den nationalen Geist des zweiten deutschen Kaiserreichs von 1871 in sich auf. Gleichzeitig damit erfolgte auch eine Wendung zum Regionalblatt. Die frühere weite Verbreitung ging zurück, die »Dorfzeitung« wurde das Heimat- und Familienblatt Thüringens. Der erste Weltkrieg und die wirtschaftlich schwierigen ersten Nachkriegsjahre setzten dem Unternehmen stark zu. Zu dieser Entwicklung trug auch die Tatsache bei, daß an die Stelle des einen Karl Ludwig Nonne, der die Geschicke seiner Gründung mit fester Hand gesteuert hatte, eine vielköpfige Erbengemeinschaft als Besitzerin der Firma getreten war, deren ehrfürchtig bewahrender Familiengeist die »Dorfzeitung« den Gegebenheiten einer neuen Zeit nicht anpassen konnte und wollte.

Als die Auflage immer weiter absank, entschloß sich die Erbengemeinschaft zum Verkauf. Die Brüder Arthur Gustav und Ludwig Vogel griffen zu. Sie machten die »Dorfzeitung« in kurzer Frist zur schnell unterrichtenden, modernen politischen Tageszeitung Thüringens und zu einem leistungsfähigen Insertionsorgan.

In mehreren Etappen wurde dieses Ziel erreicht. Die Verleger erkannten die Notwendigkeit, mit der Zeitung in die Breite zu gehen, und steigerten zunächst die Auflage energisch. Bei Übernahme betrug sie noch etwa 2800 Exemplare je Nummer, bereits Ende des Jahres wurden wieder 7000, als Höchstleistung 1924 dann 13 300 Exemplare gedruckt. Die Abonnentenwerbung wurde forciert, wobei allerdings die besonderen Schwierigkeiten der etwas altväterlichen Struktur der »Dorfzeitung« zu überwinden waren. Die örtlichen Austräger mußten in wirkliche Werber verwandelt werden, ein Vorhaben, das nur in langjähriger Erziehungsarbeit zu verwirklichen war. Aber schon 1925 verfügte man über einen Abonnentenstamm von 12 692, eine Zahl bei der es mehrere Jahre mit leichten Abweichungen blieb. Als die saisonalen Schwankungen, denen ein ausgesprochenes Heimatblatt wie die »Dorfzeitung« zwangsweise unterworfen war, überwunden werden konnten, stieg die Abonnentenziffer trotz der Depression bis Ende des Jahres auf 17 654.

Die alte »Dorfzeitung« änderte allerdings auch ihren Charakter, um breitere Leserschichten als nur die Landbevölkerung ansprechen zu können. 1924 erhielt sie – noch wurde die Ausdrucksweise der alten »Dorfzeitung« beibehalten – einen »Kreisbeiwagen«, einen Kreisanzeiger für Hildburghausen, dem im nächsten Jahr je einer für Meiningen und Sonneberg, später noch für Schleusingen, Suhl und Schmalkalden folgten. Damit waren die Voraussetzungen für einen erfolgreichen Wettbewerb mit den jeweils bestehenden Lokalzeitungen geschaffen.

Weitere Schritte folgten: Mit Beginn des Jahres 1927 wurde die »Dorfzeitung« vom alten Folioformat auf das moderne Berliner Zeitungsformat umgestellt, eine Veränderung, die von manchem der traditionellen »Dorfzeitung«-Leser mit Abbestellung quittiert wurde. Die Umbenennung in »Thüringer Tageszeitung« war nur ein weiterer konsequenter Schritt. Er brachte kaum noch Abonnentenverluste, ein Beweis dafür, wie stark sich die Leserstruktur bereits gewandelt hatte. Auch im politischen Teil, der vor dem Erwerb durch die Brüder Vogel als ausgesprochen konservativ und deutschnational zu bezeichnen war, hatte man versucht, weitere Schichten der Bevölkerung anzusprechen. Ludwig Vogel heute: »Wir haben die politische Orientierung der Zeitung etwa in die Richtung der Deutschen Volkspartei gelenkt und die maßgebenden Redakteure unter diesem Blickwinkel ausgewählt.« Die DVP, die Partei Gustav Stresemanns, die Partei der Wirtschaftsführer im Reichstag, repräsentierte die Meinung weiter und einflußreicher Schichten des deutschen Bürgertums.

Titelkopf der »Thüringer Tageszeitung«

Maßgebend für den Erfolg der »Thüringer Tageszeitung« aber war insbesondere das Bemühen um eine rasche und pünktliche Zustellung. Schneller als die Konkurrenz, hieß die Devise, die die Verleger, die von ihrem Zeitschriftenverlag her um die Wichtigkeit von Vertriebsproblemen wußten, ausgaben. In sorgfältiger Planung wurde ein eigener, von der Post unabhängiger Expreßdienst eingerichtet, der zur damaligen Zeit unter den mittelgroßen Tageszeitungen des Deutschen Reiches einmalig dastand. Seit 1930 wurden Pläne erörtert, die »Dorfzeitung« auch in Meiningen oder Schmalkalden zu drucken, um eine noch bessere Belieferung der Abonnenten zu gewährleisten. Den Anfang dabei machte dann das relativ abgelegene Schmalkalden. Nachdem man dort zunächst in gemieteten Räumen gedruckt hatte, gelang es 1933, den »Thüringischen Hausfreund«, eine dortige Tageszeitung, zu erwerben und deren Druckereianlagen zu übernehmen. Sie wurden zur Keimzelle einer neuen Firma der Familie Vogel, die zunächst unter dem Namen »Druckerei- und Verlagsgesellschaft mbH Schmalkalden« ins Leben trat und später, im Jahr 1938, in die Kommanditgesellschaft »Konvent-Druck Gebrüder Vogel Schmalkalden« umgewandelt wurde.

In Meiningen bestand zwar schon seit 1925 ein Büro der Dorfzeitung, aber erst 1934 konnte das Vorhaben, die »Thüringer Tageszeitung« auch hier zu drucken, verwirklicht werden. Die alte Keyßnersche Hofbuchdruckerei wurde zunächst gepachtet, dann 1937 käuflich erworben. Damit waren für Herausgabe und Vertrieb einer großen thüringischen Tageszeitung geradezu ideale Vorbedingungen geschaffen, die ihren Schwerpunkt im Süden und Westen des Landes hatte und von dort aus noch weit in den angrenzenden fränkisch-bayerischen Raum hineinwirken konnte.

Diese Erfolge haben die Brüder Vogel ermutigt, auch im Nordosten Thüringens ähnliche Aufgaben anzupacken. In Gera, einer großen Industriestadt von damals 83 000 Einwohnern, gründeten sie 1929 eine neue Tageszeitung, die »Geraer Nachrichten«. Zunächst waren gute Erfolge zu verzeichnen: Innerhalb Jahresfrist konnte eine Auflage von 14 250 Exemplaren bei einer Abonnentenzahl von 13 589 erreicht werden. Aber der Anlauf der neuen Zeitung fiel zusammen mit dem Beginn der Wirtschaftskrise, die die erfreuliche Entwicklung des Blattes bald zum Stillstand brachte. Hinter den »Geraer Nachrichten« stand kein alter Name, wie etwa die »Dorfzeitung« hinter der »Thüringer Tageszeitung«. Das Inseratengeschäft ging zugunsten der älteren, eingeführten Blätter zurück, die »Geraer Nachrichten« mußten 1931 über einen Strohmann an die Konkurrenz, die »Geraer Zeitung« verkauft werden. Was damals zunächst wie ein Fehlschlag angemutet hatte, erwies sich schon wenige Jahre später als kluger Rückzug. Die nationalsozialistische Gleichschaltung der Presse setzte jeglicher Expansion der Verleger auf dem Sektor der Tageszeitungen ein Ende, die mit dem Erwerb der »Dorfzeitung« so verheißungsvoll begonnen hatte.

Von Bruck nach Asch — die Nachfolger des »Österreich-Ungarischen Maschinenmarkt«

Der Erwerb der »Dorfzeitung« und ihr Ausbau zur »Thüringer Tageszeitung« war das Werk der Brüder A. G. und Ludwig Vogel gewesen, die damit als Verleger und Drucker neue, auch für den Pößnecker Stammbetrieb wichtige Positionen des Unternehmens im weiteren Thüringen ausgebaut hatten. Ihr Vater, der Firmengründer C. G. Vogel, verfolgte in der Zwischenkriegszeit andere Wege.

1916 war der österreich-ungarische Teil des Verlags in Bruck/Kiralyhida aufgelöst worden, die dort herausgebrachten Objekte wurden in Pößneck hergestellt und über eine 1917 in Asch/Böhmen neugegründete Firma in der Donaumonarchie vertrieben. Für die Wahl Aschs hatte die Nähe Pößnecks gesprochen, obwohl es verkehrsmäßig wenig günstig lag. Seine Wahl erwies sich aber auch aus einem anderen Grunde als glücklich: von allen Nachfolgestaaten, die in der Folge der Verträge von St. Germain und Trianon aus der zerfallenden Donaumonarchie entstanden, war die Tschechoslowakei der am meisten industrialisierte. Böhmen war der beste Standort für ein Werbemedium der Maschinenindustrie, mochte der Verlagsstandort auch abseits der großen Industriezentren liegen.

C. G. Vogel widmete den größten Teil seiner Kraft dem weiteren Ausbau der für das ehemalige Österreich-Ungarn bestimmten Zeitschriften, die durch den Rückzug von 1916 naturgemäß hatten Einbußen hinnehmen müssen. Den politischen Veränderungen wurde Rechnung getragen: Der »Österreich-Ungarische Maschinenmarkt« erschien nun als »Maschinenmarkt – Asch« und »Maschinenmarkt – Wien«, die Kraftfahrzeugzeitschrift erhielt ebenfalls den

Verlagsgebäude der Firma C. G. Vogel in Asch

Titel »Auto-Markt – Asch«. Von den neugegründeten Zeitschriften des Vogel-Verlags Pößneck übernahm man nur den kurzlebigen »Waren-Markt«. In Asch wurde ihm allerdings von vornherein eine schwerpunktmäßig bestimmte Zielrichtung durch die Verbindung mit der »Börse für Eisenhändler« gegeben, in der er dann auch nach dem Verkauf des Blattes völlig aufging.

Als der Pößnecker Verlag den großen »Export-Markt« startete, verzichtete man für Asch auf ein solches Objekt, schon um der deutschen Zeitschrift auf dem Weltmarkt keine Konkurrenz zu machen. C. G. Vogel begnügte sich hier mit einem bescheideneren Projekt. Mit der Zeitschrift »Süd-Ost-Export«, die von 1922 an im Ascher Verlag erschien, schuf er ein Werbemedium zur Erschließung der klassischen Absatzmärkte der alten Donaumonarchie auf dem Balkan, mit denen vor allem auch die tschechoslowakische Industrie rege Handelsbeziehungen pflegte.

Verlagsort Asch – Druckort Pößneck, beides durch eine Grenze voneinander getrennt: Dieser Zustand konnte nur eine Zwischenlösung darstellen, um so mehr als man im Lauf der Zeit dazu übergehen mußte, einen Teil der Objekte auch in tschechischer Sprache zu drucken. Seit 1922 kamen verschärfte Zollbestimmungen hinzu, die die Einfuhr der in Pößneck gedruckten Zeitschriften praktisch unmöglich machten. Alles drängte darauf hin, den ehemals österreich-ungarischen Komplex des Verlags gänzlich von Pößneck zu lösen.

In dieser Absicht wurde C. G. Vogel noch dadurch bestärkt, daß seine älteste Tochter Käthe Vogel sich noch während des Kriegs mit Karl Ihl, einem österreichischen Offizier, verheiratet hatte, der überdies noch aus Böhmen, aus Dobřany bei Pilsen, stammte. Nach dem Zusammenbruch der Monarchie war er aus dem aktiven Heeresdienst ausgeschieden und in den Betrieb seines Schwiegervaters eingetreten. Nach dem Erwerb von Grundstücken in Asch-Nassengrub 1921 konnte zunächst ein Verlagsgebäude gebaut und 1923 die Errichtung einer Druckerei ins Werk gesetzt werden. C. G. Vogel ging zusammen mit seinem Schwiegersohn an diese Aufgabe. 1928 kam ein neues Verlagsgebäude in Franzensbad, 20 km südlich Asch, unweit von Eger hinzu, das von da an den kaufmännischen Betrieb und die Setzerei beherbergte.

Die Wege des Unternehmens in Böhmen wurden immer unabhängiger von den Planungen des Vogel-Verlags in Pößneck. Das führte bereits 1924 zu einer völligen Trennung der beiden Betriebe. Ein Erbvertrag sprach Pößneck den Brüdern A. G. und Ludwig Vogel zu, während Asch auf Karl und Käthe Ihl übergehen sollte. C. G. Vogel blieb an beiden Unternehmen entscheidend beteiligt; die Person des Seniorchefs bildete fortan neben dem gemeinsamen Titel »Maschinenmarkt« der Verlagsobjekte das einzige Bindeglied zwischen beiden Firmen.

Leistung und Fortschritt — das Programm des Vogel-Verlags

Die Vielfältigkeit des Zeitschriftenprogramms, das der Vogel-Verlag zu Beginn der dreißiger Jahre vorweisen konnte, spiegelt die Leistungsfähigkeit eines Großverlags. Deutlich heben sich zwei Phasen in der Entwicklung der Verlagsarbeit voneinander ab. Einmal die unmittelbare Nachkriegszeit, in der sich die durch die Kriegszwangswirtschaft künstlich zurückgestaute Kraft des Unternehmens stürmisch entlud und ihren Niederschlag in zahlreichen Neugründungen fand. In dieser Zeit entstehen Zeitschriften mit weitgespannter, umfassender Thematik: »Elektro-Markt«, »Agrar-Markt«, »Export-Markt«, »Waren-Markt«. Noch sind sie ausgesprochen marktorientiert, die Anzeigen dominieren; in der Hektik des Nachkriegsgeschäfts steht die Vermittlung von Angebot und Nachfrage im Mittelpunkt und fordert ihre Rechte.

Die zweite Phase — zu datieren von 1924 an — steht im Zeichen differenzierterer Durchdringung der Märkte. Jetzt werden Zeitschriften mit Spezialauftrag ins Leben gerufen: »Motorrad-Markt«, »Last-Auto«, »Radio-Markt«. Gerade diese drei Titel mögen dokumentieren, daß man im Vogel-Verlag mit sicherem Blick gerade die Chancen der zukunftsträchtigsten Industrien erkannte: der Kraftfahrzeugherstellung und der Elektrotechnik. Hand in Hand mit der Spezialisierung geht das Streben, den Informationswert aller Verlagsobjekte zu erhöhen; sei es durch vermehrten und verbesserten Text, sei es durch intensivere Werbekraft mit Hilfe moderner Drucktechniken oder da-

Umschlagbild des 4. Bands der Buchreihe
»Musterbetriebe deutscher Wirtschaft«

durch, daß der Verlag Dienstleistungen, wie im Fall des »Export-Dienst«, für seine Kunden bereitstellte.

Gleichzeitig ist diese zweite Phase charakterisiert durch die tastenden Versuche, über das Verlegen von Fachzeitschriften hinaus vorzustoßen in weitere Bereiche verlegerischer Tätigkeit. Tageszeitung und Publikumszeitschrift werden in die Pläne der Unternehmer einbezogen. Die materiellen Grundlagen reichten dazu aus, trotz der schwierigen Lage, in die auch der Vogel-Verlag aufgrund der Wirtschaftskrise geriet. Der Ausbau des Betriebs und seiner Organisation hatte Schritt gehalten mit der Entwicklung und Ausweitung des Verlagsprogramms.

»Ein Musterbetrieb der deutschen Wirtschaft«

Im Jahr 1928 erschien ein neuer Band der Buchreihe »Musterbetriebe Deutscher Wirtschaft«. Er war einem Fachzeitschriftenverlag gewidmet, dem Vogel-Verlag in Pößneck. In der gleichen Serie des Berliner Hirzel-Verlags waren bereits so bekannte Firmen wie die Hamburger Reemtsma AG, die Stettiner Papierfabrik Feldmühle und die Berliner Annoncenexpedition Rudolf Mosse behandelt worden. Gut 35 Jahre, nachdem er entstanden war, galt nun der Vogel-Verlag als Musterbetrieb auf dem Fachzeitschriftensektor.

Der Verlag von 1928 war mit dem Unternehmen von 1914 nicht mehr zu vergleichen. Der außerordentlich hohe Bedarf der Wirtschaft an Werbemedien hat in der ersten Nachkriegszeit die dreigliedrige Kausalkette in Gang gesetzt, die das Wachstum des Betriebs kennzeichnet: eine Welle von Neugründungen – sprunghaftes Ansteigen der Belegschaftszahlen (1914: 60, 1918: 160, 1919: 600 Mitarbeiter) – die Notwendigkeit von Neubauten.

Die Silhouette der neuentstandenen Gebäudekomplexe, überragt vom »Vogelturm«, symbolisiert am augenfälligsten den steilen Aufstieg des Verlags. Die Titelvignette der ersten »Export-Markt«-Nummer trug dieses Bild hinaus in alle Welt. Die treibende Kraft bei dieser Bautätigkeit ist A. G. Vogel, der mehr und mehr zum eigentlichen Leiter des Pößnecker Stammbetriebs wird. Bis 1929 vergeht kaum ein Jahr, in dem nicht neue Gebäudeteile entstehen oder vorhandene erweitert werden. Gleich nach Kriegsschluß setzt A. G. Vogel den Ausbau des großen, 1914 nur notdürftig zum Abschluß gebrachten Maschinenhauses gegen alle Schwierigkeiten der Materialbeschaffung durch. Als er 1920 beendet ist, folgen 1922 die Erweiterungen, die im Gefolge der »Export-Markt«-Organisation nötig werden. Die Inflation beschleunigt das Tempo eher – Bauinvestitionen bleiben wertbeständig –, und auch die kurze Rezession von 1926 bringt nur eine knappe Unterbrechung: Für das 1924 so stark erweiterte Zeitschriftenprogramm müssen die räumlichen Voraussetzungen geschaffen werden.

Der Vogel-Verlag in Pößneck

Bauen aber war nicht alles. Eine der Grundmaximen der Unternehmenskonzeption war die enge Verbindung von Verlag und Druckerei. Die Wandlungen im Bild der Zeitschriften forderten zwangsläufig Vergrößerungen und Modernisierungen des Maschinenparks. Wenn im kleinen, übersichtlichen Betrieb von 1906 der Übergang von der Schnellpresse zur Rotationsmaschine genügt hatte, um sich veränderten Verhältnissen anzupassen, so bedurfte es jetzt einer Fülle von Entscheidungen, um auf der Höhe der Zeit zu bleiben.

Die Druckerei ist das Gebiet, auf dem Ludwig Vogel in das Unternehmen hineinwächst, auf dem er zunächst die rechte Hand seines Bruders und dann sein gleichberechtigter Partner wird. Schon im Krieg hatte er sich im technischen Betrieb die Sporen verdient, bis auch ihn 1918 der Gestellungsbefehl ereilte. Nach dem Waffenstillstand folgte eine neue, nun regelrechte und wohldurchdachte Lehrzeit: im väterlichen Betrieb, in der Schriftgießerei Bauer, Frankfurt/M., bei der Ohlenrothschen Druckerei, Erfurt, bei Knorr und Hirth, München, wo die berühmte »Jugend« gedruckt wurde, ja sogar an den legendären Rotationsmaschinen Ullsteins in Berlin. Diese gründliche Ausbildung schloß Ludwig Vogel mit einem Studium am Buchdrucker-Technikum in Leipzig und mit der Meisterprüfung 1924 ab. Dann ging es nach Amerika.
»Ich kam in der Absicht nach den USA«, so berichtete Ludwig Vogel, »dort den Entwicklungsstand der graphischen Industrie kennenzulernen. Erstaun-

licherweise boten die dort angesprochenen Druckereibesitzer die Möglichkeit, mich tagelang in ihren Betrieben aufzuhalten, alle mich interessierenden Fragen zu stellen und Einblick in die Produktionsvorgänge zu nehmen.« Diese Informationsreise, die mehrere Monate bis weit in das Jahr 1925 hinein dauerte und in einem mehrwöchigen Volontariat in der Großdruckerei des Deutschamerikaners Langer in New York gipfelte, vermittelte dem jungen Druckermeister Ludwig Vogel eine Fülle wichtiger Anregungen für den heimatlichen Betrieb.

Aufs ganze gesehen fand er eine völlig andere Struktur des Druckereigewerbes vor, als er sie von Deutschland her gewohnt war: eine außerordentlich starke Spezialisierung, die aus den schon damals sehr hohen Auflageziffern amerikanischer Druckerzeugnisse resultierte und die dem ganz auf Rationalisierung bedachten amerikanischen Business-Denken entsprach. »Es gab Betriebe«, erinnert sich Ludwig Vogel, »die nur Satz herstellten, andere wiederum, die nur Rotationsdruckplatten produzierten, und wiederum Druckereien, die nur Druckleistungen vollbrachten.« Ein solches System ließ sich für den Großbetrieb in der Kleinstadt Pößneck nicht übernehmen, die weit abseits leistungsfähiger graphischer Betriebe lag, die als Zulieferfirmen in Frage gekommen wären. Der Vogel-Verlag war darauf angewiesen, alle mit der Herstellung einer Zeitschrift zusammenhängenden Vorarbeiten im eigenen Hause zu leisten.

Es blieben aber genügend Erkenntnisse übrig, die beim Ausbau und der Durchrationalisierung des Pößnecker technischen Betriebs in abgewandelter Form ihren Niederschlag finden konnten, als Ludwig Vogel 1925 mitten in einer Expansionsphase des Verlags nach Thüringen zurückkehrte. »Last-Auto« und »Motor und Sport« waren gerade gegründet worden, der Beginn des »Luxus- und Galanteriewaren-Markt« stand vor der Tür, neuerworbene Objekte »Papier-Welt« und »Wegweiser« wurden noch in Hildburghausen gedruckt, ihre Überführung in den Stammbetrieb Pößneck war aber schon beschlossen.

Der Maschinenpark, den Ludwig Vogel vorfand, war beachtlich. Zum Vorkriegsbestand waren 1920 drei weitere Schnellpressen – zwei Frankenthaler (50 × 70 cm) und eine MAN (70 × 100 cm) – gekommen, die Zahl der Linotypesetzmaschinen war auf 12 angewachsen, die Monotype verschwunden. Die Vomag hatte 1920 eine neue riesige Rotationsmaschine mit drei 32-Seiten-Druckwerken und 8-Seiten-Umschlagdruckwerk gebaut, so daß die Maschine in einer Stunde 6000 Exemplare einer 104 Seiten starken Zeitschrift drucken konnte. Zwei Jahre später war sie um ein weiteres 32-Seiten-Werk verstärkt worden. Ein 16-Seiten-Umschlagdruckwerk bedeutete einen ersten schüchternen Versuch in Offset, der aber noch nicht recht befriedigen konnte. Schon beim Ankauf dieser Maschinen und bei ihrer Aufstellung ist Ludwig Vogel natürlich beteiligt gewesen.

Grundriß der Verlagsgebäude, Stand 1929

Nun geht Ludwig Vogel sofort an eine Reihe von Verbesserungen, die eine Beschleunigung des Arbeitsablaufs bedeuten. Die Anschaffung einer Zusammentrag- und Heftmaschine Fabrikat »Moyer« aus den USA leitet die vollständige Mechanisierung der Buchbinderei ein, die mit deutschen Maschinen zu dieser Zeit in diesem Ausmaß noch nicht möglich ist. Die Herstellung der Rotationsplatten und die gesamte Stereotypie werden durch Spezialgeräte verbessert, 1927 die mechanischen Prägepressen an die auswärtigen, kleineren Zweigbetriebe abgegeben und durch moderne, hydraulisch arbeitende Fabrikate der Firma Koenig & Bauer, Würzburg, ersetzt. Eine Neuheit, die Ludwig Vogel ebenfalls in den USA kennengelernt hatte, waren die sogenannten »Miehle-Tiegel«, Vertikal-Buchdruckpressen aus Chicago mit außerordentlich hoher Laufgeschwindigkeit und geringem Platzbedarf. Seit 1929

Die große Rotationsmaschine der Vomag von 1928

waren drei dieser Einheiten in Betrieb und erhöhten vor allem Leistungsfähigkeit und Umsatz des seit 1922 im Vogel-Verlag gepflegten Kundendrucks an Formularen und Drucksachen.

Die Krönung dieser Reihe von Neuerungen bildete ganz zweifellos die 1926 fertiggestellte neue Rotationsmaschine der Vomag, Plauen i. V., für hochwertigen Illustrationsdruck, die speziell für den Druck von »Motor und Sport« mit seiner Auflage bis zu 50 000 Exemplaren, seinen zahlreichen Autotypien und zweifarbigem Textteil gedacht war. Gleichzeitig aber sollte sie auch die anderen Maschinen beim Druck der übrigen Zeitschriften entlasten. Nach eingehenden Besprechungen wurde sie als Sonderanfertigung für den Vogel-Verlag gebaut und besaß dann schließlich eine Gesamtleistung von 128 einfarbigen oder 64 zweifarbigen Seiten. Die Herstellerfirma bezeichnete sie als die damals größte Zeitschriften-Rotationsmaschine Europas.

Neuformung der Betriebsorganisation

Mit diesen Andeutungen über die enormen Investitionen in Bautätigkeit und Maschinen ist jedoch der Vorgang, der sich im Vogel-Verlag während des Jahrzehnts von 1918 bis 1928 abspielte, nur grob umrissen. Höchstleistungen waren auf die Dauer auch in den zweckmäßigsten Gebäuden und mit modernsten Maschinen nur durch klug geplanten, durchrationalisierten Einsatz aller verfügbaren Kräfte zu erzielen. In der völligen Neuorganisation des technischen Betriebs kamen die amerikanischen Erfahrungen Ludwig Vogels erst zur vollen Auswirkung. Es begann mit der Umstellung der Arbeit der Setzer auf Akkordsystem. Die Anordnung der Arbeitsplätze wurde nach einem zweckmäßigen Schema umgestaltet, das alle Zuwege kurz hielt und möglichst viel Arbeit mechanischen Hilfsmitteln überließ. Für die Herstellung der Zeitschriften, die bis dahin nach keiner festen Regel erfolgte, arbeitete Ludwig Vogel mit seinem Assistenten Otto Lange, später sein Nachfolger in der Leitung des technischen Betriebs, einen »Betriebsfahrplan à la Ford und Taylor« aus. Er zerlegte den Herstellungsvorgang minutiös in seine einzelnen Phasen und setzte für jede genaue Zeiten fest. Damit wirkte der technische Betrieb über seinen eigenen Bereich hinaus weit in den Verlag hinein, wo sich die Schriftleitungen diesem Fahrplan anpassen mußten.

Aber die herausragendste Leistung Ludwig Vogels stellte die Einführung fester Anzeigengrößen dar, die bis dahin vom Kunden abhängig gewesen waren. Dennoch brachte diese Normung keinerlei Einschränkung für die Wünsche der Inserenten, denn mit der Aufteilung der Seite in 48 Einheiten – Seitenteile – blieb ihnen genügend Bewegungsfreiheit. Für den Verlag und seine Setzerei aber bedeutete es eine beträchtliche Erleichterung und auch Zeiteinsparung, nach Seitenteilen abschließen, den Umfang der Zeitschriften kalkulieren und schließlich herstellen zu können. Mit diesen Maßnahmen leistete der Vogel-Verlag Pionierarbeit für das gesamte deutsche Zeitschriftenwesen. Sie halfen mit, den Gedanken der Normung durchzusetzen.

Die Organisationsfreudigkeit des jüngeren Verlegersohns kam nicht von ungefähr. Sein älterer Bruder A. G. Vogel hatte sie im Bereich der Verlagsleitung schon eine ganze Weile vorexerziert. Mit Bauten und Maschinen war auch die Belegschaft gewachsen: 1925 erreichte sie das Maximum von 864 Mitarbeitern. Bei solchen Zahlen konnte nicht mehr mit den Methoden von 1913 oder gar 1896 geführt werden.

Es galt, die Zusammenarbeit der Mitarbeiter zu festigen, Kommunikationsschwierigkeiten zwischen den Abteilungen auszugleichen und die Belastung der Führungskräfte zu mindern. Schon das im Krieg aufgebaute Mannheimer Büro A. G. Vogels war zum Ausgangspunkt für die Werbeabteilung geworden und stand am Beginn der konzertierten Aktion von Verlag und Vertretern in der Bearbeitung der Anzeigenkunden. Auf dieser Basis wurde weiter gearbeitet.

Im Jahr 1920 betraute A. G. Vogel einen seiner fähigsten, jüngeren Vertreter, A. M. Richter in Prag, mit einer Neuorganisation des längst zu klein gewordenen Vertreterstabes. Es wurden 22 Bezirke geschaffen, 58 Geschäftsstellen gebildet und diese mit 52 Vertretern besetzt. Da verschiedene Vertreter mit

Direktor Otto Lange
Leiter des technischen Betriebs
bis Oktober 1945

Auflageziffern der »Thüringer Tageszeitung« von 1925 bis 1937 (nach Verlags-Geschichte Va, S. 282)

Jahr	Bezahlte Auflage	Druckauflage
1925	12 700	15 800
1926	11 961	15 200
1927	12 087	14 000
1928	11 586	13 600
1929	11 803	14 500
1930	14 563	17 750
1931	15 125	19 975
1932	16 831	19 650
1933	22 252	25 250
1934	22 731	25 500
1935	29 001	30 900
1936	34 563	37 000
1937	34 606	37 150

großen und ertragreichen Bezirken noch eigene Untervertreter beschäftigten, waren von nun an etwa 80 bis 90 Personen im Außendienst für den Vogel-Verlag tätig.

Bei dieser Umgliederung handelte es sich nun keineswegs um eine bloße Neukartierung, sondern sie griff auch sonst stark in den Aufbau der kaufmännischen Verwaltung ein. Neben die Werbeabteilung, die mit ihrem Karteisystem die Werbemaßnahmen von Verlag und Vertretern koordinierte, trat als neues Führungsinstrument die Vertreterzentrale. Diese Abteilung ermöglichte es jederzeit, Art, Umfang und Intensität der Vertreterarbeit zu kontrollieren und gleichzeitig die Konkurrenz zu beobachten. Damit war die Verbindung zwischen Verlag und Kunde auf ein sicheres Fundament gestellt. Sie war der Lebensnerv des Unternehmens.

Im übrigen war es gar nicht so leicht, einen Betrieb, der so überaus schnell gewachsen war wie der Vogel-Verlag, im Sinn der zwanziger Jahre zu »rationalisieren«. Die wichtigsten Voraussetzungen wurden ebenfalls 1920 geschaffen. Eine Zweigstelle der Reichspost wurde im eigenen Haus errichtet. Sie vereinfachte das Problem des Versands, das immer ein Sorgenkind gewesen war, ganz erheblich. Im gleichen Jahr wurde eine statistische Abteilung aufgebaut. Allein die Statistik konnte die Zahlen liefern, die als zuverlässiger Seismograph die Zweckmäßigkeit oder den Mißerfolg einer organisatorischen Maßnahme diagnostizierten und die Wirtschaftlichkeit jeder Zeitschrift schnell und sicher erkennbar machten. Die Kleinarbeit konnte beginnen.

A. G. Vogel hatte eine glückliche Hand in der Wahl fähiger Mitarbeiter, die diese Arbeit mit ihm leisten konnten. Neben dem Verlagsdirektor Richard Wild, der A. G. Vogel insbesondere beim Ausbau des Zeitschriftenprogramms unterstützte, traten unter ihnen Karl Sauerbrei, der sich vom Anzeigenbuchhalter zum kaufmännischen Direktor heraufarbeitete, Albert Strahl, der langjährige Leiter der »Thüringer Tageszeitung« in Hildburghausen und Ottohermann Haase, der spätere Verlagsdirektor und Teilhaber auf Lebenszeit in den Vordergrund. Karl Sauerbrei leistete seinen Hauptbeitrag auf dem Sektor der Finanzwirtschaft des Unternehmens. Er entwickelte nach und nach feste Haushaltspläne des Verlags, der bis in die Nachkriegszeit hinein nicht über einen regelrechten Etat verfügt hatte, und schuf damit erst die Grundlage für ein kostenbewußtes Verhalten der Vorgesetzten.

Auch A. G. Vogel hat 1924 die Vereinigten Staaten bereist, und wie Ludwig Vogel kam er voller Anregungen zurück, die sich sogleich in der Personalpolitik auswirkten: A. G. Vogel setzte die Bezüge seiner Mitarbeiter um 10% herauf und verstärkte die Sozialeinrichtungen des Betriebs. Bereits 1920 hat-

Schloß Hummelshain

Bild oben links
Karl Sauerbrei
Kaufmännischer Direktor
des Vogel-Verlags 1929 bis 1945

Bild oben rechts
Direktor Albert Strahl
langjähriger Leiter des Verlags
Nonnes Erben, Hildburghausen

Bild unten
O. H. Haase, Sekretär A. G. Vogels
Verlagsdirektor seit 1936

ten die Verleger aus dem enteigneten Besitz der Fürsten von Sachsen-Altenburg das Neue Schloß Hummelshain erworben, dessen Park und altes Schloß durch Wilhelm von Kügelgen und seine »Jugenderinnerungen eines alten Mannes« in die deutsche Literaturgeschichte eingegangen sind. In den Gebäuden von Hummelshain wurde ein Erholungsheim eingerichtet, das jedem Betriebsangehörigen, der länger als zwei Jahre zur Belegschaft zählte, zu einem zehntägigen Urlaub im Jahr offenstand. A. G. Vogel, der als vielbeschäftigter Unternehmer den Standpunkt vertrat: »Immer haben wir Zeit für camping und fishing« – um nämlich frisch und ausgeruht an die Arbeit zurückkehren zu können, versuchte für seine Mitarbeiter ähnliche Bedingungen zu schaffen, um sie zu höheren Leistungen anzuspornen und ihre Betriebstreue zu stärken. Dazu zählte auch die feste Gewohnheit, jedem Belegschaftsmitglied am Geburtstag freizugeben. Zur Lösung des damals besonders brennenden Wohnungsproblems trug der Verlag ebenfalls bei. Er leistete hohe Zuschüsse zum Bau von Wohnhäusern. Am Stadtrand von Pößneck entstand die »Hufeisensiedlung« für Angehörige des Vogel-Verlags.

Gleichzeitig aber forderte A. G. Vogel qualifizierte Leistungen. Die amerikanischen Erfahrungen bestärkten ihn und seinen Bruder Ludwig Vogel, das Akkordsystem auch in ihrem Betrieb einzuführen. Nicht nur in der Druckerei wurde fortan in dieser Weise gearbeitet, sondern auch im Schreibmaschinensaal des Verlags wurde beispielsweise eine Zeilennorm eingeführt, eine Maßnahme, die sich auf die Dauer kostensparend auswirkte. Nachlässiges und unkonzentriertes Diktieren hörte nun auf, da die Schreibkräfte selbst auf zügigen Fortgang der Arbeit drängten. Die Mitarbeiter, die im Akkordsystem arbeiteten, bestimmten die Höhe ihres Lohns nun weitgehend selbst.

Auch die Vertreter wurden in dieses System einbezogen. Ein Auftragssoll wurde ihnen gestellt. Diese Maßnahme sowie eine gute Markt- und Konkurrenzbeobachtung durch den Verlag erzeugten bei ihnen einen noch größeren Ansporn zur Leistungssteigerung, die sich für den Verlag umsatzmehrend auswirkte und das eigene unternehmerische Selbstbewußtsein der Vertreter hervorhob.

Damit war eine Linie angedeutet, die A. G. Vogel immer zielstrebiger zur Richtschnur seines Handelns in der Unternehmensführung machte. C. G. Vogel hatte sich bei der Leitung seines Betriebs noch um jede Kleinigkeit gekümmert – Quelle zahlreicher Anekdoten. A. G. Vogel dagegen mußte immer mehr Aufgaben, ja Verantwortung abgeben, delegieren, um Zeit zu gewinnen für die eigentliche, creative Tätigkeit des Verlegers.

Nach manchen Reformen der Organisation seines persönlichen Sekretariats wandte sich A. G. Vogel im Sommer 1928 an O. H. Haase mit der Bitte, einen Plan zu seiner Entlastung auszuarbeiten. Haase antwortete mit einer umfangreichen Denkschrift, an deren Spitze er die Erkenntnis setzte: »Der oberste

Erholungsheim des Vogel-Verlags in Hummelshain

Leiter (des Unternehmens) darf bei richtiger Tätigkeit, das heißt Einteilung, seinem Personal keine Arbeiten abnehmen, darf nichts für sie suchen und feststellen, im Gegenteil: er muß ihnen mehr Arbeiten zuteilen und weniger auf sich nehmen, da ja seine Aufgabe darin besteht, die Arbeiten der anderen zu überwachen, Neues zu ersinnen, Bestehendes zu verbessern, kurzum, das Geschäft als Ganzes zu *leiten*, nicht aber in einem Teilbezirk für die Firma zu arbeiten.«

Der im Verlag geltenden Regel: »Herr Vogel will aber alles sehen«, setzte er die Empfehlung entgegen: »Es ist nicht nötig, daß ich alles sehe, aber auf Wunsch muß mir alles gegenwärtig sein.« Haase forderte A. G. Vogel auf, die Parole auszugeben: »Ich will von heute an keine unfertige Post mehr sehen – das ist eine Aufgabe für einen Sekretär« und ließ seine Überlegungen in dem Satz gipfeln: »President – Manager – Secretary oder, wenn man will: Präsident – Reichskanzler – Staatssekretär; auch daran kann man denken und es so machen, wie jene es machen. Es geht und wird auch beim Vogel-Verlag gehen, nur besser.«

A. G. Vogel hat sich diese Vorschläge zu eigen gemacht und danach gehandelt. Der Wandel von der Führung durch einen allgewaltigen, allgegenwärtigen

Chef zur Übertragung von Führungsaufgaben an Mitarbeiter fand seinen Höhepunkt 1933 in der Einführung des Ringsystems.

Alle Aufgaben, die mit der Herausgabe einer Zeitschrift zusammenhingen – Schriftleitung, Werbung, Anzeigenverwaltung, Vertrieb – wurden objektweise zusammengefaßt und verselbständigt. Jeder dieser Ringe erhielt auch einen eigenen Etat. Damit wurde eine stärkere Konzentrierung auf das Objekt und die von ihm vertretene Branche erreicht, wurden die Ringleiter fast schon zu Unternehmern im Unternehmen gemacht.

Die Vorteile für den Verlag lagen auf der Hand. Karl Sauerbrei schrieb dazu 1938: »Bis zum 30. September 1933 war es so, daß sich nur wenige Mitarbeiter im Vogel-Verlag – abgesehen von den Herren der Geschäftsleitung – eine Vorstellung von den Aufwendungen des Vogel-Verlags und dessen Wirtschaftlichkeit machen konnten. Diese Sorgen überließ man der Geschäftsleitung ... Die ringweise Aufteilung der Zeitschriften hat sich als zweckentsprechend erwiesen. Die Zeitschriftenleiter, die vorher die Sorgen der Geschäftsleitung nicht kannten und auch dafür kein Verständnis aufzubringen vermochten, konnten nun beweisen, ob sie die ihnen übertragenen Aufgaben meistern konnten. Der Vogel-Verlag hat auch bei der Betreuung der Zeitschriften durch Ringleiter immer die wünschenswerte Großzügigkeit an den Tag gelegt; er verlangt aber auch, daß jede einzelne Zeitschrift so betreut wurde, als wäre sie Eigentum des Ringleiters.«

In dieser Konzeption spiegelt sich der Wechsel der Verlegergenerationen. A. G. Vogel hat immer an ihr festgehalten und sie in seinen »Grundsätzen«, die er für sich persönlich niederlegte, auf die Formel gebracht: »Im übrigen: Ring-System = Selbständigkeit (laisser faire, laisser aller), aber zur unerwarteten Zeit Stichproben bis in Einzelheiten.«

Dem Vogel-Verlag ist dieses Konzept, das Ludwig Vogel, bald dem rein technischen Betrieb entwachsen und in der Verlagsleitung tätig, ebenso vertrat wie sein Bruder, aufs beste bekommen.

Die verschiedenen Stürme, die das Unternehmen trotz aller Prosperität heimsuchten, wurden geschickt gemeistert: die ruinöse Anzeigensteuer der Zeit von 1920 bis 1924, die Illiquidität vieler Anzeigenkunden und der daraus resultierende Rückgang der Einnahmen in der Rezession von 1926 und endlich die harten Schläge der großen Weltwirtschaftskrise, die zum Personalabbau, zu Gehaltskürzungen und Reduzierung des Zeitschriftenprogramms zwangen.

1928 aber, das Jahr, in dem Paul Michligks Buch vom Vogel-Verlag erschien, darf als einer der Höhepunkte der Verlagsgeschichte angesehen werden. In diesem Jahr arbeiteten 823 Personen an 588 Schreibtischen und 140 Tischen, die Stenotypistinnen allein erbrachten eine Monatsleistung von 2 800 000

Schreibmaschinenzeilen. Das Schriftmaterial des technischen Betriebs wog 150 000 kg und bestand aus 70 Millionen einzelnen Buchstaben – die Produktion der Setzmaschinen betrug 14 976 000 Buchstaben im Monat, 196 732 kg Papier wurden verbraucht, 2½ Millionen Zeitschriftenexemplare mit 78 Millionen Seiten verließen die Druckerei, und schließlich erhielt die Post 140 000 Mark an Porto.

Der Vogel-Verlag war der größte Fachzeitschriftenverlag Deutschlands geworden – ein Musterbetrieb der deutschen Wirtschaft.

Ende und Neubeginn einer Ära — C. G. Vogel in der Schweiz, die Söhne in Pößneck

C. G. Vogel war in allen diesen Jahren der Seniorchef des Unternehmens geblieben. Jedoch hatte er seinen beiden Söhnen in Pößneck zunehmend freie Hand bei der Führung des Verlags und bei der Erweiterung des Zeitschriftenprogramms gelassen, was sich auch in ihrer Beteiligung am Unternehmen niederschlug. Und doch verkörperte C. G. Vogel den Marktzeitschriften-Verleger einer älteren Generation, so daß, wie Ludwig Vogel aus der Erinnerung berichtet, es »hinsichtlich der zukünftigen verlegerischen Zielsetzungen, hinsichtlich der weiteren Auf- und Ausbaupläne zum Teil erhebliche Meinungsabweichungen zwischen Vater und Söhnen« gab.

C. G. Vogel war weit davon entfernt, etwa im Pößnecker Verlag das Rad der Zeit zurückdrehen zu wollen. Darin war er sich mit seinen Söhnen, die schließlich unter seiner Führung zu Verlegern herangewachsen waren, einig. Aber er fühlte immer noch genügend Energie in sich, noch einmal – trotz vorgerückten Alters – etwas Neues zu beginnen, eine eigene Konzeption in voller Freizügigkeit zu verwirklichen. Schon in den zwanziger Jahren hatte er sich mehr und mehr dem Aufbau des Zweigverlags im böhmischen Asch gewidmet, wo er den »Maschinenmarkt« in seiner klassischen Form weiterführte. Nun bot sich ihm im Jahr 1930 die Gelegenheit, unabhängig von den familieneigenen Betrieben in Pößneck und Asch einen neuen Verlag aufzubauen.

Am 23. September 1930 gründete C. G. Vogel in St. Gallen die »Aktiengesellschaft für Verlag und Druckerei« und erwarb einen zum Verkauf stehenden Titel. Der Zufall fügte es, daß es auch ein Maschinenmarkt war, der »Schweizer Maschinenmarkt«. Und nun wiederholt sich die Geschichte vom Aufstieg des Verlegers C. G. Vogel noch ein letztes Mal. Rasch wird das bis dahin bedeutungslose Objekt in die Höhe gebracht. Kam die Zeitschrift vorher alle vierzehn Tage in einer Auflage von 2 000 heraus, so erschien sie jetzt wöchentlich, hatte eine Auflage von 10 000 und wurde im Wechselversand verbreitet. 1932 wurde der Sitz der Firma nach Goldach verlegt, eine eigene Druckerei eingerichtet und eine französische Ausgabe für die welsche Schweiz geplant, die Anfang 1933 herauskommt. Der Erfolg gegen starke Konkurrenz stellt sich ein. Dejà vu!

C. G. Vogel blieb in der Schweiz, schied aus dem Pößnecker Unternehmen aus und arbeitete in Goldach bis zu seinem Tod am 8. März 1945.

Danach wurde der Verlag als rein Schweizer Unternehmen von dem in Goldach ansässigen Direktor Fritz von Allmen, der lange Jahre mit C. G. Vogel zusammengearbeitet hatte, weitergeführt.

In Deutschland übernahmen nach dem Ausscheiden des Vaters die Brüder Arthur Gustav und Ludwig Vogel nun in voller Verantwortung den Pößnecker Vogel-Verlag, um ihn weiter zum Fachzeitschriften-Verlag moderner Prägung auszubauen. Sie durften hoffen, die Krisenjahre der Wirtschaft zu überstehen, aber sie trieben in eine dunkle Zeit hinein, in die nationalsozialistische Diktatur, die ihren Spielraum als Verleger empfindlich einengte.

C. G. Vogel und seine Söhne auf der Vertreterkonferenz 1935

Der Vogel-Verlag im NS-Staat

NS-Wirtschaftspolitik, Werberat und der Vogel-Verlag

»Ich glaube, es befindet sich heute in Deutschland niemand im Zweifel darüber, daß mit dem 30. Januar eine neue Epoche der deutschen Geschichtsentwicklung begonnen hat. Denn der Nationalsozialismus hat die Macht nicht zum Spaß übernommen, er wird sie zu gebrauchen wissen.« Es waren keine leeren Worte, die Joseph Goebbels da im Februar-Wahlkampf von 1933 im Berliner Sportpalast hören ließ. Das neue Regime gebrauchte seine Macht. Es setzte sie binnen kurzer Frist in nahezu allen Lebensbereichen durch, mit Hilfe eines Begriffs, der in allen Dokumenten jener Jahre immer wieder zu finden ist: »*Gleichschaltung*«.

Die Diktatur sparte den Raum der Wirtschaft nicht aus. Wirtschaftlicher Niedergang hatte Hitler den Steigbügel gehalten, nur durch Konsolidierung der desolaten Verhältnisse konnte er hoffen, sich im Sattel zu behaupten, nur nach Ankurbelung einer autarken Wirtschaft konnte er es wagen, den Ritt nach Ostland zur Eroberung von »Lebensraum« zu beginnen. Die Arbeitsbeschaffungspolitik, die die Arbeitslosen von der Straße holen sollte, deren Pläne schon in den Schubladen der Regierung Brüning lagen und die im Konzept des »New Deal« F. D. Roosevelts vorgezeichnet war, bedeutete für Hitler nur die erste Stufe einer konsequenten Vorbereitung des Kriegs, wie er den Generälen der Reichswehr vier Tage nach der Machtübernahme eröffnete.

Der Griff nach der Macht auch in der Wirtschaft war daher nur folgerichtig. Verschiedene Gesetze und in verschärfter Form der Vierjahresplan von 1936 setzten als Prinzip antiliberaler Wirtschaftsverfassung die sogenannte »Zentralverwaltungswirtschaft«, richtiger das Modell einer gelenkten Marktwirtschaft, in Geltung. Geboren aus dem Streben nach wirtschaftlicher Autarkie erfolgte, wie es ein Staatssekretär damals ausdrückte, die »Umstellung der ehedem liberalen Volkswirtschaft vom Grundsatz der internationalen Arbeitsteilung auf den Grundsatz wehrwirtschaftlicher Sicherung«.

Das »Führerprinzip« wurde auch auf die Betriebsverfassung ausgedehnt. Der erste Paragraph des »Gesetzes zur Ordnung der nationalen Arbeit« vom 20. Januar 1934 verfügte: »Im Betriebe arbeiten der Unternehmer als Führer des Betriebes, die Angestellten und Arbeiter als Gefolgschaft gemeinsam zur Förderung der Betriebszwecke und zum gemeinsamen Nutzen von Volk und Staat.« Auch ohne Enteignung der Großbetriebe, wie sie das Parteiprogramm der 25 Punkte vom Jahr 1920 vorsah, schuf sich das NS-Regime im »Gesetz zum organischen Aufbau der deutschen Wirtschaft« vom Februar 1934 eine Grundlage zur totalen Reglementierung des Wirtschaftslebens. Die Behörden der verschiedenen Ministerien und die üppig ins Kraut schießenden, vielfältigen Institutionen des »korporativen« Staates konnten mit ihren Verfügungen bis tief in die Entscheidungen von Einzelbetrieben eingreifen. Stolper schreibt dazu: »Bereits vor dem Krieg von 1939 wurde für einen großen Teil der Erzeugungs- und Verteilungswirtschaft die Art und Menge der Produktion vorgeschrieben, der Bezug der Rohstoffe kontingentiert, die Kalkulationsweise festgelegt, Gewinn und Verkauf vorbestimmt. Nicht nur das Material für beabsichtigte Investitionen, sogar die Aufstellung gebrauchter, von einem anderen Betrieb übernommener Maschinen mußte bei den Behörden beantragt werden.«

Beschränkungen dieser Art ergaben sich nicht etwa erst seit Inkrafttreten des Vierjahresplans, gerade der Handel mit Maschinen bekam sie schon vorher zu spüren, wenn etwa das »Gesetz zur Verminderung der Arbeitslosigkeit« bestimmte: »Alle Arbeiten sind durch menschliche Arbeitskraft auszuführen, soweit nicht maschinelle Hilfsmittel unerläßlich sind.« Die Neigung der Unternehmer zu Neuinvestitionen wurde erheblich gebremst durch das Streichen von Steuervergünstigungen, wenn nicht sichergestellt war, »daß die Verwendung des neuen Gegenstandes nicht zu einer Minderbeschäftigung von Arbeitnehmern im Betrieb des Steuerpflichtigen führt«. Dazu kam noch die frühzeitige Bewirtschaftung des Rohstoffs Eisen, der Grundlage aller Maschinenindustrie. Gerade die Maßnahmen in dieser Richtung können gleichsam als Leitfossil aller wirtschaftlicher Lenkungsbestrebungen der NS-Zeit gelten.

Eine Wirtschaftspolitik, die auf dem Sektor Eisen zur Zwangswirtschaft tendierte und im Handel mit Maschinen das freie Spiel des Marktes zu unterbinden suchte, mußte auch auf dem Gebiet der Industriewerbung gefährliche Auswirkungen zeitigen. Sie rührte damit an die Fundamente eines Verlags technischer Marktzeitschriften, wie sie der Vogel-Verlag nun seit nahezu vierzig Jahren herausgab.

Dabei allein blieb es nicht. Der Beherrscher der Presse, der Reichspropagandaminister Goebbels, schickte sich an, auch die Werbewirtschaft seinem Machtbereich einzugliedern. Formen und Methoden der Wirtschaftswerbung sollten sich ändern. »Wenn auch die Werbung, nach wie vor Ausdruck kaufmännischer Willenstat, die Steigerung des Umsatzes zum Ziele hat, so ist doch die Ideologie dieses wirtschaftlichen Handelns eine andere geworden«, kommentiert eine werbetheoretische Schrift des Jahres 1936 die Situation. Werbung hatte nun »deutsch« zu sein, das »Notzucht-Mittel des Liberalismus« hatte sich der Ideenwelt nationalsozialistischer Presse- und Kulturpolitik einzuordnen. Ein dem Propagandaministerium unterstellter »Werberat« wurde ins Leben gerufen, ein Gesetz über Wirtschaftswerbung erlassen, das in § 3 bestimmte: »Wer Wirtschaftswerbung ausführt, bedarf der Genehmigung des Werberates.« Dann jagte im Spätherbst des Jahres 1933 eine Durchführungsverordnung die andere.

Sie änderten die Situation auf dem Markt grundlegend. Die Genehmigungspflicht neuer Zeitschriften und die Notwendigkeit besonderer Erlaubnis zur Veränderung des Charakters bereits bestehender Objekte engten die Expansionsmöglichkeit des Vogel-Verlags ein und erschwerten die Anpassung an Veränderungen des Marktes. Die drastischen Beschränkungen in der Gewährung von Rabatten erschütterten das System langlaufender Anzeigenabschlüsse, das den Planungen des Unternehmens ein solides finanzielles Fundament geliefert hatte. »Zwecks einheitlicher und wirksamer Gestaltung« – § 1 des Wirtschaftswerbung-Gesetzes – verordnete der Werberat eine generelle Regelung und Normung der Spaltenbreiten, die von den Usancen des Vogel-Verlags abwichen, der gerade auf diesem Gebiet durch die Reformen Ludwig Vogels bahnbrechend gewirkt hatte. In unverhältnismäßig kurzer Zeit mußten gewaltige Umstellungen vorgenommen werden, war wertvolles und teures Satzmaterial vom 1. Januar 1934 an nicht mehr zu verwenden. A. G. Vogel bezifferte in den »Vertraulichen Mitteilungen« an seine Vertreter die sogleich entstehenden Kosten auf 65 000 Mark.

Am einschneidendsten aber erwies sich die weitgehende Einschränkung des kostenlosen Wechselversands und die Diskreditierung der Marktzeitschrift. Der letzteren konnte man in Pößneck durch die bereits vollzogene Wendung in Richtung auf die Fachzeitschrift weitgehend erfolgreich entgegentreten, die Beschränkung des für den Vogel-Verlag typischen Versandsystems aber traf den Lebensnerv des Unternehmens. C. G. Vogel war es immer darauf angekommen, daß die richtigen Empfänger seine Zeitschriften zu Gesicht bekamen. Wenn er Abonnenten auch nicht gerade als notwendiges Übel betrachtete, so liebte er sie doch auch nicht besonders, verwendete weder Arbeitskraft noch Kosten auf ihre Gewinnung, da ein Abonnement die Effizienz seiner Werbung nicht zu verstärken schien und nur Teile der Auflage blockierte. Diese Haltung war im Verlag auch seit dem Generationswechsel weitgehend beibehalten worden, mit geringen Ausnahmen für ganz bestimmte Objekte. Der nun plötzlich geforderte Wechsel der Vertriebsart machte wiederum außerordentlich hohe finanzielle Aufwendungen für eine verstärkte Abonnentenwerbung notwendig. Nur ein kleinerer Teil der Auflage konnte fortan in der nun schon klassischen Art verbreitet werden – als Werbemaßnahme zur Abonnentengewinnung und für reine Offertenblätter ließen die Bestimmungen sie noch zu.

Ein Vertreter des Werberats schloß im Herbst des Jahres 1933 eine Kundgebung mit den Worten: »Möge die dritte und vierte Bekanntmachung des Werberates der deutschen Wirtschaft dem gesamten Anzeigenwesen zum Segen gereichen.« In den Ohren der Verleger klangen sie wie blanker Hohn. Für den Vogel-Verlag waren sie ein harter Schlag.

Durch Eingaben an den Werberat und durch Mobilisierung des Fachverbands der Zeitschriftenverleger hatten die Brüder Vogel versucht, den Formulierungen der neuen Bestimmungen entgegenzuwirken oder sie doch zu modifizieren. Was aber zu Zeiten der Republik legitimes Mittel der wirtschaftspolitischen Auseinandersetzung gewesen war, führte unter der Herrschaft des Führerprinzips zum ersten Konflikt mit den Machthabern. Weitere folgten.

Die kosmopolitische Gesinnung der Familie Vogel war im dritten Reich fehl am Platz. Im Bestreben, seinen Kindern die bestmögliche Ausbildung zu geben, wie es im Vogel-Verlag nun schon Tradition war, hat A. G. Vogel seinem ältesten Sohn Karl Theodor Vogel (geboren am 22. November 1914) schon während der Gymnasialzeit in Pößneck und im Internat Bischoffstein auf dem Eichsfeld mehrere Aufenthalte in England und schließlich nach dem Abitur 1934 ein Studium an der Cornell University, Ithaca N. Y. ermöglicht. Auch sein Sohn Philipp und die ältere Tochter Eva besuchten ausländische, Schweizer Internate. A. G. Vogel selbst unternahm 1934 noch einmal eine längere Reise in die USA. All das führte zu regelmäßigen Zusammenstößen mit den strengen Devisenbestimmungen, die im Gefolge der Autarkiepolitik erlassen worden waren. Daß mit dem Vater und stillen Teilhaber der Firma, C. G. Vogel in der Schweiz, regelmäßige finanzielle Abwicklungen vorzunehmen waren und daß Ludwig Vogel nach seiner Heirat mit Vera Seelemann 1929 auch an die schwedischen Unternehmungen seines Schwiegervaters attachiert war, machte die Lage nicht einfacher.

Die nationalsozialistische Wirtschaftspolitik hatte in der »Kampfzeit« einen guten Teil ihrer demagogischen Agitation mit einem Feldzug gegen die großen Warenhäuser bestritten. Der Großverlag in Pößneck mit seinem umfangreichen Zeitschriftenprogramm und seiner rationalisierten Arbeitsweise, wurde von vielen in parteioffizieller Hand befindlichen Verlagsunternehmen und Zeitschriften als lästige Konkurrenz betrachtet. Schlagworte umzufunktionieren ist leicht. Mit der Bezeichnung »Zeitschriften-Warenhaus« versuchte man, den Vogel-Verlag zu treffen, ein Kampfmittel, das um so wirksamer wurde, je mehr man es mit dem Vorwurf der Internationalität und mit antisemitischen Parolen verbinden konnte.

Eine Zeitschrift des Hauses bot hier besonders breite Angriffsflächen. Durch die Nürnberger Gesetze waren sogenannte »Nichtarier« im Deutschen Reich nahezu rechtlos geworden, der Vogel-Verlag aber hatte keine Veranlassung gesehen, seine ausländischen Kunden des »Internationalen Postwertzeichen-Markt« den Bestimmungen dieses Gesetzes zu unterwerfen. Das »Schwarze Korps«, die Zeitschrift von Himmlers SS, ließ im Jahr 1937 deshalb eine unmißverständliche Drohung hören, die an Schärfe kaum noch zu überbieten war:
»Der Pößnecker Vogel-Verlag beliefert unternehmungslustige Philatelisten mit einem ›Internationalen Postwertzeichen-Markt‹, einem Anzeigenblättchen, dessen offensichtliche Vorliebe für plattfüßige Inserenten reichlich peinlich wirkt. Man kann sich des Eindrucks nicht erwehren, daß die Judenschaft den geschäftlichen Verkehr mit Briefmarkensammlern als ureigene Domäne betrachtet. Der Bedarf an ›ungezähnten Hitlerblocks‹ scheint sich jedenfalls nirgendwo besser decken zu lassen als bei den Levys, Salomons und Guttmanns, die mit mehr oder weniger triumphalem Reklamegeschrei die Postwertzeichen eines Staates handeln, den mit Dreck zu beschmeißen ja bekanntlich ihre höchste Wonne ist.

Das Pößnecker Blättchen täte gut daran, bei der Finanzierung seiner Existenz auf die Mitwirkung der Kinder Israels zu verzichten. Es hat um so mehr Grund dazu, als es ja schließlich auch ausländischen Philatelisten in die Hände gelangt, die an den Marken des neuen Deutschland interessiert sind und zu unerwünschten Rückschlüssen angeregt werden, wenn sie auf der Suche danach ausgerechnet an dieselben Levys verwiesen werden, die im semigrantischen Greuelkonzert mitflöten.«

Der »SA-Mann« wurde noch deutlicher: »Wir nehmen an, daß die Reichspressekammer und die Fachschaft der Verlagsangestellten mit diesen Herren (Verleger und Anzeigenleiter) noch ein deutliches Wörtchen sprechen und das Versehen berichtigen, das mit der Zulassung... geschehen ist.«

In dem wüsten Jargon dieser Polemik, sind, abgesehen vom aktuellen Anlaß, alle Schlagworte enthalten, die gegen den Vogel-Verlag mobilisiert wurden: Reklamegeschrei und Anzeigenblättchen, der »SA-Mann« fügte noch »Inseratenplantage« hinzu.

Blieb es auf dem Fachzeitschriftensektor allenfalls bei solchen Angriffen, den einengenden Bestimmungen des Werberats und der Begünstigung einer Reihe von Konkurrenzblättern, vor allem der Zeitschriften, die unter der Kontrolle der »Deutschen Arbeitsfront« erschienen, so kam es hinsichtlich der »Thüringer Tageszeitung« zu einem direkten Vorgehen der Partei. Eine politische Tageszeitung wollte man den Besitzern des »Warenhauses« auf keinen Fall allein überlassen. Die »Thüringer Tageszeitung« wurde Opfer einer großangelegten Aktion, in der Max Amann, Präsident der Reichspressekammer und

Leiter des parteieigenen Eher-Verlags, in dem auch der »Völkische Beobachter« erschien, nahezu die gesamte deutsche Presse unter den unmittelbaren Einfluß der NSDAP, ja sogar in ihren Besitz brachte.

Die Zeitungen der deutschen Sozialdemokratie und der KPD waren schon 1933 unmittelbar nach der Machtergreifung und dem Ermächtigungsgesetz ein Opfer der Diktatur geworden. Die völlige Gleichschaltung der übrigen deutschen Presse nahm längere Zeit in Anspruch. Ihr dienten vor allem die sogenannten Amann-Anordnungen von 1935, die das Privateigentum an Zeitungen außerordentlich einengten. Vor allem die zweite von ihnen »Über Schließung von Zeitungsverlagen zwecks Beseitigung ungesunder Wettbewerbsverhältnisse« eignete sich vorzüglich zur Ausschaltung der katholischen und der politisch unabhängigen Presse der Provinz, auf die es im besonderen abgesehen war.

Auf Initiative der Reichspressekammer wurde als Holding- und Auffanggesellschaft für zu erwerbende Zeitungen 1935 die »Phönix GmbH« gegründet, deren Anteile zwei Tochtergesellschaften des Eherverlags hielten. In die Kontrolle dieser Holding wurde im Lauf eines Jahrs der größte Teil der noch unabhängigen deutschen Presse überführt, indem man sich auf die Amann-Anordnungen berief oder sie als Drohung ins Spiel brachte. Ihr Hauptarbeitsfeld war das katholische Süd- und Westdeutschland, wo sie zwei größere Kartelle schlucken konnte: Die Verbo-Zeitungen Friedrichshafen mit 32 Titeln und 61 000 Stück Auflage sowie die Zeno-Zeitungen Münster mit 14 Titeln in einer Auflage von 44 000. Es handelte sich dabei um Arbeitsgemeinschaften kleiner Heimat- und Lokalzeitungen zur besseren Abwicklung ihres Anzeigengeschäfts. Dabei wurde die Beteiligung des Amann-Konzerns nach außen hin oft nicht bekannt, so daß der Schein der Unabhängigkeit gewahrt blieb.

Im Frühjahr 1935 trat die Phönix auch an den Verlag Dr. L. Nonnes Erben und seine Inhaber, die Brüder Vogel, heran und verlangte unter Hinweis auf die »ungesunde Wettbewerbslage« – die »Thüringer Tageszeitung« war die schärfste Konkurrenz der bereits in Parteibesitz befindlichen Thüringer Staatszeitung Weimar – eine Beteiligung an der »Thüringer Tageszeitung«. Eine neue Firma, die »Thüringer Tageszeitung GmbH«, wurde gegründet, in der die Phönix mit 51 Prozent die Mehrheit besaß, Nonnes Erben die übrigen 49 Prozent. In den Besitz dieser Gesellschaft wurde die »Thüringer Tageszeitung« eingebracht, bei Dr. L. Nonnes Erben wurde sie nur noch gedruckt. Die südthüringische Ausgabe der Staatszeitung und mehrere kleine Blätter gingen in der »Thüringer Tageszeitung« auf. Nach diesem Streich betrug der Anteil des NS-Presse-Trusts an Zeitungen in Thüringen 92,9 Prozent. Er lag damit mehr als 10 Prozent über dem Reichsdurchschnitt von 82,5 Prozent, woraus noch einmal die Bedeutung klar wird, die die alte »Dorfzeitung« im Besitz der Brüder Vogel erlangt hatte.

Gedämpfter Optimismus — Bilanz 1939

Der Spielraum der verlegerischen Tätigkeit der Brüder A. G. und Ludwig Vogel war enger geworden, aber der Boden war ihnen nicht entzogen. Auch eine gelenkte Marktwirtschaft konnte auf Werbemedien und Marktinformation nicht verzichten, auch wenn staatliche Stellen bis in kleinste Einzelheiten des Wettbewerbs hinein einzugreifen versuchten. Die ganze Absurdität dieser wirtschaftspolitischen Vorstellungswelt enthüllt ein Schreiben, das im Jahr 1936 der Präsident des Werberats an die Schriftleitung der Vogel-Zeitschrift »Eisen- und Stahlwarenmarkt« richtete:

»In Nr. 34 Ihrer Zeitschrift vom 10. Dezember 1935 ist auf Seite 8 ein Aufsatz veröffentlicht mit der Überschrift ›Eisenofen contra Kachelofen‹. Ich mache Sie darauf aufmerksam, daß ich derartige Ausführungen schärfstens mißbillige, da sie nur geeignet sind, die Wettbewerbsverhältnisse zwischen dem Töpfer- und Ofensetzerhandwerk in einer Art und Weise zu verschärfen, die mit nationalsozialistischer Wirtschaftsgesinnung nicht vereinbar sind ... Ich wünsche, daß künftig derartige Unstimmigkeiten dem öffentlichen Meinungsstreit entzogen werden. Die Wahrnehmung derartiger Belange soll nach den Wünschen des Herrn Reichswirtschaftsministers ausschließlich durch die zuständigen Stellen im organischen Aufbau der Wirtschaft erfolgen.«

Aber die inneren Kräfte der Wirtschaft halfen sich selbst, solange der Krieg ihre Freiheit nicht endgültig beschnitt. Ihnen kam zu Hilfe, daß die neuorganisierte Administration des Dritten Reiches keineswegs eine Straffung der Verwaltung bewirkte, sondern durch Einrichtung immer neuer, oft einander nebengeordneter Behörden und Instanzen, einen Wirrwarr der Kompetenzen schuf. Das entsprang nicht einmal der Unfähigkeit des NS-Regimes, sondern hatte seine tiefere Wurzel in Hitlers auch innerhalb der Partei geübten Prinzips des »divide et impera«, das ihm gestattete, jeden gegen jeden auszuspielen. Nach einer gewissen Übergangszeit hatte sich die Wirtschaft den neuen Gegebenheiten angepaßt und gelernt, mit ihnen zu leben. Mit Mut und Geschicklichkeit konnte auch der Vogel-Verlag seine Arbeit weiterführen.

Es gelang den Verlegern, das Unternehmen aus den Schwierigkeiten der Wirtschaftskrise, die auch den Vogel-Verlag erstmals zur Aufnahme größerer Kredite gezwungen hatte, in eine Phase ruhiger Entwicklung überzuleiten und das Zeitschriftenprogramm als Ganzes zu erhalten, wobei allerdings der Erfolg der einzelnen Objekte verschieden ausfiel. Problematisch war die Lage des »Maschinenmarkt« und des »Landmaschinen-Markt«. Beide hatte die Depression besonders schwer getroffen, beide wurden durch die Gesetze des Jahres 1933 benachteiligt, die die Verwendung von Maschinen zugunsten der Arbeitslosenverminderung zu reduzieren versuchten. Noch 1934 mußte der

Anzeige in Offsetdruck im »Maschinenmarkt« von 1938

»Maschinenmarkt« auf einmal wöchentliches Erscheinen zurückgehen, was sich vor allem im Gelegenheitsanzeigen-Geschäft schädlich auswirkte. Da die Konkurrenz noch zweimal in der Woche erschien, bestand die Tendenz, der höheren Aktualität wegen zu ihr überzuwechseln. Andererseits konnte der »Maschinenmarkt« gegenüber dem »Essener Anzeiger« umfangreichere Hefte herausbringen und so das Vertrauen der Kunden in ihre Zeitschrift stärken. Der Textteil wurde, wie bei allen Zeitschriften, weiter ausgebaut, aber da die Werberatsbestimmungen die regelmäßige, kostenlose Versendung an ein und denselben Kunden nur noch bei reinen Offertenblättern zuließen, entschloß man sich, bei diesem wichtigsten marktbildenden Objekt des Verlags, einen Teil der Auflage wieder als textlose Marktzeitschrift zu verbreiten. Das bedeutete in der Tat einen Rückschritt in der bisher folgerichtig weitergeführten Entwicklung zur Fachzeitschrift. Die Engstirnigkeit und Widersprüchlichkeit der Werberatsbestimmungen führten so das Gegenteil dessen herbei, was sie zu erreichen vorgaben.

Die Schwierigkeiten, die beim »Landmaschinen-Markt« auch nach Überwindung von Krise und Arbeitslosigkeit fortdauerten, resultierten aus einer weitgehenden Einengung des freien Handels mit Landmaschinen. Von 1936 an wurde die Zulassung als Landmaschinen-Händler vom Besitz einer sogenannten Händlerkarte abhängig gemacht, die nur erhielt, wer für 1935 einen bestimmten Umsatz nachweisen konnte. So blieb die Werbearbeit für Landmaschinen trotz der Aufmerksamkeit, die die nationalsozialistische Wirtschaftspolitik dem »Reichsnährstand« widmete, wenig entwicklungsfähig, und seit 1939 wurde die zweite Wochenausgabe, die als sogenannte »Eilausgabe« in geringerem Umfang erschien, gestrichen.

Die erfreulichsten Erfolge stellten sich bei der Gruppe »Elektro-Markt«, bei den Kraftfahrzeug-Zeitschriften und beim »Export-Markt« ein. Der »Elektro-Markt« hat von den großen Vogel-Zeitschriften der dreißiger Jahre den Übergang vom Marktinformationsblatt zur technischen Fachzeitschrift am folgerichtigsten vollzogen. Er brachte die meisten und interessantesten Beilagen und Textrubriken, seine »Technischen Blätter« waren so eingerichtet, daß sie gesammelt und gebunden werden konnten: eine Vorwegnahme des Fachbuchverlags, der bald ebenfalls zu den Erweiterungen des Vogel-Verlags zählen sollte. Die Neuorientierung des Blattes entsprach auch den allgemeinen Fortschritten der Industrie-Elektrotechnik. 1939 zog man die Konsequenzen und nannte die Zeitschrift »Elektro-Technik«.

Der »Auto-Markt« hieß nun »Auto- und Motorrad-Markt« und erhielt noch als Beilage einen »Fahrrad-Markt«, da man auf der Talsohle der Depression eine stärkere Zuwendung der weniger kaufkräftigen Schichten zu diesem Fahrzeug erwartete. Die Forcierung des Automobilbaues durch das Dritte Reich, die ihre Vorbereitung im Autobahnbau und ihren Höhepunkt in der Entwicklung des Volkswagens fand, gab dem »Auto-Markt« wieder eine große Be-

„Elektrotechnisches Training"

Die Aufgabe des „Elektro-Markt"

Von Dr.-Ing. F. Bergtold, VDE., München

Lösung der 3. Aufgabe

Wir zeichnen zunächst das Schaltbild (Abb. 1). In das Schaltbild tragen wir mit beliebiger Polung die Vorzeichen der Spannung von 150 Volt sowie die diesen Vorzeichen entsprechenden Stromrichtungen ein und bezeichnen die Ströme. Da die zum unteren Teil des Schaltbildes gehörigen beiden Teilströme zusammen den dritten Strom ergeben, wählen wir für diesen keine besondere Bezeichnung, sondern geben ihn einfach durch die zwei anderen Ströme an (Abb. 2).

Wie Abb. 3 zeigt, teilt sich die Gesamtspannung von 150 Volt in die Spannungen U_1 und U_2 auf. Das heißt:

$$U_1 + U_2 = 150.$$

Da sich die Spannung allgemein ergibt, wenn der Stromwert mit dem zugehörigen Widerstandswert vervielfacht wird, können die Spannungen U_1 und U_2 auch so ausgedrückt werden:

$$U_1 = (I_1 + I_2) \cdot 10000$$
$$U_2 = I_2 \cdot 10000,$$

womit sich unsere erste Gleichung so anschreiben läßt:

$(I_1 + I_2) \cdot 10000 + I_2 \cdot 10000 = 150$ oder
$I_1 \cdot 10000 + I_2 \cdot 20000 = 150$ oder
$I_1 \cdot 100 + I_2 \cdot 200 = 1,5.$

Das ist die erste Gleichung, die wir zum Lösen der Aufgabe weiter zu verarbeiten haben. Da sie zwei unbekannte Größen (I_1 und I_2) enthält, brauchen wir noch eine zweite Gleichung. Darin müssen wir die 40 Volt und die 2000 Ohm verwerten. Der recht einfache Grundgedanke der zweiten Gleichung ist der, daß die Spannung U_2' für die beiden Zweige der Nebeneinanderschaltung dieselbe ist. Wird diese Spannung demgemäß sowohl für den linken Zweig als auch für den rechten Zweig durch die Stromspannungs- und Widerstandswerte ausgedrückt, so lassen sich die beiden Ausdrücke einander gleichsetzen:

$I_2 \cdot 10000 = 40 + I_1 \cdot 2000$ oder
$I_2 \cdot 250 = 1 + I_1 \cdot 50$ oder
$-I_1 \cdot 50 + I_2 \cdot 250 = 1$

Das ist die zweite Gleichung, auf die wir uns stützen wollen. Um I_1 wegfallen zu lassen, vervielfachen wir die zweite Gleichung mit 2 und zählen sie dann zur ersten Gleichung hinzu. Wir schreiben an:

erste Gleichung:
$\qquad I_1 \cdot 100 + I_2 \cdot 200 = 1,5$
zweite Gleichung x 2:
$\qquad -I_1 \cdot 100 + I_2 \cdot 500 = 2$
Summe $\qquad 0 + I_2 \cdot 700 = 3,5$

Daraus folgt:

$$I_2 = 3,5 : 700 = 0,005$$

Das setzen wir in die erste Gleichung ein und erhalten:

$I_1 \cdot 100 + 0,005 \cdot 200 = 1,5$
$I_1 \cdot 100 + 1 = 1,5$
$I_1 \cdot 100 = 1,5 - 1 = 0,5$
$I_1 = 0,5 : 100 = 0,005$

Mit diesem Strom und der angezeigten Spannung erhalten wir den Spannungszeigerwiderstand zu $40 : 0,005 = 40000 : 5 = 8000$ Ohm.

Aus der Tatsache, daß hier die beiden Teilströme gleiche Werte haben, hätten wir entnehmen können, daß die zwei nebeneinander liegenden Zweige gleiche Widerstände – nämlich je 10000 Ohm – aufweisen müssen. Daraus folgt der Spannungszeigerwiderstand sofort zu $10000 - 2000 = 8000$ Ohm.

Die zweite Frage (nach der Spannung zwischen den Meßpunkten bei weggenommenem Spannungszeiger) ist eigentlich nur eine Scherzfrage. Wenn nämlich keine Belastung auftritt, kommt in den 2000 Ohm kein Spannungsabfall zustande. Außerdem entfällt hierbei auf jeden der zwei 10000-Ohm-Widerstände die Hälfte der Gesamtspannung. Daher ergibt sich zwischen den unbelasteten Meßpunkten eine Spannung von $150 : 2 = 75$ Volt.

4. Aufgabe:

Ein Wirkwiderstand mit 100 Ohm liegt an einer Wechselspannung mit 200 Volt und 50 Hertz. Ein Kondensator mit 40 Mikrofarad ist einerseits an das eine Ende des Widerstandes und andererseits an einem Gleitkontakt, der längs des Widerstandes verschoben werden kann, angeschlossen. Die am Kondensator auftretende Teilspannung soll abhängig vom Wert des abgegriffenen Teilwiderstandes, der dem Kondensator nebengeschaltet ist, aufgetragen werden.

Wem diese Aufgabe zu große Schwierigkeiten macht, der verliere deshalb nicht den Mut. Er versuche, die im nächsten Heft folgende Lösung zu verstehen. Gelingt das nicht, so tröste er sich mit den weiteren Aufgaben, unter denen sicher solche sind, die er mit Vergnügen lösen kann.

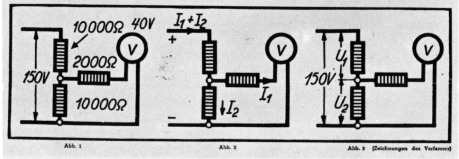

Abb. 1   Abb. 2   Abb. 3 (Zeichnungen des Verfassers)

Textseite aus dem »Elektro-Markt« von 1938

Abonnentenentwicklung von »Motor und Sport«

1932	11 000
1933	9 900
1935	13 500
1936	16 300
1937	25 800

---

deutung und gestattete es, den »Rad-Markt«, dessen Erfolg nicht so groß wie erwartet gewesen war, in den Hintergrund treten und 1938 schließlich eingehen zu lassen. Der »Auto-Markt« wurde immer mehr zu einer allgemeinen Auto-Zeitschrift und entwickelte sich zum ausgesprochenen Abonnentenblatt. 1938 bestellte der Reichsverband des Kraftfahrzeug-Großhandels die Zeitschrift zu seinem offiziellen Organ und ein Jahr darauf wurde der Titel in »Auto- und Motorrad-Zeitschrift« geändert, der dem neuen Charakter besser entsprach. Auch »Motor und Sport« hat durch die populäre Motorisierungspolitik, deren Zusammenhang mit der Rüstungswirtschaft weithin nicht erkannt wurde, einen großen Aufschwung genommen, wie das schnelle Ansteigen der Abonnentenzahlen beweist. Das gleiche gilt für das »Last-Auto«, nachdem sich die Lkw-Industrie durch die Aufträge für den Aufbau der Wehrmacht wieder erholt hatte. Dieses Objekt weist von allen Zeitschriften des Vogel-Verlags in den dreißiger Jahren die höchste Umsatzsteigerung auf: 161 Prozent von 1935 bis 1938.

In der Euphorie des großen Export-Booms der »golden twenties« war praktisch für jeden einzelnen »Markt« des Hauses Vogel eine eigene »Export-Markt«-Ausgabe erschienen. Während der Depression hatte man sie wieder in vier Ausgaben zusammengefaßt: »Maschinen-Export-Markt«, der auch für die Automobilindustrie bestimmt war, »Elektro- und Radio-Export-Markt« und »Luxus- und Gebrauchswaren-Export-Markt«, die wöchentlich in den vier Weltsprachen herauskamen. Daneben gab es noch eine konzentrierte Ausgabe in Portugiesisch »O Mercado de Exportação«, die dreizehnmal im Jahr erschien. Auf dem Tiefstand des deutschen Exports um 1934 ging man völlig zu Universalausgaben über, die portugiesische wurde eingestellt.

Der »Export-Markt« war die einzige Zeitschrift des Vogel-Verlags, die auf offizielle Förderung rechnen konnte. Die Autarkiepolitik forderte gebieterisch eine Erhöhung der Ausfuhr, die nach dem Schock, der nach der Machtergreifung durch das Ausland gegangen war, immer noch auf Vorbehalte stieß, obwohl die Folgen der Wirtschaftskrise inzwischen weitgehend überwunden waren. Erst nach der Abhaltung der Olympischen Spiele in Berlin trat eine Normalisierung ein.

Titelseite von »Motor und Sport« im Januar 1938

Titelseite der französischen Ausgabe des »Export-Markt« von 1938

Die Entwicklung des deutschen Außenhandels von 1928 bis 1936 in Mill. RM
(nach Klein, Exportförderung, S. 90)

Jahres- bzw. Monatssummen	Einfuhr Gesamt	davon Fertigwaren	Ausfuhr Gesamt	davon Fertigwaren	— Einfuhr- + Ausfuhrüberschuß
1928	14 001	2450	12 276	8884	—1725
1929	13 447	2269	13 483	9833	+ 36
1930	10 393	1798	12 036	9038	+1643
1931	6 727	1225	9 599	7380	+2872
1932	4 667	727	5 739	4489	+1072
1933	4 204	670	4 871	3787	+ 667
1934	4 451	751	4 167	3256	— 284
1935	4 159	565	4 270	3418	+ 111
1936	4 218	397	4 768	3802	+ 550

Indizes der Exportvolumen für Metallwaren und Maschinen bezogen auf 1913
(= 100) (nach Hoffmann, S. 534)

Jahr	Metallwaren insgesamt	Maschinen
1930	121,5	134,4
1931	104,4	117,7
1932	68,4	77,4
1933	56,2	59,6
1934	52,5	51,2
1935	62,9	61,1
1936	79,3	99,3
1937	96,5	131,1
1938	89,1	126,5

Die Außenhandelsbilanz des Deutschen Reiches war zwar nur 1934 passiv, und der Aktivsaldo zeigte seit 1936 steigende Tendenz, aber das gesamte Außenhandelsvolumen betrug 1939 immer noch nur ein Drittel der besten Außenhandelsjahre der Weimarer Republik. So war etwa im Maschinenexport, fast dem attraktivsten Angebot, das Deutschland auf dem Weltmarkt zu machen hatte, 1936 erst knapp wieder der Vorkriegsstand von 1913 erreicht, während der Höchststand von 1930 auch im erfolgreichsten Jahr des Dritten Reichs 1937 knapp verfehlt wurde. Bei den Metallwaren insgesamt fällt die Bilanz noch schlechter aus.

Die Auslandsmärkte waren bedeutend »schwerhöriger« geworden, nicht nur für den deutschen Export, und bedurften intensiver Bearbeitung. Die alten eingeführten Zeitschriften, zu denen ja auch der »Export-Markt« gehörte, erfuhren daher keine Behinderung, für sie wurden im Gegenteil Bestimmungen der Werberatsgesetze, z. B. in der Gewährung von Rabatten, gelockert, so daß der »Export-Markt« und in seinem Gefolge die »Export-Organisation«, die seit 1937 »Die Brücke zum Erfolg« hieß, einen erfreulichen Aufschwung nehmen konnten.

Bei den kleineren Zeitschriften des Vogel-Verlags zeigt sich ein gemeinsamer Trend: die Entwicklung zum hochwertigen Abonnentenblatt mit immer ausgedehnterem Textteil. Vor allem »Papier-Welt« und »Wegweiser« weisen stabilen Geschäftsgang auf, letztere wurde sogar aufgrund ihrer erstklassigen Textgestaltung zur offiziellen Zeitschrift der Fachgruppe Spielwaren, Korbwaren und Kinderwagen. Dagegen blieb am anderen Ende der Skala der »Radio-Markt«, nach der Wirtschaftskrise wiederbelebt, 1938 in »Radiogerät« umbenannt, ein Sorgenkind und Zuschußunternehmen. Erst die energischen Versuche, ihn von einer Zeitschrift für die Radioindustrie, die in Deutschland nur geringen Umfang hatte, völlig in ein Händler-Blatt zu verwandeln, ließen trotz starker Konkurrenz auf eine Aufwärtsentwicklung hoffen. Ein einziger Verlust war zu verzeichnen: Die »Deutsche Wertarbeit« war ungeachtet aller Anstrengungen um Aufmachung und Textgestaltung nicht zu halten. 1938 wurde sie aufgegeben und nur noch als Beilage des »Eisen- und Stahlwaren-Markt« weitergeführt.

Diese Entwicklungstendenzen im Zeitschriftenprogramm lassen deutlich werden, wo die Schwerpunkte der Verlagsarbeit gesetzt werden mußten: Abonnentenwerbung, die ohnehin nach den Werberatsbestimmungen für die Festsetzung der Auflagenhöhe entscheidend war, sowie Ausbau und Verstärkung der Schriftleitungen. Notwendig wurden auch Umstellungen in der Druckerei. Der bis in die dreißiger Jahre bei der Zeitschriftenherstellung gepflegte Rotationsdruck setzte Qualitätsgrenzen. Trotz aller technischen Verbesserungen war er mit Buchdruck nicht zu vergleichen. Die hochwertige Ausstattung gerade der kleineren Objekte also bedingte eine Rückkehr zur Schnellpresse. Soweit es sich um Auflagen unter 10 000 handelte, konnte die Umstellung ohne Schwierigkeiten vorgenommen werden. So kam es 1937 erstmals wieder zu Investitionen größeren Maßstabs im Maschinenpark: zwei Schnellpressen (100 × 140) von Koenig & Bauer, Würzburg, zum Druck 16seitiger Zeitschriftenlagen sowie eine kleinere (86 × 132) der Würzburger Firma Bohn & Herber. 1938 folgten zwei weitere Schnellpressen von Koenig & Bauer,

Pössneck, 5. August 1938 56. Jahrgang Nummer 31

Der Spinner und Weber

mit Sonderabteilungen:

Der Färber u. Ausrüster - Der Wirker u. Stricker - Kunstseide - Der Tuchfabrikant -

Zeitschrift für alle Zweige der Textilindustrie.
Erscheint wöchentlich einmal.

Gegr. 1883

MOTARD-Emulsions-Olein

ca. 99 Prozent Fettgehalt
einfachste Handhabung

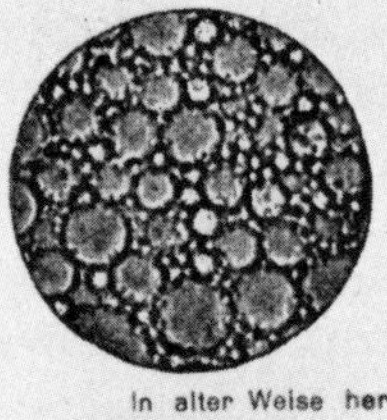

In alter Weise hergestellte Oel-Schmälze in **700**facher Vergrößerung

ergibt nur mit Wasser — ohne irgendwelche anderen Zusätze — Schmälzen von besonderer Gleichmäßigkeit und Feinheit, wie aus nebenstehender Abbildung ersichtlich.

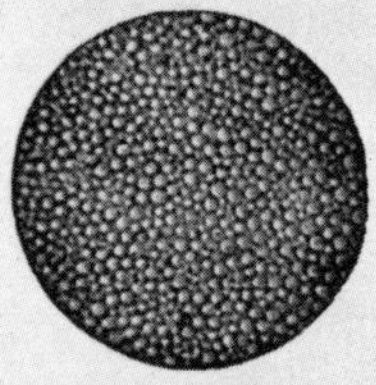

MOTARD-Emulsions-Olein emulgiert in **700**facher Vergrößerung

Stearin- und Kerzenfabrik

A. MOTARD & CO.

Zweigniederlassung der Scheidemandel-Motard-Werke A.-G.

Spandau-Sternfeld

»Spinner und Weber«

die zur Entlastung des überaus umfangreich gewordenen Akzidenzdrucks dienen sollten. Für die großen »Markt«-Zeitschriften des Hauses blieb es dagegen bei der Herstellung im Rotationsdruckverfahren.

Die Expansion auf dem Zeitschriftenmarkt war problematisch geworden, war doch die Gründung einer neuen Zeitschrift von der Genehmigung des Werberats abhängig. Dennoch ist es dem Vogel-Verlag auch in den dreißiger Jahren gelungen, mit neuen Objekten sein Programm zu arrondieren und organisch zu ergänzen.

Im Oktober 1935 kauften die Brüder Vogel die Zeitschrift »Spinner und Weber« samt dem Verlag Hausdorff und Co., in dem sie erschien. Die Zeitschrift hatte beachtliche Tradition: Sie erschien bereits seit 1883, zuerst in Görlitz, dann in Leipzig, und ihr Gründer, Siegfried Hepner, hat auch die »Berliner Illustrirte Zeitung« ins Leben gerufen. In ihrer Thematik war sie vom Vogel-Verlag aus gesehen die Hauptkonkurrentin des »Textil-Betrieb«, ja ihre Auflage lag bei wöchentlichem Erscheinen höher als die des Vogel-Objekts, das seit 1932 nur noch einmal im Monat herauskam. Eine Vereinigung der beiden Titel wurde nicht sogleich vollzogen, wie ja auch der Verlag Hausdorff und Co. weiterhin als eigenständige Firma im Vogelschen Besitz erhalten blieb. Erst 1939 ließ man den »Textil-Betrieb« im »Spinner und Weber« aufgehen und brachte nur noch im Untertitel »Textil-Praxis und Praktische Textilchemie« die Zielsetzung zum Ausdruck, die in der Nachfolgezeitschrift des alten »Textil-Markt« zuletzt besonders gepflegt worden war.

Die Absicht der Unternehmer, den Verlag Hausdorff und Co. sozusagen zum Filialbetrieb für Textilzeitschriften auszubauen, war schon früher erkennbar geworden, als A. G. und Ludwig Vogel im Frühjahr 1936 die »Deutsche Teppich-Zeitung« erwarben. Sie war 1928 vom Verband Deutscher Teppich- und Möbelstoffhändler als Verbandszeitschrift gegründet worden und erschien in dessen eigener Regie. Da aber nach den Amann-Verordnungen von 1935 Verbände nicht mehr als Herausgeber und Verleger von Zeitschriften auftreten durften, stand sie zum Verkauf, blieb aber auch nach ihrem Übergang auf Hausdorff und Co. offizielles Organ des Verbands, der inzwischen als Reichsfachgruppe Teppiche, Möbelstoffe und Gardinen im Reichsbund des Textileinzelhandels ebenfalls das Schicksal der Gleichschaltung erlitten hatte.

Wie beim Erwerb der »Deutschen Teppich-Zeitung« spielten die Amann-Verordnungen auch beim Kauf der Zeitschrift »Deutscher Eisenhandel« eine Rolle, die jahrelang dem »Eisen- und Stahlwaren-Markt« starke Konkurrenz geboten hatte. Die kurz nach dem Vogelschen »Maschinenmarkt« im April 1897 in Mainz gegründete, später in Braunschweig und Berlin verlegte Zeitschrift war ebenfalls von Anfang an Verbandsorgan gewesen und mußte nun im Jahr 1937 an einen privaten Verlag übergeben werden. A. G. und Ludwig Vogel übernahmen sie, legten sie mit ihrem »Eisen- und Stahlwaren-Markt«

Titelseite der ersten Nummer der »Deutschen Teppich-Zeitung« nach ihrem Übergang in den Verlag Hausdorff und Co., Pößneck

Anzeigenseite aus »Deutscher Eisenhandel« 1938

zusammen und verstärkten diese Fusion noch ein Jahr später durch den Ankauf der »Deutschen Eisenwarte«, Nürnberg. Die Vogel-Zeitschrift »Deutsche Wertarbeit« wurde als selbständiges Objekt aufgegeben und fortan als Beilage der neuen Zeitschrift geführt. Mit dieser Konzentration, die nicht zuletzt wegen der Eisenkontingentierung im Gefolge des Vierjahresplans und der daraus entstehenden Materialknappheit eine Anpassung an die Lage der Branche bedeutete, hatten sich die Verleger eine wichtige und starke Position auf dem Markt der Fachzeitschriften des Eisenhandels erobert. Bei Übernahme des »Eisen- und Stahlwaren-Markt« 1932 war sie noch recht schwach gewesen. Bei der Normalisierung der Lage, d. h. einer Beendigung der Rüstungswirtschaft, konnte von dieser gesunden Basis aus weiter operiert werden. Schon im Hinblick auf solche Expansionsmöglichkeiten der Zukunft trennte man das Objekt vom Pößnecker Stamm-Verlag und gründete den Verlag Deutscher Eisenhandel, G. u. L. Vogel, Pößneck. Das schlug sich auch im Titel nieder: die den übrigen Zeitschriften des Vogel-Verlags so ähnliche Bezeichnung »Eisen- und Stahlwaren-Markt« trat an die zweite Stelle und rückte mehr und mehr in den Hintergrund.

Der letzte Zuwachs vor dem zweiten Weltkrieg war die Zeitschrift »Schuh und Leder«, die Arthur Gustav und Ludwig Vogel 1937 aus der Konkursmasse des bisherigen Verlegers erwarben. Auch für diese Neuerwerbung wurde ein neuer, von Pößneck unabhängiger Verlag, der Verlag Schuh und Leder Gebr. Vogel, diesmal mit Sitz Berlin, gegründet. Ähnlich wie »Spinner und Weber« hatte auch »Schuh und Leder« eine weit zurückreichende Geschichte, ja war mit ihrem Gründungsjahr 1857 nun bei weitem die älteste Fachzeitschrift im Besitz der Verlegerfamilie.

Der Erwerb dieser Zeitschrift, die übrigens unter den Fittichen des großen Bruders Vogel-Verlag bald wieder die führende Stellung unter den Blättern ihres Fachs einnahm, vermittelte den Verlegern eine Reihe von Anregungen, die sie weiter auszubauen suchten. »Schuh und Leder« nämlich besaß als Verlagsunterabteilung eine Spezialorganisation »Der Werber«, die für die Schuh- und Lederbranche Werbemittel aller Art zur Verfügung stellte, ähnlich wie das die »Export-Organisation« und der »Export-Dienst« des Vogel-Verlags schon lange taten.

Diese Tätigkeit wurde noch durch den Vertrieb von Fachbüchern unterstützt, die den schon immer sehr umfangreichen Fachtext von »Schuh und Leder« – er umfaßte im Schnitt 75 Prozent des Umfangs – ergänzen sollten. Dieser Buchvertrieb wurde zum Ausgangspunkt der Beschäftigung der Verleger mit dem Fachbuch, um so mehr, als auch der »Deutsche Eisenhandel« ähnliches gepflegt hatte. Im Verlag Schuh und Leder wurde mit der Herausgabe einer eigenen Fachbuchreihe begonnen, und die Tätigkeit der Brüder Vogel auf diesem Gebiet gipfelte dann im Erwerb des Leipziger Kamprath-Verlags am Anfang der vierziger Jahre noch während des 2. Weltkriegs.

Titelseite einer Sondernummer von »Schuh und Leder«

Ebenfalls im Besitz von Schuh und Leder befand sich das Reichsadreßbuch der Deutschen Schuh- und Lederwirtschaft, dessen Erwerb den Inhabern des Vogel-Verlags im Zusammenhang mit den übrigen Bestrebungen sehr gelegen kam. Seit 1935 schon war der Vogel-Verlag dazu übergegangen, seinen reichen Adressenschatz in Fachadreßbüchern zu verwerten. Am Beginn stand 1936 »Das Deutsche Motorfahrzeug-Adreßbuch: Auto – Motorrad – Flugzeug – Motorboot«, wie ja der Vogel-Verlag von jeher der Welt des Motors und des Automobils besonders eng verbunden war. Durch intensive eigene Arbeit und durch Ankauf verschiedener fremder Objekte und Rechte wuchs die Zahl der Publikationen an, wobei man plante, im Lauf der Zeit jeder Zeitschrift des Verlags ein Adreßbuch an die Seite zu stellen:

»Das Deutsche Markenartikel- und Wortmarken-Adreßbuch«
Band I: Eisen- und Metallverarbeitung
Band II: Übrige Waren
»Das Deutsche Landmaschinen-Adreßbuch«
»Das Deutsche Büromaschinen-Adreßbuch«
»Das Deutsche Elektro-Adreßbuch«.

Weiteren Ausbau dieser Planungen hat dann der Krieg verhindert.

A. G. Vogel und Ludwig Vogel haben mit den Expansionsversuchen der dreißiger Jahre neue Möglichkeiten abzutasten versucht. In der Zeit vor der Wirtschaftskrise hatte den Verlag eine außerordentliche Gründungsfreudigkeit und intensive Bautätigkeit charakterisiert. Nur die Eigengesetzlichkeit des Fachzeitschriften-Markts setzte dem Aufstieg des Verlags gewisse Grenzen und beschränkte ihn auf bestimmte Gebiete.

Jetzt sind die Manöver des Unternehmens vorsichtiger geworden. Die Bautätigkeit in Pößneck stagniert seit 1929. Einmal, verursacht durch die Geldknappheit in und nach der Depression, spielte sicherlich schon der Gedanke der Verlagerung einiger Abteilungen des Unternehmens nach Berlin eine Rolle. Die Dislozierung der neuerworbenen Fachzeitschriften auf verschiedene Verlage fällt auf: ein Versuch – den NS-Behörden gegenüber – den Eindruck des nicht erwünschten Großverlags abzumildern. Wie schon in den zwanziger Jahren werden darüber hinaus Wege gesucht, über den Fachzeitschriftensektor hinauszukommen. Zu Tageszeitung und Publikumszeitschrift, die sich damals als Ausweichmöglichkeit anboten, bleibt der Zutritt nun allerdings weitgehend verwehrt.

A. G. Vogel hat 1942, schon während des Kriegs, Gedanken niedergelegt, die die Zukunft des Verlags nach Kriegsende betrafen. Sie waren 1939 bereits ebenso aktuell. Sie beweisen, daß sich A. G. Vogel darüber im klaren war, daß die Zukunft neue Initiativen von den Verlegern forderte. Sie sollen hier in ganzer Breite zu Wort kommen.

»Mit dem Erscheinen der Reichspressekammer war mit einem Schlag die bisherige Entscheidungsfreiheit der Verleger beendet; neue Zeitschriften können nur noch nach Antragstellung und Genehmigung durch die Reichspressekammer gegründet werden, ebenso Verkäufe von einem auf den anderen Verlag. Außerdem arbeitet die Reichspressekammer grundsätzlich auf eine ›Bereinigung‹ im Zeitschriftenverlagswesen hin, erstrebt also eine Verminderung der bestehenden Zeitschriften und lehnt das ›Zeitschriften-Warenhaus‹ ab... Die Vorbelastung als Zeitschriften-Warenhaus läßt also voraussichtlich eine weitere unbeschränkte Hinzunahme von Zeitschriften nicht zu, und deshalb taucht die Frage auf, ob dem eigenen Unternehmungsgeist oder dem meiner Nachfolger nicht ein Ausweichen auf wirtschaftliche Gebiete in einem Sektor, der nicht der Reichspressekammer untersteht, erwünscht wäre. Bleibt also noch die Frage zu beantworten, ob man sich mit Unternehmungen befassen soll, die auf einem ganz anderen wirtschaftlichen Gebiet als der Verlag liegen: Ich rate davon ab (›Kaufen Sie nur, was Sie kennen!‹).
Also sollten wir uns mit anderen Dingen als Papier nicht befassen. Hinzu kommt noch, daß im allgemeinen der Zeitschriften-Verlag erfahrungsgemäß verhältnismäßig ansehnliche Gewinne abwirft; ob Betriebe anderer Branchen ebenso rentabel und im großen und ganzen konjunktursicher sind, ist sehr die Frage.

Unsere Erfahrungen vor und nach 1939 haben uns gezeigt, daß im Zeitschriftenwesen gegenüber früher beträchtliche zusätzliche Umsätze zu erzielen sind durch
a) eine bessere Ausstattung der Zeitschriften und durch
b) Forcierung des Abogeschäfts.
Außerdem haben wir gute Erfahrungen gemacht mit
c) der Hinzunahme des Fachbuch-Verlags,
und schließlich wäre noch zu denken an
d) das Werbehilfe-Geschäft wie bei ›Schuh und Leder‹ und
e) Lieferungen von Drucksachen für Inserenten und Leser unserer Zeitschriften.

Liegt also keine große Möglichkeit vor, noch viel mehr Zeitschriften zu verlegen, so läßt sich durch die Intensivierung unserer Verlagsarbeit im vorstehend angedeuteten Sinne noch viel zusätzlicher Umsatz schaffen, der es sogar nötig machen wird, die vorhandenen Räume und Einrichtungen wesentlich zu vergrößern.

Sehr wahrscheinlich werden wir noch während des Kriegs oder kurz danach die ›Thüringer Tageszeitung‹ mit ihren Druckereien an die Partei verkauft haben. Wir erhoffen als Erlös eine siebenstellige Zahl. Dieser Erlös soll für unsere Planungen in Pößneck und Berlin mit verwendet werden.

Nachdem in Berlin sich bereits der Verlag von ›Schuh und Leder‹ und einige Schriftleitungsbüros befinden, sollen die Schriftleitungen unserer Pößnecker

Zeitschriften nach dem Krieg samt und sonders nach Berlin verlegt werden; in Pößneck verbleibt die Schlußredaktion. Wahrscheinlich werden wir außerdem in Berlin ein Entwurfsatelier für alle unsere Pößnecker Zeitschriften einrichten. Für den Druck einer bestimmten (kleinen) Anzahl Zeitschriften haben wir in Berlin die Firma Achilles und Schwulera erworben, die neben diesem Zeitschriftendruck noch den Kundendruck pflegen soll. Am Tempelhofer Ufer beabsichtigen wir, ein jetzt gewerblich genutztes Grundstück zu erwerben.

Beim Verlag in Pößneck verbleiben in der Hauptsache Verwaltung und Herstellung, d. h. die kaufmännischen Abteilungen außer den nach Berlin zu verlegenden Schriftleitungen und die Druckerei. Die Erfahrungen der letzten Jahre haben in immer stärkeren Maß die Notwendigkeit gezeigt, die Ausstattung unserer sämtlichen Zeitschriften zu verbessern. Die Aufmachung des Text- und Anzeigenteils ist notwendig, ebenso Verwendung von möglichst gutem und starkem Papier, und außerdem kommt für den Umschlag und die

---

Die Objekte des Vogel-Verlags und ihre Auflagenhöhe von 1936 bis 1939

Objekte	Abonnenten 1938	Erscheinungsweise
Maschinenmarkt	13 900	wö. 2mal
Auto-Markt	10 700	wö. 2mal ab 1939 wö. 1mal
Elektro-Markt	6 400	wö. 1mal
Radio-Markt	2 500	mo. 2mal
Wegweiser	2 000	mo. 1mal
Export-Markt	600	wö. 1mal
Export-Organisation	?	mo. 1mal
Deutscher Eisenhandel/ESM	7 000	mo. 3mal ab 2. Hj. 1937 wö. 1mal
Das Lastauto	2 400	jährl. 18mal
Motor und Sport	25 800	wö. 1mal
Papier-Welt	1 120	mo. 3mal
Landmaschinen-Markt	1 000	wö. 2mal ab 1939 wö. 1mal
Textil-Betrieb	?	mo. 1mal
Spinner und Weber	2 200	wö. 1mal
Deutsche Wertarbeit	–	mo. 1mal
Dt. Teppich-Zeitung	2 500	mo. 2mal
Internationaler Postwertzeichen-Markt	?	mo. 3mal

Einlagen mehrfarbige Ausstattung in Frage, so daß die Kompletthersteilung auf Rotationsmaschinen in Zukunft noch weniger als jetzt möglich sein wird. Deshalb ist außer der Erneuerung und Modernisierung der vorhandenen technischen Anlagen eine Erweiterung der Druckerei und Fertigmacherei erforderlich und außerdem die Einrichtung von Tiefdruck. Da in Zukunft auch hochwertiger Kundendruck und der Buchverlag gepflegt werden sollen, soll neben der bereits vorhandenen Zeitschriftendruckerei des Vogel-Verlags in der C. G.-Vogel-Straße ›Die neue Druckerei‹ eingerichtet werden.

Es ist dann noch zu überlegen, daß für die Übernahme weiterer Zeitschriften noch der Weg gangbar ist, um der Reichspressekammer gegenüber das Odium als Zeitschriften-Warenhaus zu vermeiden, daß diese neuen Zeitschriften nicht im Vogel-Verlag, Dr. L. Nonnes Erben, Hausdorff und Co. usw. erscheinen, indem weitere Zeitschriften in den Besitz von Karl-Theodor oder Philipp Vogel übergehen, die ja durch ihren Anteil im Vogel-Verlag bereits als Verleger zugelassen sind.«

Vierteljahres-Durchschnittsauflage				Hefte im Durchschnitt je Monat	
2. Vj. 36	2. Vj. 37	2. Vj. 38	2. Vj. 39	2. Vj. 36	2. Vj. 38
40 036	36 092	36 170	35 160	347 000	313 000
20 697	19 947	19 846	20 244	179 400	172 000
14 005	13 023	12 766	13 263	60 700	55 300
9 192	7 015	7 014	7 012	18 400	14 000
2 018	2 015	2 170	3 177	2 000	2 200
22 906	25 613	27 333	25 752	22 900	27 300
?	10 018	9 900	10 007	?	9 900
10 311	9 868	10 015	13 961	30 900	43 400
5 523	5 524	5 313	5 485	8 300	8 000
34 781	37 641	41 829	49 310	150 700	181 300
6 220	5 805	5 541	5 454	18 700	16 600
6 521	6 020	5 613	5 503	56 500	48 000
4 012	4 017	3 500	—	4 000	3 500
5 143	5 100	5 026	5 024	22 300	21 800
3 681	2 014	—	—	3 700	—
2 317	2 491	3 095	3 933	4 600	6 200
8 000 ?	8 000 ?	8 000	8 134	24 000	24 000

Im ganzen berechtigte auch die Entwicklung der dreißiger Jahre immerhin zu gedämpftem geschäftlichem Optimismus. Das reiche Fachzeitschriftenprogramm des Vogel-Verlags war erhalten geblieben, wenn es auch Veränderungen durchgemacht hatte. Die mannigfaltigen Verbesserungen, Ausstattung und Drucktechnik, Text und Abonnentenwerbung trugen Früchte: von 1936 bis 1939, in der besseren Hälfte der dreißiger Jahre, hatte der Gesamtumsatz um rund 25 Prozent gesteigert werden können. Die Zeitschriften des Vogel-Verlags hatten ihre Stellung auf dem Markt behaupten können, Zeitschriften wie »Auto-Markt« und »Elektro-Markt« hielten auf ihrem Gebiet die absolute Spitze. 1939 erstand erstmals wieder seit einem Jahrzehnt ein Erweiterungsbau im Stammhaus Pößneck. Die Belegschaft näherte sich der Tausendergrenze. In den Söhnen A. G. Vogels, Karl Theodor und Philipp Vogel, stand eine neue Generation zur Übernahme der verlegerischen Arbeit bereit. Die Aufwärtsentwicklung des Unternehmens, die seit der Gründung des »Maschinenmarkt« niemals ernsthaft unterbrochen worden war, hielt an.

Belegschaftszahlen des Vogel-Verlags von 1919 bis 1939

1919	600	1932	464
1920	700	1933	471
1925	864	1934	500
1926	732	1935	551
1927	832	1936	640
1928	823	1937	743
1929	794	1938	rund 900
1930	759	1939	940
1931	588		

Am 26. September 1938 konnte man den 70. Geburtstag des Firmengründers C. G. Vogel feiern. Über der Freude des Festes aber lag bereits der Schatten der drohenden Kriegsgefahr. Nur wenige Tage später zerschlug Hitler auf der Münchener Konferenz der Großmächte die Tschechoslowakei, nachdem er schon im März die »Ostmark heimgeholt« hatte. Am 16. März 1939 mußte Präsident Hácha das Schicksal der Tschechen »vertrauensvoll in die Hände des Führers legen«, und am 1. September wurde ab 5.45 Uhr »zurückgeschossen«: Hitler marschierte in Polen ein. Der Krieg war da.

Philipp Vogel – gefallen in Frankreich 1944

Übergänge — Zerstörung und Wiederaufbau

Der Vogel-Verlag
im Zweiten Weltkrieg

Die rasche Folge der Siege, in denen sich Hitler in den Jahren 1939 bis 1942 Europa vom Atlantik bis zur Wolga, von den Küsten Afrikas bis zum Nordkap unterwarf, schien die Ansicht der Kriegsgegner zu bestätigen, das Großdeutsche Reich sei in jeder Hinsicht auf den Krieg vorbereitet. Der Laie mochte glauben, daß sein Wirtschafts- und Rüstungspotential unbezwinglich sei. Die alliierten Mächte wußten, daß letzten Endes dieser »Krieg der Fabriken« von Deutschland aufgrund seiner Rohstofflage nicht zu gewinnen war, aber auch sie täuschten sich hinsichtlich der Kriegsbereitschaft ihres Gegners. In der Tat war in Deutschland 1939 ein relativ hoher Stand unmittelbar verfügbaren Rüstungs- und Kriegsmaterials erreicht worden. Hitler jedoch hatte, seinen strategischen Konzeptionen gemäß, stets nur für die Endfertigung von Rüstungsgütern Interesse gezeigt, dagegen die Tiefenrüstung, die Verstärkung des Potentials, die Ausweitung von Produktionsanlagen und die Förderung von Neuentwicklungen vernachlässigt.

Hitler vertraute auf seine Vorstellung vom »Blitzkrieg«. Durch jeweils kurze, harte Schläge sollte der Gegner niedergeworfen werden. Bei solchen zeitlich begrenzten Feldzügen, wie sie gegen Polen, Frankreich und in der »Weserübung« gegen Norwegen geführt wurden, mußte sich mangelnde Tiefenrüstung nicht unbedingt abträglich bemerkbar machen. Den Zermürbungskrieg, wie er den ersten Weltkrieg gekennzeichnet hatte, wollte Hitler unbedingt vermeiden. Kriegsvorbereitung und Kriegsführung selbst sollten Wirtschaft und Bevölkerung möglichst wenig belasten, um der Zustimmung der Massen zu seiner Politik sicher sein zu können. Trotz aller gegenteiliger, offizieller Propagandaparolen der letzten Vorkriegsjahre, verfolgte der »Führer und Reichskanzler« im Grund ein absurdes Ziel: Kanonen *und* Butter.

Aus allen diesen Gründen erfuhr die Friedenswirtschaft in den Jahren des Vierjahresplans und auch nach Kriegsbeginn nur geringe Einschränkungen.

Bis 1937 waren die Leistungen im Bereich der Konsumgüterindustrie stetig gestiegen und noch 1938, als der Krieg bereits beschlossene Sache war, wurde eine größere Menge langlebiger Gebrauchsgüter hergestellt als 1929, ohne daß eine Drosselung von staatlicher Seite erfolgte. Noch im Krieg sanken die Produktionsziffern auf verschiedenen Sektoren der zivilen Wirtschaft nur langsam, ja erhöhten sich gelegentlich: so betrug der Nettoproduktionswert im Druckgewerbe 1941 10 Millionen Reichsmark mehr als im Jahr davor.

Zu einer Umstellung auf Kriegswirtschaft kam es erst nach den ersten Rückschlägen im Rußlandfeldzug im Winter 1941/42, als klar wurde, daß man sich auf einen sehr langen Krieg einzurichten hatte. Die Vorräte an kriegswichtigen Rohstoffen hatten inzwischen einen gefährlichen Tiefstand erreicht. Aber auch das neugeschaffene Ministerium für Bewaffnung und Munition unter Fritz Todt und später Albert Speer vermochte zunächst nur eine Rationalisierung des Bestehenden zu erreichen, nicht aber eine grundsätzliche Verbreiterung der Grundlagen der Kriegswirtschaft. Noch im Oktober 1943, als Speer in seiner Posener Rede schärfere Maßnahmen zur Erfassung der wirtschaftlichen Reserven und massive Einschränkungen auf dem Konsumgütersektor ankündigte, stieß er auf den Widerstand der Gauleiter, die unerwünschte Auswirkungen auf die allgemeine Stimmung in der Bevölkerung fürchteten. Zwischen der Aufgabe des Blitzkriegkonzepts und dem Versuch eines »totalen« Krieges auch im wirtschaftlichen Bereich lag eine ganze Skala von Maßnahmen, die durch die vielen sich überschneidenden Kompetenzen des NS-Regimes nicht wirksamer wurden.

Vor diesem Hintergrund muß auch das Schicksal der Zeitschriften im Vogel-Verlag während des Kriegs gesehen werden. Der wichtigste Rohstoff, Papier, wurde schon vor dem Krieg seit 1937 einer Zwangsbewirtschaftung unterworfen; vor allem durch die Kampagne »Kampf dem Verderb« sollten Einsparungen erzielt werden. Aber weder damals noch bei Kriegsausbruch wurden im Vogel-Verlag wesentliche Einschränkungen notwendig. Am 5. September 1939 richtete der Verlag an seine Vertreter ein Rundschreiben, dessen entscheidender Passus den zukünftigen Erscheinungsplan umriß:

»Zunächst einmal läuft alles, zwar mit den nötigen Einschränkungen, jedoch weiter. Es erscheinen:

›Der Maschinenmarkt‹	wöchentlich 2mal
›Elektro-Markt‹, ›Auto-Markt‹, ›Eisenhandel‹, ›Motor und Sport‹, ›Schuh und Leder‹, ›Landmaschinen-Markt‹,	
›Spinner und Weber‹	wöchentlich 1mal

›Intern. Postwertzeichen-Markt‹ und ›Papierwelt‹ wahrscheinlich statt bisher 3mal im Monat künftig	2- bis 3mal monatlich
›Deutsche Teppich-Zeitung‹, bisher 2mal im Monat (gänzlicher Fortfall möglich) künftig wahrscheinlich in Doppelnummern	1mal monatlich
›Wegweiser‹ bisher 13 Nummern im Jahr (gänzlicher Fortfall möglich) künftig wahrscheinlich	alle 2 Monate
›Das Radio-Gerät‹, bisher monatlich 2mal (gänzlicher Fortfall möglich) künftig	unbestimmt.«

Vor allem bewahrheiteten sich die Befürchtungen nicht, die man in bezug auf die Exportzeitschriften des Hauses gehegt hatte. Mit Kriegsbeginn, so schien es, wurde jeder Export unmöglich. Aber das Außenhandelsgeschäft war für das bald eingekreiste Deutschland wichtiger denn je. Obwohl das Versendungsgebiet des »Export-Markt« nun auf das verbündete und das neutrale Ausland beschränkt war und sein Umfang zwangsläufig zurückging, konnte

Übersicht über die Anzeigenumsätze des »Maschinenmarkt«

Jahr	AT-Umsätze	G-Anzeigen	Prozentualer Anteil der G-Anzeigen zum Anzeigen-Barumsatz
1936	988 000	174 000	15%
1937	1 022 000	192 000	16%
1938	1 241 000	327 000	20%
1939	1 380 000	382 000	21%
1940	1 387 000	512 000	27%
1942	503 000	482 000	49%

er bis zum Tag der Kapitulation hergestellt und auch, zuletzt im Kuriergepäck über Spanien, verschickt werden. Der Vogel-Verlag hat sogar noch kurz vor Kriegsausbruch sein Programm um eine weitere Außenhandelszeitschrift erweitert, das »Devisen-Archiv«, das ebenfalls weiter erscheinen durfte, da in ihm die wichtigsten Devisenbestimmungen veröffentlicht werden mußten.

Kriegsarbeitsgemeinschaft »Das Spielzeug«.
Erste Nummer von April/Mai 1943

Bis tief in das Jahr 1941 hinein änderte sich an dem 1939 festgelegten Programm kaum etwas. Alle Zeitschriften des Vogel-Verlags arbeiteten weiter als Marktregler in einer Wirtschaft, die sich von Friedensbedingungen nur langsam löste, bis vor allem der Personalmangel immer fühlbarer wurde. Von Mitte 1941 an erst begannen einschneidende Maßnahmen im Sinn einer Kriegswirtschaft, die dem Verlag ernsthaft zu schaffen machten. Die Papierzuteilungen wurden zunehmend geringer, die Größe der Anzeigen wurde durch Verordnungen im Mai 1941 beschränkt, das Ministerium für Bewaffnung und Munition forderte zur Abgabe überschüssigen Metalls, vor allem von Zink, aus der Druckerei, auf.

Es kamen die ersten Verkürzungen in der Erscheinungsweise – »Motor und Sport« erschien von Mai 1941 an nur noch 14tägig, die ersten Einstellungsverfügungen wurden verschickt: Den Anfang machte die »Papier-Welt«. Die Reichspressekammer nützte die Notmaßnahmen umgehend dazu, parteioffizielle Blätter zu stärken, indem sie die Konkurrenz der privaten Verleger ausschaltete. Den Vogel-Verlag traf dieses Vorgehen am schwersten auf dem Gebiet der Kraftfahrzeugzeitschriften, auf dem er zugunsten der Publikationen des NSKK massiv zurückgedrängt wurde.

Die katastrophale Lage führte dann schließlich von 1943 an zu den sogenannten »Kriegsarbeitsgemeinschaften«, d. h., Zeitschriften ähnlicher Thematik aus verschiedenen Verlagen, die als Vermittler von Angebot und Nachfrage unentbehrlich erschienen, wurden zwangsweise zusammengelegt. Als eine der ersten schloß sich 1943 der »Wegweiser für Spielzeug, Korbwaren und Kinderwagen« mit dem Bamberger Blatt »Deutsche Spielwaren-Zeitung« zusammen, und bald folgten andere nach. Manche Objekte wurden auch zur Zusammenarbeit mit offiziellen Blättern von Parteigliederungen gezwungen: »Motor und Sport« wurde vom NSKK und seinem Organ annektiert.

Der »Export-Markt« traf ein Übereinkommen mit seinem Hauptkonkurrenten, der Leipziger »Übersee-Post«, und schließlich fanden sich im Pößnecker Verlag die vier traditionsreichsten Marktzeitschriften der Maschinenbranche unter einem Dach zusammen. Schon im März 1943 vereinigte sich der »Maschinenmarkt« mit »Klepzigs Anzeiger«, und im September 1944 stieß der »Essener Anzeiger« des Hauses Girardet hinzu, dem sich auf Kriegsdauer »Maschine und Werkzeug« angeschlossen hatte, wie sich der alte Vogelsche »Maschinenmarkt Asch« seit der Okkupation der Tschechoslowakei nannte. Zusammen gab man den »Industriebedarf« heraus. Aus den Fachzeitschriften waren wieder Offertenblätter geworden. Von Werbung konnte keine Rede mehr sein: auf schlechtem Papier präsentierten sich im März 1945 enggedrängt die letzten Kaufgesuche einer zusammenbrechenden Wirtschaft.

Das Ende kam nun schnell. El Alamein, Stalingrad, Omaha Beach an der normannischen Küste bezeichnen die Peripetie des Kriegsglücks. In Teheran und

»Industriebedarf« vom 14. März 1945

Jalta befanden die großen Drei, Roosevelt, Stalin und Churchill, über Deutschlands Schicksal, lange bevor im Frühjahr 1945 jeder Widerstand zerbrach und die alliierten Armeen das Trümmerfeld Deutschland besetzten. Als sich Sowjets und Amerikaner an der Elbe bei Torgau die Hände reichten, tötete sich im Bunker der Berliner Reichskanzlei der Diktator des »Dritten Reiches« und überließ Deutschland der größten und umfassendsten Katastrophe, die es je erlebt hatte. Am 8. Mai unterzeichnete die Generalität der Wehrmacht die bedingungslose Kapitulation. Der zweite Weltkrieg war zu Ende, er hatte 50 Millionen Menschen das Leben gekostet.

An jenem Tag war das Ende des Weges erreicht, der am 30. Januar 1933 begonnen hatte. Thomas Mann, der letzte geistige Vertreter des alten deutschen Großbürgertums, hat damals das Geschehen der zwölf Jahre Diktatur in den Schlußworten seines »Dr. Faustus« nachgezeichnet: »Deutschland, die Wangen hektisch gerötet, taumelte dazumal auf der Höhe wüster Triumphe, im Begiffe, die Welt zu gewinnen kraft des einen Vertrages, den es zu halten gesonnen war und den es mit seinem Blute gezeichnet hatte. Heute stürzt es, von Dämonen umschlungen, über einem Auge die Hand und mit dem anderen ins Grauen starrend, hinab von Verzweiflung zu Verzweiflung.«

Ausgangssituation 1945

Die Folgen der Niederlage

Die Niederlage war vollkommen, das Wirtschaftssystem Deutschlands tödlich getroffen. »Die Produktionsanlagen waren zerbombt, die Lager leer, die Verkehrseinrichtungen zerstört, die Menschen unterwegs auf der Suche nach Nahrung, nach den Angehörigen, nach einem Zuhause.« Das Reichsgebiet war besetzt, in vier Besatzungszonen aufgeteilt, die Provinzen ostwärts der Oder-Neiße-Linie abgetrennt und Polen unterstellt. Das Deutsche Reich hatte zu existieren aufgehört. Ein Heer von Flüchtlingen aus dem Osten, allein in den Zonen der Westmächte über 6 Millionen, vermehrten noch die Probleme, denen sich die Administration der Siegermächte und die Reste der deutschen Verwaltung gegenüber sahen.

Die Zukunft war ungewiß. Bei den Siegermächten herrschte so große Erbitterung, daß sie gesonnen waren, Deutschland ein für allemal die Grundlage für eine erneute Machtpolitik zu entziehen. Das Protokoll von Quebec vom September 1944, das Roosevelt und Churchill unterzeichnet hatten, bestimmte dazu: »Deshalb (zur Vernichtung des Kriegspotentials) müssen notwendigerweise die Industrien an der Ruhr und der Saar außer Betrieb gesetzt, stillgelegt werden. Diese Gebiete sollen unter die Kontrolle einer Körperschaft der Weltorganisation gestellt werden, welche den Abbruch dieser Industrieanlagen zu überwachen hätte und gewährleisten müßte, daß sie unter keinem Vorwand wieder aufgebaut werden können.« Henry Morgenthau faßte diese Absicht in die kurze Formel: »Germany's road to the peace leads to the farm.«

Diese extremen Anschauungen haben sich nicht durchgesetzt. Wohl aber bestand bei den Siegern während der Potsdamer Konferenz 1945 Einmütigkeit darüber, daß Deutschland für die Schäden in den von ihm besetzten Gebieten aufkommen und daß darüber hinaus seine industrielle Produktionskapazität erheblich eingeschränkt werden müsse. Im März 1946 legte eine große inter-

Bevölkerung, Erwerbstätigkeit und Wirtschaftsergebnisse vor und nach dem zweiten Weltkrieg (bezogen auf das Gebiet der vier Besatzungszonen einschließlich Berlin; für 1936 und 1939 einschließlich Saargebiet) (nach Stolper, S. 236)

	1936	1939	1946
Bevölkerung (in Millionen)	58	60	66
Erwerbspersonen (in Millionen)	29	30	26,5
Volkseinkommen (Md. RM, Preise von 1936)	58,7	76	32
Index der industriellen Produktion (1936 = 100)	100	116	27
Brotgetreideernte (in Millionen Tonnen)	9,2	10,3	5,5
Kartoffelernte (in Millionen Tonnen)	36,0	40,0	22
Rindviehbestand (in Millionen Stück)	16,0	16,0	13,9
Schweinebestand (in Millionen Stück)	18,3	19,4	7,5
Güterbeförderung der Bahn (in Millionen Tonnen)	439	547	180
Nahrungsmittelverbrauch je Person (in Kalorien je Tag)	3113	–	1729

alliierte Kommission nach monatelanger Arbeit den »Plan des alliierten Kontrollrats für die Reparationen und die Kapazität der deutschen Volkswirtschaft« vor, der als »Industrieplan« in die deutsche Nachkriegsgeschichte eingegangen ist. Die Idee vom Agrarstaat Deutschland hatte man bereits fallengelassen, aber die industrielle Erzeugung sollte in Zukunft 70 bis 75 Prozent des Stands von 1936 nicht mehr überschreiten.

Damit sollte Deutschland in die Lage versetzt werden, »ohne Hilfe von außen zu existieren«. Die dadurch überflüssig werdenden, immer noch vorhandenen Produktionsanlagen waren dazu bestimmt, die zerstörte Industrie der europäischen Nachbarländer wieder aufzubauen. Es liegt auf der Hand, daß diese Maßnahmen die traditionell führenden deutschen Industriezweige besonders hart trafen und daß bei ihnen die erlaubten Produktionsziffern noch weit niedriger lagen. So durfte die Kraftfahrzeugindustrie höchstens 40 000 Personen- und ebenso viele Lastkraftwagen herstellen – nur ein Fünftel der Produktion von 1938. Die Werkzeugmaschinenindustrie wurde auf 11,2 Prozent des Vorkriegsstandes reduziert und die Stahlerzeugung von 19,1 Millionen t auf 5,8. Die Demontage ganzer Fabrikanlagen begann in den Westzonen so gut wie im Besatzungsgebiet der Sowjets. Der Weg zum Industriestaat schien Deutschland auf lange Zeit versperrt zu sein. Sein Außenhandel sollte in Zukunft nach dem Willen der Sieger auf drei Fünftel des ohnehin niedrigen

Stands von 1936 beschränkt sein, so daß es auf dem Weltmarkt keine ernstzunehmende Konkurrenz mehr darstellte.

In der Demontagepolitik waren sich die vier Besatzungsmächte, die laut Potsdamer Protokoll Deutschland als politische und wirtschaftliche Einheit erhalten wollten, vollkommen einig. Der Sowjetunion wurde sogar, da sie die weitaus schlimmsten Kriegszerstörungen erlitten hatte, ein größeres Kontingent an Reparationen zugestanden. Aber die Sieger gingen in der Behandlung ihrer Zonen bald getrennte Wege. Die USA und vor allem Großbritannien betrachteten mit Sorge die wachsende Lethargie des deutschen Wirtschaftslebens und die Notlage der Bevölkerung, als im Lauf des Jahres 1946 die letzten bescheidenen Vorräte aufgebraucht waren. Besonders die britische Zone wurde zu einer immer schwereren Belastung der heimischen Wirtschaft. Sie fürchteten auch einen Rückfall Deutschlands in die politische Gedankenwelt der Nachwirkungen des Versailler Vertrags und damit für ihr Konzept der »reeducation«, das die Voraussetzungen für eine stabile parlamentarische Demokratie schaffen sollte. So vollzog sich bereits 1946 ein Bruch der Westmächte mit der destruktiven Deutschlandpolitik, der in der Schaffung der Bizone am 2. Dezember 1946 und einer stärkeren Lockerung der Bestimmungen des »Industrieplans« seinen Ausdruck fand.

Die Sowjetunion dagegen bestand auf vollständiger Erfüllung ihrer Reparationsforderungen und machte damit die Vorstellung von einer wirtschaftlichen Einheit Deutschlands zu einer Illusion. Die Etablierung von kommunistisch geführten Regierungen in den wiedererstandenen Staaten Osteuropas, die Herausbildung eines sowjetischen Satellitensystems und damit eine eklatante Verschiebung der Sowjetmacht bis ins Zentrum Europas erzeugten im Westen die Angst vor einer sowjetischen Aggression. Die Allianz der Sieger zerbrach. Churchills Rede in Fulton ließ den Gegensatz vor aller Welt offenbar werden. Die Teilung Deutschlands auf lange Zeit zeichnete sich ab.

Dieses Deutschland war nicht länger ein Land der Technik und Industrie. In der unmittelbaren Nachkriegszeit regierten Schwarzmarkt und Tauschzentrale. Die Zeit für technisch-wirtschaftliche Fachzeitschriften, die Zeit des Vogel-Verlags schien vorbei zu sein. Für fast drei Jahre gibt es keine Geschichte des Vogel-Verlags, sondern nur eine Geschichte der Familie Vogel.

Pößneck 1945

Auch an der Familie Vogel waren die Schrecken des Kriegs nicht vorübergegangen. Ludwig Vogel und die beiden Söhne A. G. Vogels standen seit Beginn des Kriegs im Heeresdienst. Am 22. August, kurz nach der Invasion, fiel Philipp Vogel in Frankreich und mit ihm nach den Worten seines Vaters »eine schöne große Hoffnung«. Kurz vor dem endgültigen Zusammenbruch erreichte am 9. März 1945 die Nachricht vom plötzlichen, unerwarteten Tode C. G. Vogels in Rorschach Pößneck. Nur kurz darauf am 15. April überrollte die erste Welle der Sieger – US-Soldaten – die thüringische Stadt. Obwohl noch ganz zuletzt die Wehrmacht den Vogel-Verlag als Gefechtsstand für ihr letztes Kampfkommando beschlagnahmte, blieben die Verlagsgebäude unbeschädigt. Das Schlimmste schien verhütet.

Der Divisionsstab der 30. amerikanischen Infanteriedivision nahm Quartier im Vogel-Verlag, und den Mitgliedern der Familie Vogel blieben auch in ihrem privaten Hausbesitz Einquartierung und Beschlagnahme nicht erspart. Aber wenigstens ein Teil der Arbeit im Betrieb konnte wieder aufgenommen werden: Die GI's druckten eine Armeezeitung »Scrap-Book« (dreifarbig, Offset!) und begannen sogar mit der Drucklegung ihrer Divisionsgeschichte.

Wenn auch der Befehl 191 der US-Streitkräfte jede verlegerische Tätigkeit unmöglich machte, so war doch A. G. Vogel nicht untätig. An Fachzeitschriften war über längere Zeiträume hinaus noch nicht zu denken, aber in rastlosen Reisen zu den thüringischen Zweigbetrieben suchte er das Wiedererscheinen der »Thüringer Tageszeitung« vorzubereiten, die noch in den letzten Jahren des NS-Regimes um zwei Kreisausgaben zugunsten der völlig parteieigenen Presse beschnitten worden war. Zu den Berliner Außenstellen des Verlags fehlten zu jener Zeit noch alle Verbindungen.

Diese kurze Phase, in der ein Wiederbeginn unter amerikanischer Besatzung möglich schien, währte nicht lange. Am 23. Mai verhafteten die Alliierten die letzte deutsche Regierung unter Dönitz und übernahmen in der Berliner Erklärung vom 5. Juni die vollziehende Gewalt in Deutschland. Dabei wurden auch die endgültigen Demarkationslinien für die zukünftigen vier Besatzungszonen festgelegt. Die Grenze zwischen Westalliierten und Sowjets verlief nun ein gutes Stück weiter westlich. Anfang Juli zogen die Amerikaner ab und überließen Pößneck und ganz Thüringen sowjetischer Besatzung.

Die Lage änderte sich nun schnell. Die Vorboten der drohenden Demontage meldeten sich: Ein sowjetischer Offizier inspizierte den Betrieb eingehend. Nur wenige Tage später wurden A. G. Vogel und sein Verlagsdirektor O. H. Haase zu einer »kurzen Unterredung« auf die Polizeiwache bestellt. »Zum erstenmal in meinem Leben betrat ich am 19. Juli 1945 im Alter von fast 56 Jahren eine Gefängniszelle«, schreibt A. G. Vogel in seinen Erinnerungen an diese Zeit. Ein Grund wurde A. G. Vogel für seine Verhaftung nicht mitgeteilt, daß seine Zusammenarbeit mit den Amerikanern den Anstoß dazu gegeben hatte, konnte er nur vermuten.

Obwohl er bis zum Augenblick seiner Festnahme entschlossen gewesen war, das ererbte Familienunternehmen um jeden Preis zu erhalten, »eben auch eventuell unter den Russen weiter (zu) arbeiten«, wie er sein Leben lang gearbeitet hatte, schien ihm ein Verbleiben im sowjetischen Machtbereich nun lebensgefährlich. Er entschloß sich zur Flucht, die er bis dahin stets kategorisch abgelehnt hatte. Als er am dritten Tag seiner Haft zu Aufräumarbeiten auf einem Pößnecker Sportplatz eingesetzt wurde, gelang es ihm, sich mit seiner Frau in Verbindung zu setzen und mit ihr einen Fluchtplan zu verabreden. Das Wagnis glückte noch am gleichen Tag. Die Saalebrücken im Süden Pößnecks waren unbesetzt, bei Blankenstein schlichen die beiden Flüchtlinge zur Mitternachtsstunde des dritten Fluchttags durch die russischen Posten und erreichten die amerikanische Zone. Noch war ihre Odyssee nicht zuende, erst nach Zwischenaufenthalten in Hof und Selb kamen sie schließlich in Coburg, nur 60 km Luftlinie von Pößneck entfernt zur Ruhe. Es war nicht abzusehen, daß diese Stadt der Ort war, an dem A. G. Vogel sein Lebenswerk neu beginnen sollte, nachdem die zunächst geplante Übersiedlung in die Schweiz, in das dort geerbte Haus, nicht realisierbar war.

A. G. Vogel hat den Bruch in seinem Leben, den jener 19. Juli bedeutete, stark empfunden. Etwa einen Monat nach diesen Ereignissen hat er in einer umfangreichen Niederschrift Bilanz gezogen: »Mein Leben erscheint mir im großen und ganzen erfüllt und nach all dem, was ich erreicht, erlebt, gesehen und genossen habe, darf ich eine weitere Steigerung sicherlich nicht erwarten. Dafür sind auch die Zeitverhältnisse viel zu schwer geworden.« Jedoch war Resignation nicht seine Sache. Da die Sowjetzone ihm verschlossen war, richtete er seine ganze Aufmerksamkeit auf den Westen Deutschlands. Trotz der Trostlosigkeit des Augenblicks plante er bereits weiter. In den gleichen Aufzeichnungen heißt es nur wenig später: »Ist auch die deutsche Zukunft noch mit schweren Hypotheken belastet, so bietet sie doch trotz alledem für unternehmende Personen, zu denen ich mich immer noch zähle, manche Möglichkeiten für den Wiederaufbau. In der amerikanischen und englischen Zone will ich die ›Registrierung‹ unserer Zeitschriften betreiben und dort deren Wiederherausgabe versuchen.«

Im Herbst 1945 traf auch Ludwig Vogel, der das Kriegsende in Schleswig-Holstein erlebt hatte, aus englischer Kriegsgefangenschaft kommend, in Coburg ein. Im Dezember wurde auch K. Th. Vogel aus dem Kriegsgefangenenlager Darmstadt von den Amerikanern entlassen und stieß zu den in Coburg vereinten Brüdern. Die Weiterführung des Familienunternehmens, der Wiederaufbau des Vogel-Verlags war bald beschlossene Sache, auch wenn sich dadurch die Familie zunächst wieder trennen mußte. Ludwig Vogel übernahm es, den Versuch zu wagen, das Pößnecker Unternehmen für den Besitz der Familie zurückzugewinnen. A. G. Vogel bemühte sich um einen Ausweichverlag in Coburg für die US-Zone und K. Th. Vogel fiel die Aufgabe zu, die Möglichkeiten im britischen Besatzungsgebiet zu erkunden.

Die Unternehmer der Familie Vogel nahmen die Arbeit auf. Sie waren fest entschlossen, sich darin durch Zonengrenzen nicht beirren zu lassen. Die

Firma, der Vogel-Verlag, sollte dort wieder aufgebaut werden, wo sich die Möglichkeit dazu bot. Zwei Jahre später hat sich der Geist, der diesen Neubeginn erfüllte und der stellvertretend für das Selbstverständnis deutschen Unternehmertums in der Nachkriegszeit stehen kann, auch schriftlich im sogenannten »Probstzellaer Abkommen«, einem Vorläufer des Familienvertrags, niedergeschlagen. Sein erster Paragraph lautet: »Die Vertragschließenden verpflichten sich, an jedem Ort und zu jeder Zeit geschäftlich auf verlegerischem und graphischem Gebiet so zu arbeiten und sich einzusetzen, daß dadurch die Interessen beider Familienstämme gleichmäßig gewahrt werden.«

Planungen und Parallelaktionen

Ludwig Vogel in Pößneck

In Pößneck war nach der Flucht A. G. Vogels der Vogel-Verlag als »herrenloses Gut« der Sequestration verfallen und unter Treuhandschaft gestellt worden, obwohl sich mit Prokura ausgestattete Mitarbeiter noch im Verlag befanden. Noch war die Entwicklung zur sozialistischen Volksdemokratie, die von der sowjetischen Besatzungsmacht bereits zielstrebig gefördert wurde, nicht voll erkennbar, noch schien es möglich, auch in Pößneck wieder unternehmerisch tätig zu werden. Ludwig Vogel ging daher bereits im Jahr 1945 an seine Aufgabe heran und erinnert sich heute: »Somit gab es für mich nur das Ziel:

Zurück nach Pößneck,
Freikämpfen der Vogelschen Betriebe von der Treuhänderschaft und
Beschaffung von Barmitteln für den neuaufzubauenden Coburger Verlag
um jeden Preis.

Ich ahnte nicht die Schwere dieser Aufgabe.«

War es schon schwierig genug, überhaupt erst wieder vorsichtig Fuß zu fassen, immer noch von der Basis Coburg aus operierend vor allem die unentbehrlichen Lebensmittelkarten zu ergattern, so folgte anfangs auch noch ein Rückschlag dem anderen. Alle Eingaben um Aufhebung der Sequestration blieben erfolglos, ja ohne Antwort, und die Direktoren Sauerbrei und Lange im Vogel-Verlag wurden verhaftet – eine Gefangenschaft, die beiden das Leben gekostet hat. Die Aussicht auf Erfolg der Mission Ludwig Vogels schien völlig zu schwinden, als am 16. März die Volldemontage des Vogel-Verlags begann. Nur weniges konnte von den noch verbleibenden Betriebsangehörigen, die dem Pößnecker Gerold-Verlag zugewiesen wurden, für diesen erhalten werden. Alle anderen technischen Einrichtungen von der Schreibmaschine bis zur 132-Seiten-Rotationsmaschine der Vomag wurden als Reparationsgut in die Sowjetunion abtransportiert.

Ludwig Vogel gab nicht auf. Nach dem Abzug der Demontagetrupps nahm er den Kampf gegen die Auswirkungen der Befehle 124/26 der Sowjetischen Militär-Administration (SMA) auf, die die Enteignung aller Unternehmen von wirtschaftlicher Bedeutung zum Ziele hatte. Die Ortskommission Pößneck zur Durchführung dieser Befehle hatte die Fortdauer der Sequestration verfügt.

Ludwig Vogel war es gelungen, inzwischen in West-Berlin das Eigentum des Vogel-Verlags wieder in den Griff zu bekommen. Zwar hatten die Gebäude der noch im Kriege vom Vogel-Verlag erworbenen Druckerei Achilles & Schwulera durch Luftangriffe stark gelitten, aber aus dem Schutt waren einige Stoppzylinderpressen und Zweitourenmaschinen geborgen und repariert worden. Mit ihnen konnte in Pößneck ein neuer Anfang gemacht werden, zumal Ludwig Vogel in Erfahrung brachte, daß sich in einem vermauerten Keller des Vogel-Verlags mehrere im Krieg nach Pößneck verlagerte Linotype-Setzmaschinen befanden, die der Demontage entgangen waren. Nur die Genehmigung zur Weiterführung des Betriebs fehlte.

Ludwig Vogel begab sich mit seinem Material nach Weimar zum »Verlag SMA«. Dort entspann sich nach der Schilderung Ludwig Vogels mit einem sowjetischen Oberleutnant folgendes Gespräch:

»Oberleutnant: ›Was wollen sie hier?‹ ›Den demontierten Vogel-Verlag in Pößneck wieder aufbauen und in Gang bringen.‹ ›Wer sind sie?‹ ›Der ehemalige Geschäftsführer Ludwig Vogel im Vogel-Verlag Pößneck!‹ ›Sind sie der Vogel, der fortgeflogen ist?‹ ›Nein, ich bin der aus der Kriegsgefangenschaft entlassene Bruder.‹ Erstauntes Schweigen. ›Wie wollen sie den Vogel-Verlag wieder aufbauen?‹ ›Ich habe Maschinen, Geräte und Materialien an der Hand, um den Betrieb in einigen Monaten wieder in Gang zu bringen.‹ ›Wo befinden sich diese Maschinen und Materialien?‹ ›In Berlin im amerikanischen Sektor.‹ Wieder Schweigen. Dann: ›Das könnte interessieren.‹«

Es interessierte tatsächlich. Der zuständige Offizier der SMA besichtigte den Pößnecker Betrieb, zeigte sich von der Wiederaufbaukonzeption Ludwig Vogels befriedigt und sagte ihm den offiziellen Auftrag zu, sobald seine Entnazifizierung abgeschlossen sei. Diese vollzog der Antifa-Ausschuß Saalfeld/Saale. Vor den Kreis- und Landeskommissionen erkämpfte Ludwig Vogel bis zum 12. Juli 1946 die Freigabe von der Sequestration: Der Vogel-Verlag wurde auf die Liste B (nicht zu enteignende Firmen) gesetzt. Am 5. August erteilte das Landesamt für Wirtschaft in Weimar Ludwig Vogel den Auftrag zum Wiederaufbau des Vogel-Verlags, am 28. September wurde er mit der

Geschäftsführung des Vogel-Verlags und seiner Nebenbetriebe betraut. Aber es dauerte doch noch bis zum 1. Februar 1947, bis Ludwig Vogel den bisherigen kommunistischen Treuhänder Finkeldey als Treuhänder im eigenen Betrieb ablösen konnte, nachdem er allen Versuchen des Bürgermeisters der Stadt Pößneck, seine Zustimmung zu einer Beteiligung des inzwischen gegründeten Karl-Marx-Verlags und der Stadt am Vogel-Verlag zu gewinnen, eine Absage erteilt hatte. Die Schlacht schien gewonnen.

Nun galt es, den Erfolg zu realisieren und zu verteidigen. Die Maschinen aus Berlin und aus dem Keller wurden aufgestellt, bald zählte die Belegschaft wieder 100 Mann, und der Vogel-Verlag begann – im Rahmen der Reparationsleistungen – mit dem Druck von Büchern in russischer Sprache. Im Hintergrund aber stand für Ludwig Vogel immer die Absicht, eines Tags wieder von reinen Druckaufträgen zum Verlagswesen überzugehen. Zum Fachbuchverlag zunächst. Der im Familienbesitz befindliche Kamprath-Verlag konnte die Grundlage bilden, und Ludwig Vogel bemühte sich bereits eifrig um anderweitige Lizenzen. Fachzeitschriften – das war noch ein weiter Weg.

Inzwischen aber wurde klar, daß die SMA und die von der SED geführte Regierung der Sowjetischen Besatzungszone es nicht bei der ursprünglichen Enteignungsquote von 11 Prozent aller gewerblichen Betriebe belassen wollten. Schon im Sommer 1947 begannen Angriffe mit dem Ziel, Ludwig Vogel als Treuhänder abzuberufen. Als offizielle Beweisstücke dienten Artikel der »Thüringer Tageszeitung«, die bereits vor 1933 die politischen Ziele der KPD bekämpft hatte. Am 15. Oktober wurde dann Ludwig Vogel die Treuhandschaft gegen den Widerstand des Betriebsrats entzogen. Ludwig Vogel protestierte umgehend bei der nunmehr zuständigen, neugeschaffenen Instanz, der »Zentralen Deutschen Kommission für Beschlagnahme und Sequestration« im früheren Luftfahrtministerium in der Berliner Wilhelmstraße. Noch ein Jahr lang zog sich der aussichtslose Kampf hin. »Bei meinen zahlreichen Vorsprachen in Berlin«, berichtet Ludwig Vogel, »erhielt ich immer wieder ausweichende und vertröstende Antwort, bis die unterm 30. 10. 1948 ausgefertigten Benachrichtigungen des Amtsgerichts Pößneck Klarheit darüber brachten, daß aufgrund des Erlasses des Ministerpräsidenten des Landes Thüringen in Weimar – Akte 23/92 vom 14. 10. 1948 – das Grundstück (folgt nähere sich auf jenes Grundstück beziehende Bezeichnung) als Eigentum des Volkes am 30. 10. 1948 eingetragen worden ist.« Pößneck war für die Familie Vogel verloren.

Ludwig Vogel rettete, was zu retten war. Von Berlin aus, mit den verbliebenen Maschinen von Achilles und Schwulera, versuchte er, im amerikanischen Sektor von Berlin den »Maschinenmarkt Ost« als Angebotszeitschrift für die SBZ herauszubringen. Die alten, dort ansässigen Verlagsvertreter traten in Aktion; mehr Aufträge als mit dem zu beschaffenden Papier zu realisieren waren, liefen ein. Der »Maschinenmarkt Ost« florierte, bis nacheinander

Währungsreform, Berliner Blockade und das Verbot der Einfuhr westsektoraler Verlagserzeugnisse dem Experiment ein Ende setzten.

Die Planwirtschaft sozialistisch-marxistischer Prägung hatte keine Verwendung für die Marktzeitschrift. Der Versuch Ludwig Vogels, die SBZ für die Unternehmungen des Vogel-Verlags zu erschließen, war endgültig gescheitert. Ludwig Vogel zog daraus die Konsequenzen und stieß, nachdem auch der Pößnecker Privatbesitz nicht vor der Enteignung zu bewahren war, noch im Jahr 1948 zu dem inzwischen im Aufbau befindlichen Verlag in Coburg.

Doch sind die Mühen des »Wanderers zwischen zwei Welten«, wie die Tätigkeit Ludwig Vogels im Hinblick auf seinen ständigen Wechsel zwischen Ost- und Westzonen damals im Familienkreis genannt wurde, nicht vergebens gewesen. Durch seine Tätigkeit in Pößneck und Berlin konnten Finanzierungshilfen für den Coburger Betrieb gewonnen werden, nicht zuletzt durch den Verkauf einer 32-Seiten-Rotationsmaschine von Achilles und Schwulera, die mit Luftfracht nach Westdeutschland gebracht werden mußte. Das wichtigste und fruchtbarste Kapital aber waren die alten Pößnecker Mitarbeiter, die Ludwig Vogel bei seinen immer neuen Besuchen in Thüringen zur Mitarbeit am Wiederaufbau im Westen gewann und die über die Grenze nach Coburg wechselten.

K. Th. Vogel in Schwerte

Die Schwierigkeiten, mit denen Ludwig Vogel in der SBZ zu kämpfen hatte, bestanden in erster Linie darin, das Verfügungsrecht über das Eigentum der Familie zu erlangen. Einmal im Besitz der Druckerei, war es relativ leicht, die Arbeit wieder aufzunehmen, wenn auch an eine verlegerische Betätigung zunächst nicht zu denken war. Druckaufträge gab es genügend, wenn sie auch lediglich aus Reparationsleistungen bestanden. Die Lage im Westen für A. G. Vogel und K. Th. Vogel war ganz anders. Hier besaßen die Inhaber des Vogel-Verlags keine Druckerei. Der Wiedereinstieg in die unternehmerische Tätigkeit führte nur über das Verlagsgeschäft. Es begann ein langer, zermürbender Kampf um die Lizenzen.

Nahezu alle Tageszeitungen, die heute in Deutschland erscheinen, sind nach dem Zusammenbruch von 1945 gegründet worden. Sie alle benötigten eine Lizenz der alliierten ICD, der Information Control Division, die das Programm der »reeducation« auf dem Pressesektor zu realisieren hatte. Bei der Auswahl der Verleger wurden strengste Maßstäbe angelegt, nur aktive Widerstandskämpfer und Verfolgte des NS-Regimes konnten mit Lizenzen rechnen. Die Verfügungen der ICD galten auch für Zeitschriften. Die Zwangsmitglieder der Reichspressekammer unter den Zeitschriftenverlegern waren oft zu langer Untätigkeit verdammt, ehe ihre Anträge genehmigt wurden.

»Angebot und Nachfrage« – Null-Nummer vom Frühjahr 1946

A. G. Vogel blieb dennoch nicht untätig. Coburg lag an sich wenig günstig für einen Verlag technischer Fachzeitschriften, wie ihn die Verleger von vornherein wieder ins Auge gefaßt hatten. Diese Stadt eignete sich bestenfalls als Brückenkopf nach Pößneck. Die Hoffnung auf Rückkehr ist in den ersten Jahren nach dem Krieg nie ganz erloschen. Trotz aller Demontagepolitik auch in den Westzonen, trotz der desolaten Situation der deutschen Industrie aber war ein Wiederaufbau zuerst in den klassischen Zentren zu erwarten: im Ruhrgebiet, in der britischen Zone. Auch wenn von der Basis Coburg aus ein Wiederanfang in der amerikanischen Zone versucht werden mußte, durfte man den Anschluß an einen eventuellen Aufschwung der Schwerindustrie nicht verpassen. A. G. Vogel sondierte frühzeitig die Möglichkeit einer Parallelaktion jenseits dieser anderen Zonengrenze.

Die Durchführung dieser Aufgabe fiel K. Th. Vogel zu, der mit Hilfe des ehemaligen Vogel-Vertreters G. Doberzinsky im Frühjahr 1946 einen Stützpunkt in Schwerte einrichtete, wo auch bald darauf ein Zweigunternehmen »Verlag Gebr. Vogel« gegründet wurde und ein Druckereiunternehmen gepachtet werden sollte. Mit Empfehlungsschreiben der Stadt Schwerte und der Handelskammer Iserlohn, denen die Bedeutung des alten Pößnecker Vogel-Verlags wohl bewußt war, wurde ein Antrag auf Lizenzierung der Wiederherausgabe aller Vogel-Verlag-Zeitschriften an die Press-Sub-Section Westfalen gerichtet. Als konkretes Objekt konnte unter den gegebenen Umständen nur ein Offertenblatt allereinfachster Art ins Auge gefaßt werden, dessen Nullnummer dem Antrag beigelegt wurde: »Angebot und Nachfrage. Offertenblatt und Stellenvermittlung für alle maschinell arbeitenden Betriebe, Handelsunternehmen und das Gewerbe (bisher ›Maschinenmarkt‹ Pößneck).« Das erste Presseerzeugnisse des Vogel-Verlags nach dem Krieg, obwohl es nie das Licht der Öffentlichkeit erblickte!

Noch weniger als die Amerikaner waren die Briten in ihrer Zone bereit, eine Lizenz für das Erscheinen einer Marktzeitschrift zu erteilen. Sie konzentrierten sich in ihrer Pressepolitik auf die Förderung der politischen Tageszeitungen und begünstigten außerdem das Entstehen völlig neuer Blätter.

Der Vogel-Verlag kam mit seinem Aufbauvorhaben in der Nähe des Ruhrgebiets nicht voran. Als sich herausstellte, daß das Vorhaben nicht zu verwirklichen war, wurde die Aktion gestoppt. Außerdem war es Mitte 1947 gelungen, in der amerikanischen Zone eine Lizenz zu erhalten; die Verbindungen innerhalb der Bi-Zone funktionierten zufriedenstellend, so daß es möglich war, auch von Süddeutschland aus Zeitschriften in das Ruhrgebiet zu versenden. Die Vorteile des Standorts Schwerte traten zurück gegenüber der Forderung, den Coburger Aufbau aktiv zu unterstützen. Im Sommer 1947 brach K. Th. Vogel seine Zelte in Schwerte ab, um von da an mit seinem Vater in enger Gemeinschaft zusammenzuarbeiten.

A. G. Vogel in Coburg

Die Mühle in Bertelsdorf bei Coburg wurde für A. G. Vogel zum Refugium der Nachkriegsjahre. K. Th. Vogel hat seinen Vater als »Konzipierer«, als den planenden Schreibtischmenschen der Vogelfamilie bezeichnet. Hier in Bertelsdorf entstand nun das Konzept für den Wiederaufbau des Vogel-Verlags, arbeitete A. G. Vogel unermüdlich an den Plänen für die Wiederherausgabe seiner Zeitschriften. Sein Selbstbekenntnis: »Ich versuche, für jede Sache ein System zu schaffen, mit einem Wort: zu organisieren«, setzte er noch einmal in die Tat um.

Ein Aktivposten bei diesem Neubeginn war die Tatsache, daß das Vertreternetz des Vogel-Verlags weitgehend intakt geblieben war. Mit seiner Hilfe, vor allem durch das Inkasso aus den noch vorhandenen Außenständen der letzten Kriegsausgaben, konnte ein Anfang gemacht werden. Bereits am 15. Oktober 1945 hat das erste »Vertrauliche Vertreter-Rundschreiben« Coburg verlassen, das die Mitarbeiter im Außendienst über die Ereignisse in Pößneck und die augenblickliche Situation der Verleger unterrichtete.

A. G. Vogel war optimistisch. Schon im Frühjahr 1946 glaubte er, die Verlegertätigkeit wieder aufnehmen zu können. Es sollte noch fast zwei Jahre länger dauern. Zwar zeigten sich schon früh auch offizielle Stellen wie das Bayerische Wirtschaftsministerium an der Wiederbelebung der Vogelschen Marktzeitschriften interessiert, aber die erste große Stunde der Nachkriegsgeschichte im Vogel-Verlag schlug erst im Juli 1947, als die amerikanische

Militärregierung die generelle Erlaubnis zur Publikation textloser Anzeigenblätter gab.

Bis zu diesem Augenblick hatte A. G. Vogel einen wesentlichen Teil der Vorarbeiten bereits geleistet. Das erste und nächste Ziel war natürlich der »Maschinenmarkt«. Alte und neue Verbindungen zur Industrie waren mit Hilfe der Vertreter geknüpft worden. In der Bertelsdorfer Mühle entstand bereits wieder eine Adressenkartei. Nun war die Lizenz da, die nächste Hürde mußte genommen werden: Es fehlte an Papier. Auch hier hatte A. G. Vogel schon früh die Vertreter eingespannt. In einem Rundschreiben vom März 1946 schärfte er ihnen ein: »Der in Gang befindliche Wiederaufbau des Verlags in den außerrussischen Zonen erfordert für die wichtigsten Vorbereitungsarbeiten und für den Start der ersten Ausgaben *Papier, Papier und nochmals Papier*. Allein für die Neuausfertigung der Adreßkartei werden einige Tonnen Adreßkartenkarton benötigt.« A. G. Vogel gewährte seinen Mitarbeitern den enormen Betrag von 20 Prozent Einkaufsprovision für jeden beschafften Posten des begehrten Gutes. Für die Vorbereitung des Unternehmens hatten die kleinen Mengen, die auf diese Art zusammenkamen, genügt. Jetzt war ohne reguläre Lieferfirmen nicht mehr auszukommen.

Die Materialbeschaffung der Nachkriegsjahre, in der Zeit der Zwangsbewirtschaftung unter der Mitwirkung der Besatzungsbehörden, ging mitunter seltsame Wege. So auch hier. Vor 1945 hatte der Vogel-Verlag seinen Papierbe-

Die Baracke in Neuses bei Coburg

darf, schon wegen der hohen Transportkosten, aus den in unmittelbarer Nähe liegenden sächsischen Papierfabriken gedeckt. In den Westzonen besaß er kaum Verbindungen, die nun von Nutzen hätten werden können. Bis auf eine: die Papierfabrik München-Dachau, die schon in den Zwischenkriegsjahren für »Motor und Sport« geliefert hatte. Sie setzte den Vogel-Verlag wieder auf ihre Abnehmerliste. Voraussetzung war jedoch, wie man Ludwig Vogel bedeutete, der diese Verbindung herstellte, ein Papierbezugsschein, den die Landesstelle für Papier ausstellte, die wiederum nur auf Empfehlung der ICD in Aktion trat. K. Th. Vogel unternahm es, »die Information Control Division nun über deren Wirtschaftsabteilung aufzurollen«, indem er, zu allem entschlossen, in einem persönlichen Angriffsgespräch u. a. auch sein Studienjahr an der Cornell University in die Waagschale warf. »Die Herren Obersten und sonstigen Stabsdienstgrade meinten, das wäre doch ein ganz netter Kerl, gingen mit mir zum obersten Boß wieder in die Information Control, klopften ihm auf die Schulter und sagten: Gib dem ›guy‹ doch mal einen Papierbezugsschein«, und er bekam ihn auch. Dieses erste Dokument war der Grundstock für alle folgenden Kontingente. Am 20. November 1947 wurden dem Vogel-Verlag monatlich 1380 kg Papier für den »Maschinenmarkt« und 600 kg für den »Export-Markt« bewilligt. Die Arbeit konnte beginnen.

Der 1. November 1947 sah den neuerstandenen Vogel-Verlag wieder in eigenen »Gebäuden«: in einer ausrangierten Arbeitsdienstbaracke von 36 m², aufgeteilt in 4 Räume in dem Dorf Neuses bei Coburg. Belegschaft: der Verleger, sein Sohn, fünf kaufm. Angestellte, eine Stenotypistin, ein Stadtbote und zwei Lehrlinge. Die Baracke, klassischer Ausgangspunkt aller Wiederaufbaubetriebe nach dem Krieg, wurde schon zu klein, bevor die erste Nummer des »Maschinenmarkt« herausgebracht wurde; die ungeheizte Veranda eines nahen Gasthofs mußte als »Wochentags-Filiale« herhalten, sonntags tanzten dort junge Leute. Der Mitarbeiterstab vergrößerte sich ebenfalls noch während des Winters. Mit der Coburger Neuen Presse wurde ein Druckvertrag vereinbart. Bis Jahresende war ein Auftragseingang von 94 459,75 RM aus 58 Aufträgen zu verzeichnen. In einer Auflage von 20 000 Exemplaren, mit einem Umfang von 16 Seiten, der Not der Zeit gehorchend als reines Anzeigenblatt, erschien am 12. Februar 1948, vereinigt mit »Auto-Markt« und »Elektro-Markt«, die erste Nachkriegsnummer des »Maschinenmarkt«. Der Vogel-Verlag arbeitete wieder.

Der erste »Maschinenmarkt« der Nachkriegszeit

Der Vogel-Verlag und Deutschlands Rückkehr zum Weltmarkt

Wirtschaftlicher Aufstieg
1948—1970

Henry Morgenthau jr. hatte es mit dem Titel seines berühmt gewordenen Buchs ausgesprochen: »Germany is our problem.« Seine Lösung war simpel, sie verordnete den Deutschen ein Leben auf dem Bauernhof. Dieser Weg erwies sich als nicht gangbar; Deutschland als Agrarstaat war nicht lebensfähig, konnte sich nicht ohne fremde Hilfe erhalten. Solche Hilfe war gleich nach dem Krieg im Rahmen des GARIOA-Programms (= Government and Relief in Occupied Areas) gewährt worden. Dabei handelte es sich zunächst um reine Sachlieferungen, um die augenblickliche Not zu mildern: Nahrungsmittel, Saatgut, Düngemittel, Medikamente und Treibstoff. Entscheidende Fortschritte brachte sie nicht. Deutschland blieb das Problem der Alliierten.

Kommissionen bereisten Europa und besonders Deutschland, um zu erkunden, »wie die deutsche Industrie und damit die Ausfuhr wiederbelebt werden kann, damit den amerikanischen und britischen Steuerzahlern die Last erleichtert wird, die ihnen die Verhütung einer Hungersnot in Deutschland auferlegt. Diese Probleme berühren auch die wirtschaftliche Stabilität und den Frieden Europas«. Sie erkannten, was später Ludwig Erhard zusammengefaßt hat: »Die Bundesrepublik lebt mit rund 50 Millionen Menschen auf einem schmalen Streifen zwischen Elbe und Rhein. Dieser Streifen ist nur als Werkstatt der Welt bei stärkstem Export von Maschinen und Konsumgütern existenzfähig... Deutschland war stets eine Werkstatt Europas. Wir waren und wir sind die großen Ausrüster der europäischen Industrie.« Eine Gesundung der europäischen Wirtschaft war nur möglich, wenn das Glied Deutschland nicht aus ihrem Mechanismus herausgebrochen wurde.

Am 5. Juni 1947 inaugurierte der Außenminister der USA, George C. Marshall vor der Harvard University einen Plan gezielter Wirtschaftshilfe für die europäischen Staaten, das European Recovery Program, bekannt geworden als der Marshall-Plan. Deutschland nahm in seinen Überlegungen einen bevorzugten Platz ein. Der Grundgedanke war jedoch: Keine Almosen mehr, sondern energische Ankurbelung der Wirtschaft. Die Kommission, die der amerikanische Präsident Truman zur Realisierung des Projekts einsetzte, formulierte so: »Such aid must be viewed not as a means of supporting Europe, but as a spark which can fire the engine.«

Die ERP-Hilfe wurde in der Tat zum zündenden Funken in der deutschen Nachkriegswirtschaft. Sie wies den westlichen Besatzungszonen des ehemaligen Deutschen Reichs, der späteren Bundesrepublik, einen neuen, festen Platz in der Weltwirtschaft zu. Die Bindungen an die Dollarhilfe stellten die Weichen für eine Integration in das westliche Bündnis, die durch den Fortgang und die Eskalierung des kalten Kriegs nur beschleunigt wurde. Die SBZ dagegen blieb an die Prinzipien der Planwirtschaft und an die Zusammenarbeit mit der Sowjetunion gebunden; sie fand als DDR Aufnahme in den Warschauer Pakt.

Die Mittel des Marshallplans waren eine Starthilfe, die Gesundung des Wirtschaftslebens vollzog sich in innerer Regeneration. Der Währungsschnitt vom Juni 1948 stoppte die inflationäre Entwicklung, die Lockerung der staatlichen Zwangswirtschaft gab den unternehmerischen Kräften freie Bahn, die lange in ihrer Bewegungsfreiheit eingeschränkt gewesen waren. Ihre Tätigkeit erfuhr stärkste Unterstützung durch das wirtschaftspolitische Konzept, das sich der Wirtschaftsrat der Bizone und später die ersten Regierungen der Bundesrepublik zu eigen machten. Wirtschaftswissenschaftler im Kreis um den Freiburger Professor Walter Eucken und unabhängig von ihnen Alfred Müller-Armack suchten nach Möglichkeiten, den wirtschaftlichen Liberalismus zu erneuern und ihn mit der politischen Grundordnung des zukünftigen Deutschlands zu verknüpfen, ohne seine historischen Schwächen wirksam werden zu lassen. Ausgehend von der Annahme eines Grundaxioms – daß ohne wirtschaftliche Freiheit politische Freiheit nicht möglich sei – lehnten sie jede Form der geplanten oder zentral gelenkten Wirtschaft ab. Im Gegensatz zum klassischen Liberalismus aber forderte dieser Neo- oder Ordoliberalismus durchaus einen wirtschaftspolitisch aktiven Staat, der die Bekämpfung von Krisen übernehmen, die Beständigkeit des Geldwerts garantieren und Monopole verhindern sollte. Die Basis des gesamten Modells aber bildete der freie Wettbewerb, der freie Markt; seine Träger waren die freien Unternehmer. Diese Doktrin der »Sozialen Marktwirtschaft« hat die Nachkriegsepoche der deutschen Wirtschaftsgeschichte entscheidend geprägt. Ihr eifrigster, vehementer Verfechter wurde der erste Wirtschaftsminister der Bundesrepublik, Ludwig Erhard, mit dessen Namen die öffentliche Meinung den unverhofften wirtschaftlichen Aufstieg nach 1948, das »Wirtschaftswunder« verbindet.

Die »Soziale Marktwirtschaft« hatte Erfolg. Über ihre ersten Schwierigkeiten – vor allem die nach der Währungsreform zunächst stärker als erwartet einsetzende Arbeitslosigkeit – half ihr der Korea-Boom mit seiner ungeheueren Nachfrage auf allen Märkten hinweg. Von da an erfuhr die günstige wirtschaftliche Entwicklung kaum Unterbrechungen bis in die späten sechziger Jahre. In der Tat war »der Aufstieg der europäischen Wirtschaft nach 1945 steiler und reibungsloser als in jeder anderen Periode der Geschichte der Neuzeit«. Insbesondere blieben die großen Krisen aus, die das Wirtschaftsleben der Zwischenkriegszeit charakterisiert hatten; die leichten Rückgänge von 1952 und 1958, ja sogar die Talsohle von 1966/67 zeitigten keine ernsthaften Folgen für das Wirtschaftswachstum. Die Bundesrepublik Deutschland hatte von allen europäischen Ländern die größten Zuwachsraten des Bruttosozialprodukts zu verzeichnen.

Jährliche Zuwachsrate des Brutto-Sozialprodukts in verschiedenen europäischen Ländern 1948 bis 1963 in Prozent (nach Postan)

Belgien	3,2
Dänemark	3,6
Bundesrepublik Deutschland	7,6
Frankreich	4,6
Großbritannien	2,5
Italien	6,0
Niederlande	4,7
Norwegen	3,5
Österreich	5,8
Schweden	3,4
Schweiz	5,1

Das unerwartete Comeback der deutschen Wirtschaft, das vielbestaunte Wirtschaftswunder vollzog sich mit atemberaubender Schnelligkeit. Es war nichts weniger als ein Wunder, sondern das Resultat energischer Anstrengungen der Arbeitnehmer wie der unternehmerischen Kräfte, die durch eine Reihe günstiger Faktoren unterstützt wurden. Nicht zuletzt gehört dazu die Tatsache, daß trotz aller Kriegszerstörungen und Demontagen ein beachtlicher Grundstock an Produktionsanlagen verblieben war. Ihre Instandsetzung und Ausstattung mit modernsten Einrichtungen gaben der deutschen Industrie gegenüber den übrigen europäischen Ländern vielfach eine günstigere Ausgangsposition.

Die Produktionssteigerung in den Jahren nach der Währungsreform war enorm, insbesondere auf dem Sektor der Investitionsgüterindustrie. Auf 1950 bezogen (= 100) ergab sich im Jahr 1963 für die gesamte Industrie ein

Produktion der Investitionsgüterindustrie im Bundesgebiet 1950 bis 1963, 1950 = 100 (nach »Maschinenmarkt«, Sonderheft 20 Jahre Aufbau und Arbeit in Bund und Ländern, 1965, S. 17)

	1950	1951	1952	1953	1954	1955	1956
Investitionsgüterindustrie insgesamt darunter:	100	131	146	154	181	223	243
Maschinenbau	100	133	155	153	171	210	229
Fahrzeugbau	100	127	150	161	210	276	300
Elektrotechnik	100	137	146	160	198	246	272
Feinmechanik/Optik/Uhren	100	131	150	167	191	222	239
Eisen-, Blech- und Metallwaren	100	124	120	129	155	178	192

	1957	1958	1959	1960	1961	1962	1963
Investitionsgüterindustrie insgesamt darunter:	253	271	293	337	365	376	382
Maschinenbau	237	239	247	281	310	314	303
Fahrzeugbau	317	378	441	533	560	608	679
Elektrotechnik	291	334	368	423	468	481	472
Feinmechanik/Optik/Uhren	242	239	258	288	309	309	320
Eisen-, Blech- und Metallwaren	199	199	222	254	268	274	280

Produktionsindex von 283, für die Investitionsgütererzeugung dagegen ein solcher von 382. Die klassischen Exportgüter Deutschlands wurden wieder in ausreichender Menge hergestellt, der Export konnte beginnen. Schon 1952 übertraf die Ausfuhr erstmals wieder die Importe, von da an blieb die Bilanz des Außenhandels aktiv. Auch sein Umfang steigerte sich in einem nie zuvor gekannten Ausmaß. So übertraf die Ausfuhr an Maschinen bereits 1952 die Spitzenjahre der Zwischenkriegsjahre 1930 und 1937, um sich dann bis 1957 noch einmal zu verdoppeln. Hatten die Zuwachsraten des Exportvolumens in den langen, ungestörten Friedensjahren des zweiten Deutschen Kaiserreichs von 1890 bis 1913 jährlich etwa 5,1 Prozent betragen, so wurde im Jahrzehnt zwischen 1950 und 1960 mehr als das Dreifache, nämlich eine Zuwachsrate von 15,8 Prozent erreicht.

Dabei waren die Märkte größer und durchlässiger, der Wettbewerb schärfer geworden. Die wirtschaftliche Integration Europas begann 1952 mit der Gründung der Montanunion und erfuhr eine wesentliche Stärkung durch den Zusammenschluß zur »Europäischen Wirtschaftsgemeinschaft« in den römischen Verträgen von 1957. Zahlreiche Staaten haben sich seither um Assoziierung bemüht; die Aufnahme von Großbritannien, der Wiege der Industrialisierung, als Vollmitglied steht vor der Tür. Zugleich erreichte die weltwirtschaftliche Verflechtung, die gegenseitige Abhängigkeit der Volkswirtschaften, einen neuen Höhepunkt. Die Beteiligungen und Investitionen amerikanischer Firmen sind aus der europäischen Wirtschaft nicht mehr wegzudenken. Die politischen und ideologischen Gegensätze der großen Machtblöcke schließen den Austausch von Industriegütern nicht aus, und in der Tat hat der Osthandel in den vergangenen Jahren an Umfang und Bedeutung außerordentlich stark zugenommen. In Übersee eröffneten der Fortschritt der Industrialisierung in den neuen, souveränen Staaten der »Dritten Welt« und das Programm der Entwicklungshilfe neue Märkte und Investitionsmöglichkeiten. Die Wirtschaft der Bundesrepublik stand bei all dem nicht abseits, sondern hat ihre Chancen genutzt. Aus jahrelanger, erzwungener Isolierung heraus hat sie die Rückkehr zum Weltmarkt vollzogen und sich dort behauptet.

Hand in Hand mit dem Wachstum der Weltwirtschaft ging eine rasante Entwicklung der Technologie, des technischen Fortschritts. Eine zweite industrielle wie technische Revolution scheint sich abzuzeichnen, die alle Bereiche der Industrie wie des täglichen Lebens erfaßt. Ihr Charakteristikum ist eine ungeheure Akzeleration des Entwicklungstempos bei technischen Erfindungen und Entdeckungen. Vergingen z. B. von den ersten Konstruktionszeichnungen zur Ausnutzung der Dampfkraft im 17. Jahrhundert bis zum Bau der ersten Dampfmaschine durch James Watt noch gut hundert Jahre, so nahm die Umsetzung der theoretischen Erkenntnisse über die Atomkraft in die Praxis kaum noch eine ganze Generation in Anspruch. Zwischen Konzeption und kommerzieller Realisierung einer Erfindung lag um die Jahrhundertwende durchschnittlich eine Spanne von 37 Jahren; in der Zeit nach dem zweiten Weltkrieg betrug sie nur noch 14 Jahre. Kernenergie und Elektronik traten dabei in den Vordergrund, Atomreaktor und Computer symbolisieren am augenfälligsten die vorläufigen Ergebnisse dieses Wandels unserer technischen Traditionen. Damit ist die Fülle der technischen Einrichtungen und Geräte, die unser Leben während des letzten Vierteljahrhunderts verändert hat, nur angedeutet. Das Jahr 1969 brachte die bisher spektakulärste Klimax dieser Entwicklung. Der »entfesselte Prometheus«, von dem der englische Historiker David Landes spricht, tat seinen erstaunlichsten Schritt; mit dem Amerikaner Neill Armstrong betrat der erste Mensch den Mond.

Fachzeitschrift und Werbung — Antriebskräfte des wirtschaftlichen Aufstiegs

»Die Bewältigung des schnellen Wiederaufbaus der Wirtschaft in der Bundesrepublik Deutschland wäre ohne die so überaus lebhafte und die Entwicklung nicht unwesentlich vorantreibende Mitarbeit der deutschen Fachzeitschriften nicht möglich gewesen. In noch stärkerem Maß gilt das für die Bedeutung, die Möglichkeiten und auch die bereits erzielten Erfolge der Fachzeitschriften bei der Bildung eines europäischen Wirtschaftslebens.« Mit diesen Worten charakterisierte Wilhelm Lorch auf dem Internationalen Zeitschriften-Verleger-Kongreß in Berlin 1960 die Rolle der Fachpresse in der deutschen Nachkriegswirtschaft. Das klingt nach Eigenwerbung. Tatsächlich aber sind die Fachzeitschriften bei der Ankurbelung der deutschen Wirtschaft ein überaus starkes Agens gewesen und haben mehr als für den Außenstehenden unmittelbar sichtbar wird, zum Zustandekommen des »Wirtschaftswunders« beigetragen.

Freilich hat die Fachzeitschrift in den kurzen, unmittelbaren Nachkriegsjahren mehrere Entwicklungsstadien ihrer Geschichte wiederholen müssen. Zunächst handelte es sich ganz einfach darum, den Güteraustausch wieder in Gang zu bringen. Weitaus die meisten marktorientierten Fachzeitschriften begannen darum ihre neue Laufbahn als Offertenblätter. Vollgepfropft mit Kleinanzeigen erfüllten sie die Funktion überlokaler Tauschzentralen, dienten als erste Orientierungshilfe bei der Anbahnung jener zahllosen Kompensationsgeschäfte, die das wirtschaftliche Leben der Jahre zwischen Krieg und Währungsreform kennzeichneten. Eigentliche Werbung war mehr Ausnahme als die Regel: Infolge des allseitigen außerordentlich hohen Bedarfs an Industriegütern war der Absatz der ohnehin geringen Produktion von vornherein so gut wie gesichert. Lediglich eine gewisse Erinnerungswerbung mit dem Hinweis auf Lieferungsmöglichkeiten der Zukunft kam die Frage, um bei einer eventuellen Verbesserung der Lage den Anschluß auf dem Markt nicht zu verpassen.

Die Situation änderte sich grundlegend, als nach der Währungsreform eine lebhafte unternehmerische Tätigkeit einsetzte und Anfang Mai 1949 die Generallizenz Nummer 3 der amerikanischen Militärregierung die bis dahin bestehenden Hemmnisse für Zeitschriftenverleger beseitigte. Die Lizenzierungspolitik der Alliierten hatte auch auf dem Gebiet der Fachpresse das Entstehen völlig neuer Verlage und Zeitschriftenobjekte begünstigt, während die Verleger der eingeführten Zeitschriften mit alter Tradition mit mannigfaltigem Widerstand zu rechnen hatten. Während aber auf dem Sektor der Tageszeitungen sich die Neugründungen weitgehend durchsetzen und behaupten konnten, schlug in der Fachpresse das Pendel nach dem Erlaß der Generallizenz Nr. 3 nach der anderen Seite aus. Es zeigte sich, daß lange Erfahrung und alte Geschäftsverbindungen, verbunden mit zielbewußtem Aufbau der in Resten bestehen gebliebenen Organisation oft stärker ins Gewicht fielen als die Neuerungsversuche der alliierten Pressepolitik. Den Verlegern, die schon vor dem Krieg Fachzeitschriften herausgegeben hatten, gelang es, gegen die Flut der Neugründungen einen großen Teil der Spitzenpositionen auf dem Markt einzunehmen. Der ihren Objekten oft nur aufgezwungene Charakter eines Offertenblatts wurde nun schnell wieder aufgegeben, der gewohnte Fachtext eingefügt. Die Kleinanzeigen traten zurück, die Empfehlungswerbung dominierte wieder.

Der Markt hatte Fachzeitschriften bitter nötig. Inmitten der Umschichtung der Besitzverhältnisse nach dem Krieg, den Verlagerungen von Betrieben der deutschen Ostgebiete und Mitteldeutschlands in die Bundesrepublik, im Neuentstehen ganzer Industrien bildeten sie ein Kommunikationsmedium ersten Rangs. Stärker als je zuvor übte die Fachzeitschrift in ihrem Anzeigenteil eine marktregelnde Ordnungsfunktion aus, machte sie verworrene Verhältnisse wieder übersichtlich. Nicht unterschätzt werden darf endlich ihre Rolle als Vermittlerin technischen Fachwissens. Obwohl während des Kriegs aufgrund der konzentrierten Anstrengungen der Rüstungsindustrie auf nahezu allen Gebieten von Industrie und Technik beträchtliche Fortschritte erzielt worden waren, war die Unterrichtung einer breiteren Öffentlichkeit weitgehend unterblieben. Die Umsetzung der Ergebnisse der technischen Forschung in Texte einer praxisnahen Publizistik blieb mangelhaft, behindert auch durch Bestimmungen der Geheimhaltung; das Kriegsende brachte mit dem Papiermangel die Fachpresse fast völlig zum Erliegen. Von der Entwicklung im Ausland war man schon lange Zeit völlig abgeschnitten gewesen, kurz: es bestand ein außerordentlich hoher Nachholbedarf. Die neuerstandenen Fach- und Marktzeitschriften sahen sich vor der Aufgabe, diesen wahren Informationshunger zu stillen. Sie lösten sie, indem sie bei der Auswahl ihrer Redakteure und wissenschaftlichen Mitarbeiter immer strengere Maßstäbe anlegten.

Seit ihren Anfängen war die Markt- und Fachzeitschrift der Werbewirtschaft eng verbunden. Im System der »Sozialen Marktwirtschaft« wie überhaupt in der marktwirtschaftlich-kapitalistisch orientierten Ordnung der westlichen Welt erfuhr die Werbung nach dem zweiten Weltkrieg eine neue, positive Bewertung, wie sie bisher unbekannt gewesen war. Ludwig Erhard nannte sie einen »essentiellen Bestandteil« seiner wirtschaftspolitischen Vorstellungen und betonte: »Da ich als Anhänger der Marktwirtschaft bekannt bin, habe ich es auch nicht nötig, ein positives Bekenntnis zur Werbung abzulegen. Beides ist untrennbar miteinander verbunden.« Zu den grundlegenden Bestimmungsfaktoren einer auf dem Leistungswettbewerb und ungehinderter Entfaltung privater unternehmerischer Initiative aufgebauten Wirtschaftsordnung gehört die Werbung ganz ohne Zweifel. Sie wurde damit zu einem der wichtigsten Unterscheidungskriterien gegenüber den ökonomischen Lehren und Maßnahmen des sozialistischen Lagers. Die Konfrontation der Machtblöcke von Ost und West war im wesentlichen auch eine Konfrontation zweier grundverschiedener Wirtschaftssysteme. Je härter sie wurde, desto höher stieg der Stellenwert der Wirtschaftswerbung in der Begriffswelt westlicher Unternehmer und Industrieller. »Freiheit der Werbung« konnte daher mit »Freie Wirtschaft« zu einem Begriffspaar verschmolzen werden. Auf dem Kongreß zum 25jährigen Bestehen des britischen Werbeverbands im Jahr 1951 gab Lord Halifax in einer Festrede eine äußerst bemerkenswerte Eigendefinition der Werbewirtschaft: »Das Thema dieser Konferenz«, führte er aus, »heißt: Die Aufgabe der Werbung in einer freien Welt. Eine der wichtigsten Aufgaben davon ist es, den internationalen Handel und das internationale Verstehen zu fördern. Es kann in der heutigen Zeit kaum einen größeren Dienst der Menschheit gegenüber geben. In unseren Händen liegen alle Publikationsmittel für die internationale Verständigung: Presse, Plakate, Radio, Fernsehen usw. Unsere Aufgabe ist es, diese gewaltige Macht im Sinn des Friedens und der Völkerverständigung einzusetzen. Werbung in allen ihren Äußerungen kann eine mächtige Kraft sein, die Freiheit zu erhalten. Sie ist eng verbunden mit der Freiheit der Rede, der Freiheit der Presse und der Freiheit der Wahl des Arbeitsplatzes – und ich glaube, wenn eine dieser Freiheiten aufhört, dann wird es auch mit der Freiheit selbst vorbei sein. Auf dieser Konferenz, die alle Länder der freien Welt einschließt, sind genügend Macht und Einfluß versammelt, um einen hervorragenden Beitrag zur Freiheit zu leisten.« Aus diesen Worten spricht ein hohes Selbstbewußtsein, und in der Tat sind in der Zeit nach dem zweiten Weltkrieg die letzten Vorbehalte gefallen, gegen die die Reklame seit dem 19. Jahrhundert zu kämpfen hatte. Werbung bedeutete nun bald einen ernstzunehmenden, eigenständigen und kräftig expandierenden Wirtschaftszweig, der auf den Fundamenten, die in der Zwischenkriegszeit gelegt worden waren, fortbaute. Werbung wurde zum Attribut der Konsumgesellschaft des technischen Zeitalters, sie wurde zu einer Macht.

Der Werbestil hat sich gegenüber früheren Zeiten weiter gewandelt. Dabei vollzog sich mehr als nur eine Anpassung an den Zeitgeschmack in der Gestaltung der Werbemittel, beispielsweise der Anzeigen. Werbung schöpft heute alle Hilfsmittel von Psychologie, Marktanalyse und Marktforschung aus, ist aggressiver geworden als je zuvor. Das gilt naturgemäß in allererster Linie für die Markenartikel- und Konsumgüterwerbung. Ihre Elemente sind aber auch schon längst im Investitionsgüterbereich wirksam geworden, auch wenn – wie eine Untersuchung aus dem Jahr 1964 feststellte – dieser Sektor in Deutschland in acht von zehn Fällen von Amateuren betreut wird. Ausgehend von den USA, dem Mutterland der neuzeitlichen Werbemethoden, hat sich ein modernerer Stil auch in der nüchternen Welt technisch-industrieller Anzeigen Bahn gebrochen. Das Schwergewicht lag hier traditionsgemäß auf dem sachlich-technischen Argument – das Rezept lautete: 20 Prozent Emotion, 80 Prozent rationale Ansprache. Hier bahnt sich seit einiger Zeit eine Verschiebung an. In seiner Argumentation für eine aktivere Werbepolitik schrieb Günter Neubeck dazu schon 1962: »Übrigens ist es ein Irrtum anzunehmen, die emotionelle Ansprache sei in der Fachwerbung von untergeordneter Bedeutung. Bei Fachanzeigen und in etwas geringerem Umfang auch bei Prospekten spielt sie oft eine ebenso große Rolle wie die rationale Ansprache. Sie gewinnt vor allem immer dann ausschlaggebende Bedeutung, wenn technisch und wirtschaftlich gleichwertige Produkte auf dem Markt miteinander konkurrieren, was auch im Bereich der Investitionsgüter heute nicht mehr selten ist.« Interessante Aufmachung, Überraschung und Gag, effektvolle Präsentation sollen der Anzeige hohen Aufmerksamkeitswert sichern. In Kreisen der Werbebranche kursiert die Geschichte einer amerikanischen Firma, die ihre Stahlrohre, blank geölt, zur Nachtzeit mit Scheinwerfern anstrahlen ließ und mit diesen Rohren größere Verkaufserfolge erzielte als mit unscheinbar gestrichenen, verstaubten Rohren gleicher Qualität und Fertigung. Die Investitionsgüterindustrie beginnt heute, Image-Werbung zu betreiben, wie die Hersteller von Zigaretten und Waschmitteln. Vance Packards »geheime Verführer« haben längst auch in der Welt der Maschinen und Industrieausrüstung ein gewichtiges Wort mitzusprechen.

Die Werbekosten der Investitionsgüterindustrie beziffern sich bei weitem nicht so hoch wie in der Konsumgüterwerbung, die 1964 auf 7 Prozent der Herstellerumsätze geschätzt wurden. Die Durchschnittswerte lagen seit dem Kriegsende um etwa 1,0 Prozent. Dennoch handelte es sich um außerordentlich hohe Summen – schon im Jahr 1952 dürften allein auf dem Sektor des Maschinenbaus 100 Millionen DM in die Werbung geflossen sein. Auch wenn der immer höheren Bedeutung der Werbung für die Absatzpolitik durch weitere Erhöhung der Werbeetats Rechnung getragen wird, veranlassen solch hohe Kosten die Werbetreibenden zu Überlegungen, die auf Rationalisierung zielen. Sie wecken immer stärker den Wunsch nach einer wirksamen Erfolgskontrolle, bewirken Konzentration auf eine sehr sorgfältig zu ermittelnde Auswahl der Werbeträger.

Die Fachzeitschrift hat in dieser Hinsicht bis in die jüngste Zeit hinein kaum etwas von ihrer Vorrangstellung verloren. Eine Umfrage des Emnid-Instituts von 1964 bestätigt: 99 Prozent der Führungskräfte der deutschen Industrie lesen eine Fachzeitschrift, 93 Prozent sind regelmäßige Empfänger. Wie der amerikanische Verlag MacGraw-Hill ermittelte, gab die Anzeige in der Fachzeitschrift auch immer noch die meisten Kaufanregungen, sie lag an der Spitze vor Katalogen, Vertretern, Direct Mail und anderen Werbemedien. Aber der deutsche Fachzeitschriftenmarkt war seit dem Wiederaufstieg der Wirtschaft stark übersetzt. Die Industrie sah eine Informationslawine auf sich zukommen. Sie war nicht mehr bereit, wahllos Zeitschriften mit Anzeigen zu belegen. Sie forderte kategorisch, die Spreu vom Weizen zu sondern.

Bereits 1949 konstituierte sich der »Zentralausschuß der Werbewirtschaft« (ZAW), der sich als Gesamtvertretung der Werbungtreibenden, Werbungsmittler und Werbungdurchführenden in der Bundesrepublik verstand. Er ergriff alsbald Initiativen, um eine Standardisierung von Methoden, Begriffen und Kriterien einer verbesserten Datentransparenz zu erreichen. Zu diesem Zweck rief er auch eine »Informationsgemeinschaft zur Feststellung der Verbreitung von Werbeträgern« (IVW) ins Leben, die sich vor allem die Überprüfung von Auflagenhöhen der Fachzeitschriften zur Aufgabe gesetzt hatte. Ein Teil der Fachzeitschriftenverlage unterwarf sich dieser freiwilligen Selbstkontrolle, blieb aber vorerst in der Minderheit. Die IVW bedeutete jedoch nur einen Anfang. Ausgehend von den Praxen in der Konsumgüterwerbung wurden seit Beginn der sechziger Jahre zunehmend auch an die Fachzeitschriften die Forderung nach umfassenderer Empfänger-Aussage gestellt. Diese Forderung beinhaltete im wesentlichen drei Punkte:

1. Die Verpflichtung zur Angabe beglaubigter Auflageziffern.
2. Aufschluß über die gebietsmäßige Verbreitung.
3. Analyse der Leser- oder Empfängerstruktur, vor allem Aufschlüsselung nach Branchen- und Betriebszugehörigkeit, nach Funktion oder Stellung des Empfängers in seinem Unternehmen.

Nur Fachzeitschriften, die diesem gesteigerten Informationsbedürfnis der Werbungtreibenden Rechnung trugen, konnten hoffen, sich im Wettbewerb um einen Anteil am Werbeetat der Investitionsgüterindustrie zu behaupten.

Das war die Landschaft in der sich der Vogel-Verlag und seine Inhaber zurechtfinden mußten, nachdem der erste »Maschinenmarkt« der Nachkriegszeit aus der Coburger Baracke ins Land hinaus gegangen war.

Ausbau

Rückkehr zur Fachzeitschrift

»Der Vogel-Verlag arbeitet wieder« – ein großes Wort für einen Flüchtlingsbetrieb im Behelfsheim der Baracke. Es blieb aber nicht lange dabei. Auch die Glasveranda der benachbarten Gastwirtschaft „Zur Krone" reichte bald nicht mehr aus: Die Versandabteilung des »Maschinenmarkt« fand ein Unterkommen im Nebenzimmer einer Gaststätte im 4 km entfernten Cortendorf. Als vierte Arbeitsstätte kam ein Büro zur Vorbereitung des »Export-Markt« in der Stadt Coburg selbst hinzu. Die Primitivität der Arbeitsbedingungen dieser Nachkriegszeit erinnert eindrucksvoll daran, wie C. G. Vogel in Pößneck und Plauen begonnen hatte. Im Spätsommer 1948 aber fand dieser unbefriedigende Zustand sein Ende. Der Vogel-Verlag mietete in Coburg, Sonntagsanger 1, das ehemalige Gebäude des Konsumvereins, das später von der Wehrmacht in eine Heeresbäckerei umgewandelt worden war und noch in den letzten Tagen des Kriegs erhebliche Schäden erlitten hatte. Bald arbeiteten in den renovierten Räumen 250 Menschen – die Belegschaft des wiedererstandenen Vogel-Verlags.

Denn auch die Reorganisation der Mitarbeiterschaft hatte inzwischen Fortschritte gemacht. Die allerersten Anfänge hatte A. G. Vogel, wie er öfters in Briefen klagte, mit völlig branchenfremdem Personal bewältigen müssen. Der unermüdlichen Tätigkeit Ludwig Vogels gelang es aber im Lauf der Zeit, einen großen Teil gerade der qualifiziertesten ehemaligen Pößnecker Mitarbeiter des Vogel-Verlags für Coburg zu interessieren. Verhältnismäßig rasch war so eine bewährte, aktionsfähige Mannschaft beisammen, zu der auch als eine der ersten Führungskräfte, aus französischer Kriegsgefangenschaft entlassen, der ebenfalls schon in Pößneck tätig gewesene Prokurist Curt Naumann zunächst als »Mädchen für alles«, insbesondere allgemeine Verwaltung, Behördenverkehr, Personal gestoßen war.

Coburg – Sonntagsanger 1. Der Vogel-Verlag in der ehemaligen Heeresbäckerei

Die Mitarbeiter im Außendienst waren ebenfalls weitgehend reaktiviert worden, die neuen Vertreterbezirke festgelegt. Im Juli 1948 fand in Coburg die erste Vertreterkonferenz statt. Vor allem aber war es gelungen, im April 1948 den bei der Flucht A. G. Vogels in Pößneck zurückgebliebenen Verlagsdirektor O. H. Haase als maßgeblichen Akteur für den Coburger Wiederaufbau zu gewinnen. Er übernahm wieder die Funktion des Verlagsdirektors und wurde für seine Person Teilhaber im Vogel-Verlag auf Lebenszeit. Unter der Quadriga Arthur Gustav, Ludwig und Karl Theodor Vogel sowie Ottohermann Haase begann nun der zweite große Aufstieg der Gründung Carl Gustav Vogels.

Im Mai 1948 erschien der »Export-Markt« wieder, im Dezember wurde der »Elektro-Markt« aus der Verbindung mit dem »Maschinenmarkt« gelöst, im Januar 1949 der »Auto- und Motorrad-Markt« selbständig gemacht. Das Kernstück der Verlagsarbeit, die vier klassischen »Märkte«, mit denen der Vogel-Verlag den Aufstieg zum Großverlag eingeleitet hatte, waren zu neuem Leben erstanden. Vorerst allerdings nur als reine Angebotszeitschriften.

Endlich, im Mai 1949, erging die sogenannte Generallizenz Nr. 3 der amerikanischen Militärregierung, die grundsätzlich die bisherigen Beschränkungen

»Export-Markt«, »Elektro-Markt« und »Auto-Markt« 1948

DER MASCHINENMARKT (mit Auto-Markt — Elektro-Markt)

Wirklich erfahr. Bronzegußfachmann (speziell Hochdruckarmaturen) für Ausland gesucht. Muß mit allen bronzegießereitechn. Ansprüchen vertraut sein. Zuschr. erb. unt. J 8133 an Annon.-Exp. Carl Gabler, GmbH., Frankfurt/M., Steinweg 9. (1277

STAHLFENSTER. Werkstattfachmann, erfahren in der Herst. v. Stahlfenstern nach neuzeitl. Arbeitsweis., als Meister nach Hanau / Main gesucht. Kleinwohnung vorhanden. Bewerb. unter 1492 an Maschinenmarkt (13a) Coburg.

BRITISCHE ZONE

Ingenieur, SIS., Maschb., 28 J., sucht Stellg., erwünscht Wirkungskr. als Betriebsassistent. Dreijähr. Assistentenpraxis u. gute Referenz. vorhanden. Sofortiger Antritt möglich. Angebote u. D. W. 196 an G. Geerkens, Anzeigen-Mittler, Hagen.

Uebernehme Vertretung und Auslieferungslager je einer leistungsfähig. Rundfunk-, Rundfunkteile- u. elektrot. Spezialfabrik. Helmut Funke, Rundfunk- u. Elektrogroßhdl. (1365 Wuppertal-Elb., Turmhof 15/17

Verschiedenes

AMERIKANISCHE ZONE

Großfirmen oder Fabriken, die meine neue gesetzl. geschützte Kleinholz-Bearbeitungsmaschinen „Laubfrosch" auf Lizenz bauen wollen, melden sich zwecks weiterer Korrespondenz Luitpold Brandl, Reisbach, Hofberg 69½ (Niederbayern). (1050

Wir liefern an Händler und Verbraucher: Dachlack, Bitumenlack, Asphaltlack, Eisenlack, Heizöl, Reinnaphthalin, Obstbaum- und Buntkarbolineum, Holzfirnis, Wachsbeizen, Holz- und Rostschutzanstriche, Formenöle, Plattenkitt, Fußbodenöle, „Selanol", die ideale, weiche Handwaschpaste. Bismarckhütter Stahllager, Erhard Kemnitz, Stuttgart, Rotebühlstr. 70. (1296

Gießerei u. Maschinenfabrik zur Fertigung kl. u. größerer Gußplatten - bearbeitet - für Dauerbeschäftigung ges. Angeb. unt. 1063 an Maschinenmarkt, (13a) Coburg.

Franz Dornburg, Maschinenfabrik, Coburg, Fernspr. 3619, Schließfach 14. Güterstation Coburg-Neuses. Spezialität wie seit Jahrzehnten: Holzbearbeitungsmaschinen. (1096

Bewertungen (Schätzung) v. Maschinen und ganzer Werksanlagen führt gewissenhaft aus (vieljähr. Erfahrung) Civ. Ing. Carl Zundel, VDI., öff. best. u. beeid. Sachverst., Nürnberg, Hallerstr. 53. Tel 27 319. (1298

SICHERHEITS - HANDKABELWINDEN
Tragkraft bis 750 kg, 2000 kg, 3000 kg
Alle Windentypen sind mit Sicherheits-Lastdruckbremse ausgerüstet. Weitere Größen und Typen auf Anfrage.
Schraubenwinden aller Art.
Bau-Schwenk-Krane
Kranbau und Eisengießerei
Walter Bischoff (17a) Mannheim

Ausschnitt aus einer Anzeigenseite aus dem »Maschinenmarkt« von 1948

im Verlagsgewerbe aufhob. Eine Lizenz der deutschen Behörden war aber immer noch vonnöten. So wurde es Herbst, bis der Vogel-Verlag seinen Plan verwirklichen konnte, wieder echte, vollwertige Fachzeitschriften herauszugeben. »Es ist nicht unser Stolz«, schrieben die Verleger in ihrem Lizenzierungsantrag, »reine Anzeigenzeitschriften herauszubringen. ... Es ist vielmehr unser Plan, zunächst unsere Zeitschriften ›Export-Markt‹ und ›The Export-Market‹ (vom August 1949 an auch wieder ›Le Marché d'Exportation‹), in enger Zusammenarbeit mit der Joint Export and Import Agency, mit einem Textteil zu versehen. Ebenso soll die Zeitschrift der ›Maschinenmarkt‹ wieder einen wirtschaftlich-technischen redaktionellen Teil erhalten, während der ›Auto- und Motorrad-Markt‹ und der ›Elektro-Markt‹ durch Beigabe guter technischer und praktischer Redaktionsteile wiederum zu unseren Zeitschriften ›Auto- und Motorrad-Zeitschrift‹ und ›Elektro-Technik‹ ausgebaut werden sollen.« Im Oktober 1949 war es dann soweit – die Vogel-Zeitschriften erschienen wieder mit Text. Daneben wurde die Absicht, nach Möglichkeit zum gesamten früheren Zeitschriftenprogramm zurückzukehren, in zäher Arbeit weiterverfolgt. Das Jahr 1950 brachte den Neubeginn des »Landmaschinen-Markt«, der sich erfolgversprechend anließ, da in den Anfangsjahren der Bundesrepublik bis 1961 die Erzeugung von Landmaschinen und Ackerschleppern wertmäßig an erster Stelle innerhalb der Produktion des gesamten Maschinenbaus stand. Noch früher aber trat die Arbeit an den Kraftfahrzeug-Zeitschriften des Verlags in den Vordergrund, denn die Erfolge der deutschen Automobilindustrie begannen bereits, sich abzuzeichnen. Noch schneller als in der Zwischenkriegszeit erfaßte die Motorisierung breiteste Bevölkerungsschichten. Das Auto wurde im Inland zum Statussymbol und avancierte darüber hinaus im Lauf der Zeit zu einem der wichtigsten Exportgüter der Bundesrepublik.

Der Vogel-Verlag begann mit dem »Last-Auto«, das als Unterabteilung des »Auto-Markt« weitergeführt worden war. Den Aufbau dieses Titels zu einer neuen selbständigen Zeitschrift hatte A. G. Vogel seinem Sohn K. Th. Vogel zugedacht, der ihm schon bisher in der Verlagsleitung zur Seite gestanden hatte. K. Th. Vogel berichtet dazu: »Ich hatte durch die Kriegs- und Nachkriegszeit etwa 8 Jahre Berufsausbildung verloren, und es lag nichts näher, als daß mein Vater sagte: Hier, mein lieber Sohn, bitte dein Gesellenstück. Das führte dann dazu, daß ich zusammen mit Alwin Oppelt, dem alten, erfahrenen Zeitschriftenleiter aus Pößneck, die Grundlagen für die Neuherausgabe des ›Last-Auto‹ legte.« Wie der »Auto-Markt« 1911 für seinen Vater, so wurde das »Last-Auto« Ende 1949 zum verlegerischen Sprungbrett für den Sohn. Die Anzeigen der Industrie für das wiedererstandene Objekt blieben nicht aus, und bald gehörte die Zeitschrift unter dem Titel »Lastauto und Omnibus« zum festen Bestand des Verlagsprogramms.

K. Th. Vogel erhielt Gelegenheit zu weiterer verlegerischer Bewährung. Ebenfalls im Jahr 1949 hat der Vogel-Verlag verschiedentlich seine Absicht be-

K. Th. Vogel (r.) auf der Industrie-Messe Hannover 1950

»Das Last-Auto« – Gesellenstück K. Th. Vogels

kanntgemacht, auch die Publikumszeitschrift »Motor und Sport« wieder herauszugeben, mit der er vor dem zweiten Weltkrieg so große Erfolge erzielt hatte. Vorläufig aber war dieses Problem für einen Wiederaufbaubetrieb noch nicht zu lösen. Zudem war die Auto-Presse bereits zu diesem Zeitpunkt übersetzt und scharfe Konkurrenz mit Sicherheit zu erwarten. Das galt auch für die Zeitschrift »Das Auto«, mit der die beiden Rennfahrer Paul Pietsch und Ernst Dietrich-Troeltsch schon 1946 mit einer frühererteilten Lizenz der französischen Besatzungsmacht auf dem Markt erschienen waren. Der Vogel-Verlag knüpfte daher mit den beiden Verlegern, die mit ihrem »Motorpresse-Verlag« zunächst in Freiburg im Breisgau, dann in Stuttgart domizilierten, Kooperationsgespräche an, die in die Gründung der Gemeinschaftsfirma »Vereinigte Motor-Verlage GmbH« einmündeten. Der Vogel-Verlag brachte sein »Motor und Sport« in den Kombinationstitel einer neuen Zeitschrift »Auto, Motor und Sport« ein und überließ dem Stuttgarter Verlag auch das »Last-Auto« sowie den 1944 projektierten Titel »Europa-Motor«. In der Folgezeit, im Jahr 1956, erwarb der Vogel-Verlag drei Zeitschriftentitel aus dem Sektor der Luftfahrt »Flugrevue«, »Weltluftfahrt« und »Flug-Sport«, die er gleichfalls in die Vereinigten Motor-Verlage einbrachte.

»Auto, Motor und Sport« wurde, wie der ältere seiner Vorgänger, ein großer Erfolg. Im Frühjahr 1951, rechtzeitig zur ersten Deutschen Automobilausstellung nach dem Krieg, erschien die erste Nummer. Sie erreichte im gleichen Jahr eine Auflage von 35 000 Exemplaren, die bis 1971 auf 500 000 Hefte je Ausgabe anstieg. Auch das übrige Programm des Verlags entwickelte sich sehr zufriedenstellend. Im Jahr 1970 betrug die Druckauflage aller Zeitschriften über 17 Millionen Exemplare. Die Anfänge dieser Gemeinschaftsarbeit hat K. Th. Vogel wesentlich mitbestimmt. Er vertrat in der Neugründung als hauptamtlicher Geschäftsführer die Interessen des Vogel-Verlags, bis ihn andere, größere Aufgaben nach Coburg zurückriefen.

Nach dem Beginn dieser Kooperation war im Coburger Vogel-Verlag der »Auto-Markt« als einzige Kraftfahrzeug-Zeitschrift verblieben, aber auch hier führten Bemühungen zum Erfolg, der Zeitschrift zu noch größerer Resonanz und Expansion zu verhelfen. Seit Dezember 1952 konnte der »Auto-Markt« als offizielles Organ des Zentralverbands des Kraftfahrzeughandwerks erscheinen. Das Objekt machte in der Folge dieser Entwicklung ein Splitting durch. Ganz auf die Bedürfnisse der Reparaturwerkstätten war der Teil mit dem Titel »Der Kraftfahrzeug-Betrieb« zugeschnitten, während der händlerorientierte Teil weiterhin als »Auto-Markt« heraus kam.

In den folgenden Jahren hat der Vogel-Verlag seine Position auf dem Kraftfahrzeug-Zeitschriftenmarkt noch verstärkt. 1962 wurde die Zusammenarbeit mit dem Zentralverband intensiviert, als der Verlag, nun schon in Würzburg ansässig, die Herausgabe des »Junghandwerker im Kraftfahrzeugbetrieb« übernahm. Diese Zeitschrift bringt neben einem redaktionellen Teil

»Auto, Motor und Sport« – Ergebnis einer Kooperation

Die Auto-Zeitschriften des Vogel-Verlags

mit praxisnahen Informationen aus der Kraftfahrzeugbranche einen nach Lehrjahren aufgegliederten Schulungsteil in den Zweigen Kraftfahrzeug-Mechanik und Kraftfahrzeug-Elektrik. Als offizielles Organ des Zentralverbands leistet sie einen wesentlichen Beitrag zur Heranbildung des Kraftfahrzeughandwerkernachwuchses.

Noch früher aber, bereits im Jahr 1956, realisierte der Vogel-Verlag ein Objekt, das in der Konzeption wesentliche Entwicklungslinien für die Zukunft erkennen läßt: die »Automobil-Industrie«. In diesem Fachjournal für Forschung, Konstruktion und Fertigung in der gesamten Automobilwirtschaft werden seitdem in vierteljährlichem Abstand die technischen und kaufmännischen Führungskräfte über Forschungsergebnisse und Fertigungsmethoden unterrichtet. Als Herausgeber wurde der Inhaber des Lehrstuhls für Maschinenkonstruktion und Kraftfahrzeugbau an der Technischen Hochschule Karlsruhe, Prof. Dr.-Ing. Karl Kollmann, gewonnen.

Die Entwicklung der Kraftfahrzeug-Zeitschriften, denen 1955 bzw. 1957 auch noch die Kundenzeitschriften »Opel-Fahrer« und »Opel-Echo« beigesellt wurden, spiegelt in gewisser Weise die Gesamtentwicklung des Verlagsprogramms. Sie vollzog sich allerdings bei den einzelnen Objekten mit Unterschieden. Denn einmal zeigt die Aufsplitterung in Zeitschriften verschiedenartiger Thematik und Zielsetzung das Bemühen, dem Markt in allen Teilbereichen gerecht zu werden und ihn möglichst vollständig zu erreichen. Die Ähnlichkeit mit der Verlagsarbeit nach dem ersten Weltkrieg ist unverkennbar. Zum anderen wurden die Anstrengungen um gute redaktionelle Leistungen systematisch forciert, wie es seit dem Wiederanfang in Coburg der Absicht der Verleger entsprach und wofür die »Automobil-Industrie« nur ein herausragendes Beispiel von vielen ist.

»Mit Kleistertopf und Schere läßt sich keine Exportzeitschrift gestalten, kein Erfolg für die Inserenten erzielen.« Diese Erkenntnis Paul Michligks gilt nicht nur für die Exportzeitschriften allein, sondern für alle Fachzeitschriften. Die Exportzeitschriften des Vogel-Verlags sollten als erste wieder einen Textteil erhalten, der die importierende Industrie des Auslands über die deutschen Erzeugnisse unterrichtete. Die Aufsplitterung der ursprünglichen Universalausgaben in Spezialhefte und die Übersetzung in die Haupthandelssprachen bedeutete auch hier die Absicht, zu einer optimalen Marktabdeckung zu kommen.

Besondere Anstrengungen aber unternahm der Verlag bei der Gestaltung des Textes seiner Inlandzeitschriften. Schon vor dem zweiten Weltkrieg war es gelungen, auch für den »Maschinenmarkt« qualifizierte Mitarbeiter zu gewinnen. Mit der Zeit wurde der stark wirtschaftlich ausgerichtete Textteil um technische Fachbeiträge erweitert und war schließlich zum überwiegenden Teil fachtechnisch orientiert gewesen. Als nun seit der Erteilung der

Der »Maschinenmarkt« mit der »Werkzeugmaschinen-Praxis« 1953

Generallizenz 1949 die Möglichkeit bestand, in den bisher textfreien Zeitschriften redaktionelle Beiträge zu bringen, sie wieder zu Fachzeitschriften umzugestalten, da wurden nach kurzer Vorbereitungszeit im Herbst 1949 ein Gesamtprogramm der verschiedenen technischen Gebiete festgelegt, das die Redaktion des »Maschinenmarkt« fortan bearbeiten sollte. Es wurde im Lauf der Zeit methodisch ausgebaut, um dem Leser einen möglichst umfassenden Einblick in die technische Entwicklung seines Berufszweigs zu gewähren. Bis 1958 hatten sich u. a. folgende Themenkreise herausgebildet:

1. Angewandte Strömungstechnik
2. Antriebs- und Getriebetechnik
3. Fördermittel in der Technik
4. Holzwerkstoff und seine Behandlung
5. Oberflächenbehandlung und Schutz
6. Schweiß- und Schneidetechnik
7. Kraft–Wärme–Klima
8. Gießen–Schmieden–Härten
9. Büro- und Lagertechnik
10. Prüfen–Messen–Steuern–Regeln

So wurden – praktisch ohne Splitting – innerhalb der großen Zeitschrift »Maschinenmarkt« mehrere Spezialzeitschriften geschaffen. Die zielgerechte Versorgung der Interessenten war erleichtert; denn dieses Programm schuf die Grundlagen für eine Optimierung der Vertriebsmethoden, wie sie in der Folgezeit auf der Basis des altbewährten Wechselversands entwickelt wurden.

In dieser Vielfalt der Fachhefte des »Maschinenmarkt« setzte der Vogel-Verlag einen bestimmten Schwerpunkt. Nach wie vor gehörte der Werkzeugmaschinenbau zu den dominierenden Teilbereichen der Maschinenindustrie. Der Anteil seiner Produktion lag 1950 mit 84 095 t bei 6 Prozent des gesamten Maschinenbaus, er steigerte sich bis 1962 auf 8,4 Prozent bei 364 809 t. Wertmäßig war die Steigerung noch deutlicher. Hier erhöhte sich der Anteil auf 10,6 Prozent gegenüber 7,7 Prozent im Jahr 1950 und überholte damit die Landmaschinenproduktion, die bis dahin die Spitze gehalten hatte. Es war nur folgerichtig, wenn man auch im »Maschinenmarkt« der Werkzeugmaschine bevorzugten Raum gab. In der unmittelbaren Aufbauzeit nach 1948 hatte der »Maschinenmarkt« als Sonderteil den »Industrie-Bau« geführt. Es ist kein Zufall, daß diese Unterabteilung 1953 eingestellt wurde und gleichzeitig die »Werkzeugmaschinen-Praxis« zu erscheinen begann. Die Aufbauzeit der Industrie war abgeschlossen, nun stand die Einrichtung im Vordergrund.

Mit der Herausgabe der »Werkzeugmaschinen-Praxis«, die im Rahmen des »Maschinenmarkt« zunächst alle zwei Monate, dann jeden Monat erschien, begann sich ein Trend abzuzeichnen, der bald darauf auch bei anderen Publi-

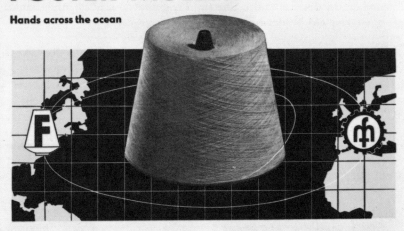

»Der Spinner und Weber, Textilveredlung«

kationen des Vogel-Verlags, beispielsweise der 1956 gegründeten »Automobil-Industrie«, wirksam wurde. Immer häufiger wurden in dieser Zeit und den darauf folgenden Jahren Mitarbeiter aus dem Hochschulbereich als Herausgeber oder Berater gewonnen, um die redaktionelle Aussage zu aktualisieren, das Band zwischen Forschung und Praxis stärker zu knüpfen und zum Nutzen des Lesers transparent zu machen. Daß dabei wissenschaftliche Exaktheit mit größter Praxisnähe verbunden werden konnte, machte den Vorzug der Vogelschen Marktzeitschriften aus. In diese Richtung zielte auch die Verwirklichung von zwei anderen Spezialausgaben des »Maschinenmarkt«. Die »Werkzeugmaschinen-Praxis« war vor allem der spanabhebenden Bearbeitung gewidmet, sie erhielt ein Gegenstück in der »Spanlosen Formung«, der heutigen »Umformtechnik«. Seit 1958 widmete sich die Ausgabe »Kunststoffe in der Technik« diesem Teilgebiet des Maschinenbaus und Industriebedarfs, das immer höhere Bedeutung gewinnt.

Mit den Schwerpunktausgaben und den Fachheften hatte der »Maschinenmarkt« ein neues Gesicht bekommen. Er konnte damit seiner alten Aufgabe, den unübersichtlichen Markt durchsichtig zu machen, noch besser gerecht werden. Die Entwicklung nach 1948 hat dieser Konzeption recht gegeben. Der »Maschinenmarkt« blieb nach wie vor das Hauptobjekt des Verlags.

Entwicklung des »Maschinenmarkt« in dem ersten Jahrzehnt nach seinem Wiedererscheinen 1948

	Ausgaben je Jahr	Gesamtumfang in Seiten	AT-Anzeigenumfang in Seiten	Textseiten	Abonnenten
1948	53	1240	–	–	3 558
1949	87	2874	1880	–	6 401
1950	85	3786	2057	917	9 288
1951	89	4272	2300	926	9 382
1952	86	4684	2596	1035	9 634
1953	89	4740	2512	1395	9 456
1954	89	4778	2616	1384	9 508
1955	93	5302	2496	1615	10 041
1956	97	5560	3096	1603	10 280
1957	98	6000	3492	1699	10 149
1958	98	6034	3599	1742	10 114

Die Auflage steigerte sich von 20 000 Exemplaren bis auf 25 000 im Januar 1950.

Im Jahr 1955 war die Rückkehr des Vogel-Verlags zum alten Fachzeitschriftenprogramm im wesentlichen abgeschlossen. Nicht alle Zeitschriftentitel der Pößnecker Zeit waren wieder aufgenommen worden. So wurde 1955 lediglich der »Spinner und Weber, Textilveredlung« als einzige Textilfachzeitschrift wieder neu ins Leben gerufen. Die übrigen Titel, die in einer Zeit der zunehmenden Spezialisierung immer weniger in einen Verlag vorwiegend technischer Fachzeitschriften passen wollten, für deren Wiederherausgabe die Basis des Aufbaubetriebs wohl auch zu schmal war, wurden zum größten Teil veräußert oder verpachtet, so z. B. die »Papier-Welt« und »Schuh und Leder«. Unter den verkauften Objekten befand sich auch die »Gründungszeitschrift« des Unternehmens, der »Internationale Postwertzeichen-Markt«, das alte »Internationale Briefmarken-Offertenblatt«.

Auch die Adreßbücher der dreißiger Jahre wurden nicht neu aufgelegt. Dagegen wurde am Fachbuchverlag, der durch die Erfahrungen bei »Schuh und Leder« angeregt worden war und noch 1943 durch den Erwerb des Leipziger Kamprath-Verlags ein solides Fundament erhalten hatte, festgehalten. Schon damals hatten sich die ersten Erfolge abgezeichnet: Das Fachbuch ergänzte die Fachzeitschrift. Die Verleger machten diese Maxime auch nach 1945 zur Richtschnur ihres Handelns, als sie gleichzeitig mit dem Vogel-Verlag auch den Kamprath-Verlag wieder aufbauten und die Neuherausgabe der bekannten »Skelette«, kurzer Lehrbücher und Repetitorien für die Praxis planten. Erst im Würzburger Vogel-Verlag allerdings konnte dann wieder ein umfangreiches Fachbuchprogramm verwirklicht werden. Es umfaßt heute, neben Sonderwerken, drei Buchreihen, deren Bände auf die Thematik der verlagseigenen Fachzeitschriften abgestimmt sind. Die Bände der Kamprath-Reihe »kurz und bündig« sind Prüfungshelfer für Schule, Studium und Beruf. Sie enthalten in knapper Form Zusammenfassungen einzelner Wissens- und Fachgebiete und setzen die Tradition der alten Kamprath-Skelette fort. Die Titel der Reihe Sicherheits- und Service-Fibeln stellen das Gewußt-wo bei der Reparatur in den Vordergrund. Sie bieten eine konzentrierte Einführung in die Service-Technik, wobei auf das Gebiet der schnellen Fehlersuche besonderer Nachdruck gelegt wird. Eine Neuheit ist der Band »Die Meisterprüfung im Kfz-Handwerk«, der am Anfang einer neuen Reihe gleichartiger Werke stehen soll.

Auch ein anderes Verlagsobjekt, das im Schaffen der Brüder Vogel immer eine Sonderstellung eingenommen hatte, lebte 1954 im Verlag Dr. L. Nonnes Erben, allerdings nur in bescheidener Form, wieder auf: die »Thüringer Tageszeitung«. Im Herbst 1954 entschlossen sich die Verleger, das Blatt als Heimatzeitung der Thüringer in der Bundesrepublik wiederzubegründen. Der neue Untertitel »Brücke zur Heimat – Thüringen, das Grüne Herz Deutschlands« der nun zweimal monatlich erscheinenden Tageszeitung bestimmt ihre Thematik. Ihr ist als Aufgabe gestellt, »das Heimatgefühl der jetzt außerhalb des Grünen Herzens Deutschlands lebenden Thüringer wachzu-

Verlagspostamt Würzburg 2

Thüringer Tageszeitung

Im Jahre 1818 als „Dorfzeitung" Hildburghausen gegründet

THÜRINGEN Das grüne Herz Deutschlands

Heimatzeitung der Thüringer im In- und Ausland · Brücke zur Heimat

138. Jahrgang · Nr. 1 | 1. Januar-Ausgabe 1955 | Coburg/Oberfranken

Der „Neue Kurs" in alter Richtung

Ostzonale Umschau am Jahresbeginn

In Thüringen sollen Unterkünfte für 12000 Mann der „Nationalen Streitkräfte" geschaffen werden

Bonn. Wieder ging ein Jahr zu Ende, in dem sich Wetterglas und politisches Stimmungsbarometer oft die Waage hielten. Zwar hatte das Jahr 1954 einigen welterschütternden Katastrophen gegenüber keine gleichwertigen Ereignisse in der großen Politik entgegenzusetzen, aber dafür brachte es die für Europa und die ganze Welt bedeutungsvolle Tatsache, daß sich der Westen über Fehlschläge und Schwierigkeiten hinweg fest zusammengefunden hat.

Die Verträge von London und Paris rissen den Kreml jäh aus dem Freudentaumel, in den er durch das Scheitern der EVG versetzt worden war, und zwangen ihn zu außerordentlicher Aktivität. Nachdem die traditionellen Noten als Torpedierungsmittel nichts mehr fruchteten, wurde den Diplomaten Europas in atemloser Hast der Vorschlag zur „Europäischen Sicherheitskonferenz" unterbreitet. Die erfreulicherweise einmütige Ablehnung durch die Westmächte versetzte dem Ostblock in die gar nicht willkommene Lage, hinter den verschlossenen Türen des Spiridinowska-Palastes in Moskau ein faules Ei auszubrüten. In bewährter „Geschlossenheit" unterzeichneten die neun Teilnehmerstaaten, die getreuen Satelliten des Bolschewismus, im kleinen Marmorsaal des Kreml die achtzehnseitige Deklaration mit der massiven Drohung, daß im Falle einer Ratifizierung der Pariser Vereinbarungen über die Wiederbewaffnung der Deutschen Bundesrepublik eine osteuropäische Militärallianz sowie eine *National-Armee der „DDR"* ins Leben gerufen werden sollen.

Seit ihrer Rückkehr von diesem Satellitentreffen beeilen sich Grotewohl und Ulbricht, das ihnen von den Diktatoren in Moskau auferlegte Soll an bramarbasierenden Drohungen gegenüber dem Westen überzuerfüllen. Die Tatsache, daß in der sowjetisch besetzten Zone Deutschlands „nationale Streitkräfte" zur friedlichen Lösung der deutschen Frage nicht erst aufgestellt zu werden brauchen, läßt die beiden Serienredner sich zu Formulierungen steigern, die gleicher Weise von Triumph- und Haßgefühlen diktiert sind. In Wirklichkeit existieren bewaffnete „Streitkräfte" in der DDR seit Jahr und Tag in Gestalt der *kasernierten Volkspolizei*, die bis jetzt immerhin 14000 Mann zählt. Dieses Truppenkontingent stellt aber nur einen Teil der sowjetzonalen Aufrüstung dar. Während man im Westen über die Aufstellung einiger deutscher Divisionen verhandelt, wurde jenseits des „Eisernen Vorhangs" *längst gehandelt*. Die Volksvertreter brauchten dazu ihre persönliche Meinung überhaupt nicht zu sagen.

Rudolstadt, Stalinstraße 68

Sehr aufschlußreich sind in diesem Zusammenhang einige Informationen über den geheimnisvollen „Sonderstab M", dessen Außenstelle Thüringen sich in *Rudolstadt*, Stalinstraße 68, befindet. Wer glaubt, daß sich hinter dieser Bezeichnung das Wunder des friedlichen Aufbaues verbirgt, irrt sich. 200 Millionen Mark hat dieses Büro für 1954/55 zu verbauen. In dieser Summe sind nur die reinen Baukosten enthalten; Nebenkosten und Ausrüstungen schrauben den gesamten Etat auf rund 400 Millionen Mark. 30000 bis 40000 Wohnungen ließen sich mit diesen Geldern errichten, doch die Angestellten des Büros sind weit davon entfernt, an solche zu denken. Flugzeughallen, Kasernen und Luftschutzbunker sind es, denen sie täglich mit Rechenschiebern und Zeichenbrett zu Leibe rücken.

Besonders bemerkenswert ist der Neubau eines Militärflugplatzes in *Erfurt-Bindersleben*. Allein die Flugzeughallen, Unterkünfte und technischen Anlagen verschlingen einen Betrag von 8 Millionen Mark. Wie schon an anderer Stelle erwähnt, wird auch *in Gotha* ein Militärflugplatz errichtet. Umfangreiche Bauarbeiten werden in Kürze auch auf dem Truppenübungsplatz *Ohrdruf* beginnen, der kürzlich von den Sowjets für die KVP (kasernierte Volkspolizei) freigegeben wurde. Völlig neue Kasernen sind für *Ilmenau* und *Schleusingen* vorgesehen. Zusammen mit dem Ausbau älterer Kasernen müssen in Thüringen Unterkünfte für 12000 Mann geschaffen werden.

Auch Luftschutzbunker sind vorgesehen, doch scheitern Neubauten vorerst an dem erheblichen Mangel an Zement und Armierungsmaterial. Zunächst begnügt man sich damit, die nach 1945

(Forsetzung Seite 2)

Im Spiegel der Zeit

Bundesminister Jakob Kaiser warnte im RIAS Berlin vor einer Politik der Entspannung auf Kosten der Wiedervereinigung Deutschlands. „Wer Entspannung zwischen Ost und West auf der Basis der Zerrissenheit Deutschlands sucht, gleicht einem Manne, der glaubt, sich auf einem Minenfeld zur Ruhe niederlassen zu können."

Staatssekretär Franz Thedieck vom Bundesministerium für gesamtdeutsche Fragen warnte vor einer deutschen Wiedervereinigungspolitik mit Wagnissen und Konzessionen bei künftigen gesamtdeutschen Wahlen.

Der deutsche Physiker und Nobelpreisträger Professor Gustav Hertz, der 1945 zusammen mit anderen Wissenschaftlern nach der Sowjetunion verschleppt wurde, hat einen Lehrstuhl für Physik an der Karl-Marx-Universität in Leipzig übernommen.

38 Volkspolizisten, darunter ein Kommissar, flüchteten in der Woche vom 27. Dezember bis 2. Jaunar nach Westberlin.

Der in die Sowjetzone übergetretene ehemalige CDU-Bundestagsabgeordnete Schmidt-Wittmack bekleidet jetzt den Posten eines Vizepräsidenten der Kammer für Außenhandel in Ostberlin.

Versagen der Planwirtschaft in der DDR

„Volkseigene" Zeiß-Werke in Jena produzieren monatlich für eine Million Mark Ausschuß

Berlin. Einen interessanten Bericht über das Versagen der Planwirtschaft in der deutschen Sowjetzone veröffentlichte dieser Tage die „Neue Zürcher Zeitung". Das Blatt betont, die Wirtschaftsplaner in der Zone hätten am Ende des vergangenen Jahres festgestellt, daß die Planziele nicht erreicht wurden. Für das Jahr 1955, das letzte des ersten Fünfjahrplanes, kündigten sie einen „entschlossenen Kampf für die Steigerung der Arbeitsproduktivität, für die Rentabilität der Produktion sowie für die Verwirklichung des Sparsamkeitsregimes auf allen Gebieten" an.

Der Ministerrat in der DDR hatte sich in der letzten Zeit mehrfach mit der wirtschaftlichen Lage zu befassen, die nach den Meldungen der Ostpresse ein chaotisches Bild darbietet. Es ist nicht gelungen, die chronischen Engpässe bei der Energieerzeugung, der Brennstoffindustrie und beim Transportwesen zu beseitigen. Das Bauwesen befindet sich auf einem bedenklichen Tiefstand. Grotewohl sah sich gezwungen, die Bevölkerung zur Selbsthilfe aufzurufen. Die Produktion von Gütern des täglichen Bedarfs bleibt ungenügend, und es ist keine wesentliche Besserung der materiellen Lebenslage der Bevölkerung eingetreten. Im Laufe des vergangenen Jahres schwenkte die Wirtschaft der Sowjetzone wieder in die alten stalinistischen Geleise ein, das heißt, sie konzentrierte sich wieder stärker auf den Ausbau der Schwer- und Investitionsgüterindustrie. Die Erzeugung von Massenbedarfsartikeln erfolgt nach wie vor auf der schmalen Basis der Abfallproduktion der Schwerindustrie.

Wie von Regierungsseite zugegeben wird, breitet sich das „Plan-Chaos" in der Wirtschaft immer weiter aus. Die „volkseigenen" Betriebe betreiben seit Jahren eine Defizitwirtschaft. So produzieren zum Beispiel die Zeiß-Werke in Jena nach Angaben der Ostpresse monatlich fast für eine Million Mark Ausschuß. Binnen neun Monaten ist eine ganze Monatsproduktion verlorengegangen. Die Produktion wird gehemmt und zum Teil sogar stillgelegt, weil die notwendigen Materialien nicht vorhanden sind oder nicht geliefert werden. Der Handel verteilt nur die festen Plankontingente; er vermag den wechselnden Bedarf der Betriebe nicht zu befriedigen. Einzelne Betriebsleitungen greifen zur Selbsthilfe, indem sie in riesigem Ausmaß Material horten, wodurch das ganze Verteilungssystem in Unordnung gerät.

Die Starrheit der Planwirtschaft verhindert eine Anpassung der Löhne an die Arbeitsproduktivität. Obwohl der Stand der Arbeitsproduktivität relativ niedrig blieb, sind die Lohnkosten stark gestiegen, und zwar infolge der politisch bedingten Lohnerhöhungen und der Übererfüllung der zum Teil nicht technisch begründeten Arbeitsnormen. Es kommt den Betriebsleitungen darauf an, das ihnen auferlegte Plansoll möglichst rasch zu erfüllen. So versuchen sie, eine quantitativ große Produktion auszustoßen. Der Arbeiter muß eine möglichst große Zahl von Werkstücken produzieren, um sein Soll zu erfüllen oder überzuerfüllen und dadurch den Lohn zu steigern. Es ist klar, daß auf diese Weise schlechte Arbeit bezahlt wird und daß die Qualität der Produktion leidet, was im ganzen Wirtschaftsprozeß zu einer Kette von Rückschlägen und Hemmnissen führt ...

Der Leidtragende der staatlichen Planwirtschaft ist der Konsument, d. h. die Masse der Bevölkerung. Man macht sich im Westen oft keine richtige Vorstellung davon, wie sehr das Leben des einzelnen durch die Planwirtschaft beengt wird, die sich nicht nach den Bedürfnissen der Menschen, sondern nach den von oben dekretierten Planziffern richtet. Die „Neue Zürcher Zeitung" stellt in diesem Zusammenhang fest, daß es gegenwärtig z. B. in Ostberlin ein größeres Angebot von leichten Sommerstoffen und Badeanzügen gibt; im Frühjahr und Sommer waren diese Artikel kaum zu haben. Erst jetzt haben die betreffenden Wirtschaftszweige ihr Plansoll erfüllt. Ähnliche Beispiele ließen sich zu Hunderten anführen. Es fehlt das eine Mal an Nägeln, Schrauben und Rasierklingen, das andere Mal an Gardinenstangen, Eimern, elektrischen Steckdosen und Sicherheitsnadeln. Augenblicklich wartet die Bevölkerung immer noch auf die Lieferung von HO-Briketts, die sie bereits im Juli und August bestellt und auch bezahlt hat.

Bei der Planwirtschaft der deutschen Sowjetzone ist alles spitz ausgerechnet; im Gegensatz zur Wirtschaft des Westens verfügt sie über keine „Polster". Tritt etwas Unvorhergesehenes ein, oder wird bei einem Betrieb falsch geplant (was sehr häufig der Fall ist), so gerät das ganze Plangebäude ins Schwanken. Die Folgen des Rückschlages werden mit Hilfe des Machtapparates des Staates und der Partei auf die breiten Schichten der arbeitenden Bevölkerung abgewälzt.

SED möchte ganz Berlin internationalisieren

Hirngespinst des Zentralkomitees — Der Gedanke einer „demokratischen Volksvertretung"

Berlin. Nach Mitteilung des Informationsbüros West beschäftigt sich das SED-Zentralkomitee zur Zeit mit Plänen für eine Internationalisierung ganz Berlins nach Inkrafttreten der Pariser Verträge.

Der Plan sieht vor, daß an der Spitze Berlins ein „internationaler Gouverneur zusammen mit einer demokratischen Volksvertretung" stehen soll. Natürlich wünscht die SED einen sowjetischen Gouverneur. Diesem sei ein Gremium zu unterstellen, dem Vertreter der Sowjetunion, der USA, Großbritanniens, Frankreichs, Polens, der Tschechoslowakei, der Bundesrepublik und der Sowjetzone angehören sollen. Die Sowjetzone fordert dabei besondere Rechte auf dem Gebiete des Verkehrs, da Berlin Eisenbahn-Verkehrsknotenpunkt sei. Weiter fordert das SED-Zentralkomitee, die Wirtschaft Berlins müßte allen an diesem Abkommen beteiligten Kräften nutzbar gemacht werden. Man kann sich schon jetzt ausrechnen, welche Komplikationen entstünden, wenn das Kuckucksei ausgebrütet würde.

Nach Westberlin geflüchtet

Berlin. Karl-Heinz Senger, der frühere Abgeordnete der Ost-LDP, ist nach Westberlin geflüchtet und hat um politisches Asyl nachgesucht. Senger war wegen „unklarer Haltung gegenüber feindlichen Kräften" Ende November seiner Parteifunktion enthoben worden.

Kollektivierung der Landwirtschaft

Berlin. Walter Ulbricht hat auf einer Konferenz von Vorsitzenden der in der DDR errichteten landwirtschaftlichen Produktionsgenossenschaften interessante Mitteilungen über die Bolschewisierung auf dem Lande gemacht. Er ließ keinen Zweifel darüber, daß er die Produktionsgenossenschaft als Übergangslösung betrachte. Nach seinen Worten ist die Produktionsgenossenschaft „die für die kleinen Eigentümer zweckmäßigste Form des Übergangs zur sozialistischen Wirtschaft". Im übrigen warnte er „vor amerikanischen Agenten, die versuchten, Kartoffelkrankheiten einzuführen und die Schweinepest zu verbreiten". Das Greuelmärchen war schon immer ein beliebter Propagandatrick!

Ostpreußen im neuen Obersten Sowjet

Berlin. Ostpreußen, heute „Kaliningrader Gebiet" genannt, wird unter den 784 Mitgliedern des neuen Sowjets der russischen Föderativen Sowjetrepublik, der am 27. Februar 1955 auf vier Jahre gewählt wird, mit sechs Abgeordneten vertreten sein. Dies teilte die „Prawda" mit. — Drei Abgeordnete entfallen auf die Stadt Königsberg („Kaliningrad") und je einer auf die Wahlkreise Pillau („Baltisk"), Tilsit („Sowjetsk") und Insterburg („Tscherniachowsk").

Abgelehnte Forderungen

Würzburg. 80 Jahre alt wurde im Dezember die Eisenbahnstrecke Schweinfurt—Meiningen. Seit 1945 ist die Strecke durch die Zonengrenze unterbrochen. Die Forderungen der Industrie, die Eisenbahnverwaltung der Sowjetzone möge darauf hinwirken, daß der Bahnverkehr auf der Strecke wieder in Gang kommt und nicht weiter durch die Zonengrenze abgeriegelt werde, sind bisher von seiten der DDR-Behörden abgelehnt worden.

Empörung gegen die Volkspolizei

Viertausend Einwohner wurden nachts durch Läuten der Kirchenglocken alarmiert

Berlin. Als Volkspolizisten in das evangelische Pfarrhaus des brandenburgischen Ortes Glindow einzudringen versuchten, alarmierten Bürger nachts die viertausend Einwohner der Gemeinde durch Läuten der Kirchenglocken. Die Volkspolizisten wollten eine Hausdurchsuchung vornehmen und den Sohn des Pfarrers verhaften. Mehrere hundert Einwohner umstellten schützend das Pfarrhaus. Die Volkspolizisten führten den Sohn des Pfarrers durch die Hintertür des Pfarrhauses ab.

Vormilitärische Jugenderziehung

Berlin. Die SED hat neue Richtlinien für die Vorbereitung der Jugend zum Militärdienst herausgegeben. Erich Honegger, der Vorsitzende des Zentralrates der FDJ, ein enger Mitarbeiter Ulbrichts, erklärte, die Vorbereitung der Jugend auf den Militärdienst müsse in „geduldiger Arbeit" erfolgen. Man stehe vor der Aufgabe, der Staatsjugend „die Bedeutung und den Charakter der bewaffneten Streitkräfte unter den Bedingungen der Macht der Arbeiter und Bauern" klarzumachen. Der Staat der deutschen Sowjetzone habe in der letzten Zeit die Remilitarisierung bewußt zurückgestellt; diese Politik habe viele Jugendliche zu „falschen Schlußfolgerungen" verleitet. Es gelte jetzt, „allen Stimmungen des Pazifismus entgegenzutreten".

Wenn Gäste aus Thüringen kommen

Betreuung von Besuchern aus der Zone — Vorschläge des gesamtdeutschen Kuratoriums

Hannover. Der 1. Sprecher des Verbandes mitteldeutscher Landsmannschaften, Regierungsdirektor Heinz Sting, weist auf folgendes hin: Der Präsident des „Deutschen Städtetages" hat allen Städten der Bundesrepublik empfohlen, jedem Besucher aus der Sowjetzone eine Mappe mit einem Stadtplan und Drucksachen über die betreffende Stadt sowie ein Gutscheinheft für unentgeltliche Benutzung der städtischen Verkehrsmittel auszuhändigen. Außerdem sollen Freikarten für Schwimmbäder, Museen und andere städtische Einrichtungen sowie für Theater, Kinos und Vorträge an Hochschulen bzw. Volkshochschulen ausgegeben werden.

Den Ortsvereinen wird empfohlen, an ihrem Platz in geeigneter Weise durch Verhandlungen mit der Stadt bzw. Kreisverwaltung und insbesondere durch Fühlungnahme mit den Fraktionen bzw. Ratsherren der verschiedenen Parteien, vor allem aber mit Abgeordneten aus den Reihen der Flüchtlinge, dahin zu wirken, daß diese Anregungen des Präsidiums des Deutschen Städtetages mehr und mehr praktische Verwirklichung finden.

•

Auch der Präsident des Kuratoriums „Unteilbares Deutschland", Paul Loebe, hat eine Reihe von Vorschlägen unterbreitet, die den Bewohnern der Sowjetzone den Besuch im Bundesgebiet erleichtern sollen. Als vordringlichste Aufgabe soll eine Rückfahrkarte zwischen dem Bundesgebiet und Mitteldeutschland eingeführt werden. Bei den kommunalen Spitzenverbänden hat sich das Kuratorium dafür eingesetzt, daß Gäste aus der Sowjetzone bestimmte Vergünstigungen erhalten.

Die »Thüringer Tageszeitung« als Heimatzeitung

halten. Sie berichtet über Gegenwartsfragen und das Geschehen in der alten Heimat in Wort und Bild. Durch die Pflege heimatlichen Kulturguts und Thüringer Brauchtums und das Eintreten für die Interessen der Flüchtlinge will die Heimatzeitung die schicksalhafte Verbundenheit der Thüringer untereinander im Bundesgebiet und in aller Welt festigen. Die enge Zusammenarbeit mit der Bundeslandsmannschaft Thüringen, Siegen, deren Veröffentlichungsorgan die ›Thüringer Tageszeitung‹ ist, und der Kontakt mit den einzelnen Thüringer Ortsverbänden unterstützen diese Bestrebungen ganz besonders«.

Das Zeitschriftenprogramm des Unternehmens war gegenüber der Pößnecker Zeit geschrumpft, aber der Vogel-Verlag hatte nichts von seiner Bedeutung für die deutsche Wirtschaft verloren. Er konnte im Gegenteil knapp ein Jahrzehnt nach Wiederbeginn beachtliche Leistungen vorweisen, Leistungen, an die man zu Beginn des Wiederaufbaus nie zu wagen geglaubt hatte, schon nach so kurzer Zeit wieder zu erreichen.

Die Exportzeitschriften hatten Deutschlands Rückkehr zum Weltmarkt nachhaltig gefördert. Die Inlandzeitschriften des Vogel-Verlags waren in ihrer Thematik mit drei der wichtigsten Industriezweige der Bundesrepublik eng verbunden. Im Jahr 1962 beispielsweise folgte der Maschinenbau mit 10,6 Prozent des gesamten Industrieumsatzes dem Spitzenreiter, der Nahrungs- und Genußmittelindustrie (13,7 Prozent); die Elektroindustrie nahm mit 7,7 Prozent hinter der Chemie den vierten Platz ein. Der »Maschinenmarkt« zählte innerhalb der Konkurrenz ähnlich gestalteter Zeitschriften zur Spitzengruppe, der »Auto-Markt« und die »Elektro-Technik« waren in ihren Märkten unübertroffen.

Gerade in der Konzentration auf ein Kernprogramm technisch orientierter Fachzeitschriften lag die Chance für künftige Expansion, die die Erfahrungen der Wiederaufbauzeit im Nachkriegsdeutschland nutzen konnte. 1955 war nicht ein Endstadium erreicht, sondern nur die Grundausstattung komplett. Der Wiederaufbau des Zeitschriftenprogramms war abgeschlossen, er wurde vom Ausbau der Betriebsanlagen zu gleicher Zeit im überschlagenden Einsatz überholt.

Von Coburg nach Würzburg

In der ehemaligen Heeresbäckerei am Coburger Sonntagsanger hatte der Vogel-Verlag im Spätsommer 1948 ein festes Domizil bezogen. Nun konnte man daran denken, sich für längere Zeit einzurichten. Sehr schnell kam damit auch der Beschluß zustande, das alte Grundprinzip Vogelscher Verlegertätigkeit wieder in Geltung zu bringen: die Einrichtung einer eigenen Druckerei. Ludwig Vogel meint dazu heute: »Der Vogel-Verlag Coburg ließ zunächst in Coburg, in Kulmbach, in Bamberg, in Hof, in Lichtenfels, ja sogar in Nürnberg und Frankfurt drucken. Das bedingte uneinbringbare Zeitverluste in der Herstellung, ungenügendes Eingehen der betreffenden Druckereien auf die Belange und die Erfordernisse des Verlags und last, not least des Aufbringens von 100 Pfennigen für jede Druckrechnungs-DM. Die Eigenproduktion bedingte zwar erhebliche Investitionsbeträge, nach Errichtung der eigenen Druckerei war dann aber die interne Druckrechnungs-DM nur noch mit etwa 60 baren Pfennigen zu bezahlen.«

Die Coburger Druckerei des Vogel-Verlags kam rasch in Gang. Ludwig Vogel beschaffte gebrauchte Druckmaschinen aus Berlin, die mit einer Sondergenehmigung durch die SBZ transportiert werden durften. Er kaufte eine in Ingolstadt lagernde fabrikneue Akzidenzdruckerei, eine Monotype-Supra-Gießmaschine, baute die Maschinensetzerei aus reparierten Beständen der im Familienbesitz befindlichen Berliner Druckerei Achilles und Schwulera auf und erwarb eine Erstausstattung an Anzeigenschriften von der Schriftgießerei Johannes Wagner in Berlin. Am 5. 8. 1949 waren 5006,41 kg Schriften

Ludwig Vogel bei einem Besuch Ludwig Erhards in Coburg

und Blindmaterial in den Setzregalen abgelegt, der Druck im eigenen Haus konnte beginnen. Mit der Herstellung des »Export-Berater« im Oktober und des verlegerischen Gesellenstücks von K. Th. Vogel, des »Last-Auto« nahm der neue Graphische Betrieb seine Tätigkeit auf. Binnen kurzem war man soweit, daß ein großer Teil der Verlagsobjekte in eigener Regie gedruckt werden konnte.

Coburg als Wiederaufbauort – diese Tatsache hatte sich mehr zufällig ergeben. Es war auch keineswegs beschlossene Sache, daß die alte Residenzstadt für alle Zukunft Verlagssitz bleiben sollte. Schon 1946 hatten A. G. Vogel und K. Th. Vogel in Richtung Ruhrgebiet sondiert, ohne zu dieser frühen Zeit bereits Erfolg zu haben. Die Überlegungen zu einem Ortswechsel gingen jedoch weiter, und in diesen Zusammenhang gehört auch ein Intermezzo der Verlagsgeschichte, das mit der Reaktivierung einer weiteren Zeitschrift verbunden war.

Im Jahr 1938 hatten die Brüder Vogel für den Verlag Dr. L. Nonnes Erben, der seinen Sitz damals in Berlin hatte, die im Jahr 1883 begründete Fachzeitschrift »Fortschritte der Medizin« erworben. Im Sommer 1950 beschlossen sie, dieses Objekt wieder herauszugeben und zu diesem Zweck auch den Verlag Dr. L. Nonnes Erben als selbständige Firma aufleben zu lassen. Coburg kam als Firmensitz nicht in Frage, es war von vornherein an eine Auffangstelle für eventuelle spätere Verlagerungen gedacht. Die Befürchtung einer neuerlichen sowjetischen Expansion – im Juni 1950 war der Koreakrieg ausgebrochen – bestimmte die Verleger, einen Ort im äußersten Südwesten der Bundesrepublik, hart an der Schweizer Grenze zu wählen; Jestetten im badischen Landkreis Waldshut.

Hier wurden im Herbst 1950 unter der Leitung von Othmar Freiherr von Wangenheim, dem Schwiegersohn A. G. Vogels, die Vorarbeiten für die erste Nummer »Fortschritte der Medizin« begonnen, die im Januar 1951 erschien. Aber Jestetten blieb wie gesagt nur Intermezzo. Einmal war die medizinische Fachzeitschrift ein Fremdkörper im Programm des Vogel-Verlags, was sich in der Vertretertätigkeit und damit für den Erfolg des Objekts hinderlich auswirkte. So hat später Dr. Schwappach, Darmstadt, die Anzeigenverwaltung übernommen, der dann schließlich 1955 »Fortschritte der Medizin« käuflich erwarb und in eigenem Verlag weiterführte. Schon vorher war die Verwaltung von Jestetten an den Hauptsitz Coburg verlegt worden. Andere Pläne traten in den Vordergrund. In Jestetten befindet sich heute nur noch die Vogel-Verlag KG Jestetten – eine Buchvertriebsfirma des Vogel-Verlags.

Als Firmenhauptsitz war Jestetten niemals ernsthaft in Betracht gezogen worden. Dafür lag es allzuweit ab von jeder Fernverkehrsverbindung. Ähnliches galt im Grund auch für Coburg. Im »toten Winkel« Bayerns gelegen, war es vom Gebiet der SBZ fast umschlossen: Anlaß genug, einen baldigen Umzug in einen günstiger gelegenen Standort zu erwägen. Denn die Eigenart der Vogelschen Verlagspublikationen forderte gebieterisch raschen Versand; für sie galt das Ziel: so schnell wie möglich beim Empfänger. Das war von Coburg aus nicht zu schaffen, benötigte doch gelegentlich Post aus dem Ruhrgebiet zwei bis drei Tage, ehe sie den Vogel-Verlag erreichte.

Die Ungunst der Verkehrslage wurde noch verschärft durch die räumlichen Unzulänglichkeiten, unter denen der Verlag in Coburg zu leiden hatte. Vor allem für die Anlagen des Graphischen Betriebs gab es nahezu keine Ausdehnungsmöglichkeiten mehr. Das führte dazu, daß für die hohen Auflagen der großen Zeitschriften »Maschinenmarkt«, »Auto-Markt« und die Sprachenausgaben des »Export-Markt« immer noch mehrere Fremddruckereien in Anspruch genommen werden mußten, was den Versand noch einmal empfindlich verzögerte. Seit Sommer 1950 begann daher die Suche nach einer neuen, endgültigen Heimat für den Vogel-Verlag.

Merkwürdig genug: bisher hatte bei der Wahl des Verlagssitzes in der Familie Vogel stets der Zufall eine Rolle gespielt, weniger Überlegungen, die den Versand der Zeitschriften betrafen. C. G. Vogel war durch Zufall als junger Mann nach Pößneck gekommen – Coburg war ebenso zufälliger Schlußpunkt der Flucht A. G. Vogels 1945. Asch lag zwar günstig für eine Verbindung nach Pößneck – es war von dort in verhältnißmäßig kurzer Autofahrt zu erreichen –, im übrigen aber völlig an der Peripherie Böhmens, im sogenannten Ascher Zipfel. Lediglich Bruck/Kiralyhida war von C. G. Vogel wegen seiner günstigen Lage an der ungarischen Grenze zum Verlagsort des »Österreich-Ungarischen Maschinenmarkt« bestimmt worden. Jetzt, im Jahr 1950, wurde erstmals in der Geschichte des Unternehmens ein Verlagsort nach Maß gesucht, der die schnelle und aktuelle Verbreitung seiner Objekte garantieren konnte.

Eine Reihe von Städten, darunter Karlsruhe, Darmstadt, Aschaffenburg, Eschwege, Fulda, Wiesbaden und Lohr, wurde besucht, gewogen und zu leicht befunden – obwohl die interessierten Stadtverwaltungen teilweise verlockende Angebote gemacht hatten. Die Wahl fiel schließlich auf die Mainmetropole Würzburg. Wie eine Spinne im Netz liegt diese Stadt seit altersher im Schnittpunkt wichtiger Fernverkehrsstraßen, denen sich seit dem 19. Jahrhundert auch die Eisenbahnen zugesellten. Seit der Abschnürung der mitteldeutschen Gebiete ist Würzburg in noch stärkerem Maße eine Drehscheibe für den Fernverkehr Westdeutschlands geworden. Der Ausbau der Bundesautobahnen in den sechziger Jahren hat diese Bedeutung noch einmal unterstrichen.

Den Verlegern mochte wohl auch die Atmosphäre der alten Verlagsstadt Würzburg für ihr Unternehmen günstig erscheinen, wo schon kurz nach

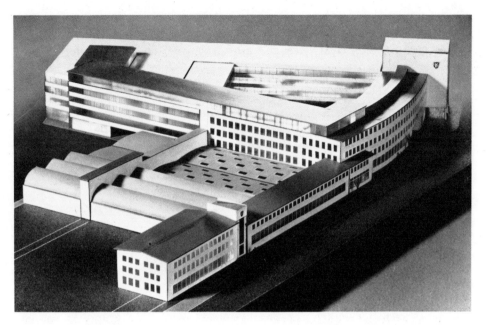

Modell nach dem Generalbebauungsplan für den Vogel-Verlag Würzburg

Gutenbergs Erfindung sein Schüler Anton Reiser die Schwarze Kunst heimisch gemacht hatte. Auch in der Drucktechnik besaß die Stadt lange Tradition: Am Anfang des 19. Jahrhunderts hatten Koenig und Bauer ihre berühmt gewordene Schnellpressenfabrik im ehemaligen Praemonstratenserkloster Oberzell bei Würzburg eingerichtet.

Entscheidend für die Inhaber des Vogel-Verlags aber wurden neben der ausgezeichneten Verkehrslage die günstigen Bedingungen, die der Oberbürgermeister der im zweiten Weltkrieg fast ganz zerstörten Stadt, Dr. Franz Stadelmayer, ihnen anbieten konnte. Unweit jenes Klosters Oberzell, an der Max-Planck-Straße am nördlichen Stadtrand, stellte die Stadt Würzburg für die Errichtung eines Verlags- und Druckereigebäudes ein Grundstück von 30 000 m² zur Verfügung. Sie sicherte darüber hinaus die Bereitstellung von 100 Wohnungen für Mitarbeiter zu ortsüblichen Mieten zu und gewährte dem Vogel-Verlag für die Anfangsjahre des Aufbaus in Würzburg wesentliche Erleichterungen.

In Pößneck waren die Verlagsgebäude sozusagen im Wildwuchs entstanden, ganz besonders in der Epoche der ersten Expansion zwischen Jahrhundertwende und erstem Weltkrieg. An das Projekt Vogel-Verlag Würzburg wurde dagegen mit sorgfältiger Planung herangegangen. Die Verleger waren sich darüber im klaren, daß es Jahre dauern würde, bis die gänzliche Verlagerung des Betriebs von Coburg an den Main vollzogen war. Im Zusammenwirken mit dem Architekten von Lamatsch, der bereits in Pößneck für den Vogel-Verlag tätig gewesen war, entstand ein Generalbebauungsplan, der stufenweise verwirklicht werden sollte.

Er ermöglichte es, die einzelnen Betriebsteile einander funktionsgerecht zuzuordnen und vor allem im graphischen Betrieb eine Raumverteilung zu schaffen, die als endgültig betrachtet werden konnte. Dabei sollte die Druckerei wegen der im Produktionsfluß zu bewegenden Lasten in unterkellerten Flachbauten untergebracht werden, wobei die Keller für die Papierlagerung vorgesehen waren. Besonderer Wert wurde, eingedenk der Pößnecker Erfahrungen um 1920, auf die Tragfähigkeit von Keller und Erdgeschoß des Graphischen Betriebs gelegt. Um auch schnellaufende, schwere Druckmaschinen mit großen zu bewegenden Massen laufsicher fundamentieren zu können, wurde eine Tragfähigkeit von 2000 kg/m² eingeplant. Die einzelnen Druckgruppen Hochdruck und Offset wurden räumlich getrennt und mit gesonderten Klima- und Heizungsanlagen versehen. Damit war die Möglichkeit gegeben, bei zeitverlagertem Mehrschichtbetrieb jeweils nur die arbeitende Abteilung zu bedienen. Die Verwaltungsgebäude der Druckerei sollten zweckentsprechend seitlich der Produktionsschwerpunkte gruppiert werden und vom Obergeschoß her Einblick in die Herstellungsräume gewähren.

Die Shed-Hallen der Druckerei im Bau

Für die Betriebsgruppe Verlag wurden fünf- bis sechsgeschossige Hochbauten vorgesehen. Während aber im Graphischen Betrieb jeder Produktionsabteilung von vornherein ein fester Platz zugewiesen war, mußte man hier beweglicher bleiben. Dieses Ziel wurde erreicht durch schalldämpfende, leicht montier- und demontierbare Glastrennwände. »Jahrzehntelange Erfahrung im Stammhaus Pößneck«, betont Ludwig Vogel, »gipfelten in der Erkenntnis, daß die variable Größengestaltung der Arbeitsräume wegen häufiger Umgruppierungen gesichert sein muß.«

Vorrang bei der Verwirklichung des Bauvorhabens hatte natürlich der Graphische Betrieb, um die Vorteile des Verkehrsknotenpunkts Würzburg so bald wie möglich ausnutzen zu können. Den Anfang machte eine Nissenhütte für die Bauarbeiter, dann wuchsen im Lauf des Jahres 1951 die Shed-Hallen der Druckerei in die Höhe. Im Februar 1952 waren sie bezugsfertig, und im April begann die komplizierte Verlagerung der technischen Anlagen aus Coburg nach Würzburg, mit Ausnahme der Klischeeanstalt und der Positivretusche, die mit der Anzeigenverwaltung enger verbunden waren als jeder andere Teil des Graphischen Betriebs. Mit dem Druck von »Elektro-Technik«, »Landmaschinen-Markt«, »Export-Berater« und »Fortschritte der Medizin« nahm der Würzburger Betrieb Ende Mai 1952 seine Arbeit auf.

Der Vogel-Verlag trat in eine Übergangsphase des »jahrelangen Umzugs«, die durch ein exaktes Timing in der Zusammenarbeit zwischen Verlag und Druckerei charakterisiert war. Dazu kam noch die Abstimmung mit den immer noch weiter tätigen Fremddruckereien. Die Verbindung zwischen Coburg und Würzburg wurde vor allem durch die seitdem legendären »grünen Kisten« aufrechterhalten, in denen das Material für jede einzelne Zeitschriftennummer von der Itz an den Main wanderte.

Der Umzug nach Würzburg brachte dem Vogel-Verlag die Ausweitung der Druckkapazität, die ihm in Coburg versagt geblieben war. Im gleichen Tempo, wie der Bau und die Vergrößerung des Maschinenparks Fortschritte machten, konnten die Verlagsobjekte aus der Betreuung durch Fremddruckereien gelöst werden. Seit Januar 1953 wurde der »Auto-Markt« in Würzburg hergestellt, das gleiche Jahr brachte die Aufstellung der ersten verlagseigenen Buchdruck-Rotationsmaschine (32 Seiten DIN A 4, 8 Seiten davon zweifarbig) nach dem Krieg. Dieses gebraucht gekaufte Fabrikat der Vomag mit dem Baujahr 1929 übernahm vom 19. Januar 1954 an den Druck des »Maschinenmarkt«. Bis auf den »Export-Markt« wurden nun alle Zeitschriften wieder im eigenen Haus hergestellt. Auch den Druck dieses Objekts hatte man an die Würzburger Universitätsdruckerei Stürtz vergeben, um so früh wie möglich eine Zentralisierung in Würzburg zu erreichen.

Dem Graphischen Betrieb folgte der Verlag, auch er in mehreren Etappen. Die Vorhut bildeten 1952 die »Fortschritte der Medizin« und 1953 die

Der Vogel-Verlag Würzburg im Jahr 1952

Schriftleitung des »Landmaschinen-Markt«. Anfang 1956, als der erste Abschnitt der Hochbauten fertiggestellt worden war, folgten »Auto-Markt« und der eben wieder neuerscheinende »Spinner und Weber«. Die Verlagsleitung, die schon seit 1952 gelegentlich Sitzungen in Würzburg abgehalten hatte, verlegte am 12. Juli 1956 ihren Sitz an den Main. Die Zeitschriftenringe »Elektro-Technik«, »Maschinenmarkt« und »Export-Markt« sowie als letzte Abteilung die Klischeeanstalt wurden im Herbst nachgezogen. Das Coburger Zwischenspiel in der Verlagsgeschichte war beendet.

Endgültig beendet war damit auch das Kapitel »Wiederaufbau des Vogel-Verlags«. Der Aufstieg aus ungünstiger, zuweilen aussichtslos erscheinender Ausgangsposition war geglückt. Der Würzburger Vogel-Verlag nahm unter den deutschen Fachzeitschriftenverlagen wieder — wie in der Zeit zwischen den Kriegen — einen geachteten Platz ein und behauptete mit Erfolg eine führende Stellung auf dem Markt. Diese Wiederaufbauphase ist wesentlich geprägt worden durch die Arbeit einer älteren Generation von Führungskräften, an deren Spitze A. G. Vogel selbst und sein Verlagsdirektor O. H. Haase standen. Ihr Rückzug von einer aktiven Beteiligung an der Führung der Geschäfte bedeutet schon deswegen einen markanten Einschnitt in der Geschichte des Unternehmens, weil sie — zusammen mit dem 10 Jahre jüngeren Bruder Ludwig Vogel — am nachdrücklichsten die Kontinuität der Pößnecker Verlagsarbeit repräsentierten.

Während Ottohermann Haase erst 1959 nach 34jähriger Tätigkeit für den Vogel-Verlag ausschied, beteiligte A. G. Vogel bereits seit 1952 in steigendem Maß seinen Sohn und designierten Nachfolger K. Th. Vogel an den Führungs-

Ottohermann Haase

aufgaben im Verlagsbereich, die bisher ihm allein zugefallen waren. Den Anlauf zum Wiederbeginn nach 1945 hatte er noch mit vollem Elan genommen, die Konzeptionsarbeit in der Bertelsdorfer Mühle zielstrebig begonnen und den Aufbau des Coburger Betriebs am Sonntagsanger energisch vorangetrieben – nun fühlte er wohl, daß seine Kräfte nachlassen könnten. Mit dem Wiederaufbau schien ihm sein Lebenswerk vollendet, der Zeitpunkt des eigenen Rücktritts heranzunahen. Den Umzug nach Würzburg hat er innerlich bewußt nicht mehr vollziehen wollen, hier lebte er nur in einer gemieteten Wohnung. Sein eigentliches Zuhause wurde fortan immer mehr das Heim, das er sich seit 1953 in Rorschach geschaffen hatte. Wie sein Vater, der Firmengründer C. G. Vogel, wollte er seinen Lebensabend im gleichen Haus in der Schweiz verbringen. Auch für A. G. Vogel wurde er nicht zum reinen »otium cum dignitate«. Bis zuletzt hat er unermüdlich arbeitend weiterhin von Rorschach aus an der Führung des Würzburger Vogel-Verlags starken Anteil gehabt, und »seine Ära endete«, nach den Worten K. Th. Vogels, »erst mit seinem Tod am 23. Juni 1958 in Würzburg«.

Wandlungen

Pößneck – das war das Bild, das Verlegern und den Mitarbeitern der ersten Stunde beim Wiederaufbau des Unternehmens stets, wenn auch gelegentlich vielleicht unbewußt, vor Augen gestanden hatte. An Pößnecker Erfahrungen und Traditionen knüpfte man an, so wie auch die deutsche Wirtschaft im allgemeinen zunächst dort wieder anfing, wo sie vor dem zweiten Weltkrieg aufgehört hatte. Das Verlagsprogramm, das der Vogel-Verlag in Würzburg 1956 präsentieren konnte, war der Kern des Vorkriegsprogramms, die Verlagskonzeption des thüringischen Stammhauses. Gewiß, die Investitionen für die Verwirklichung der Würzburger Betriebsanlagen waren hoch, und sie konnten nicht mehr wie in früheren Zeiten allein aus Eigenmitteln erbracht werden. Sie boten jedoch ein solides Fundament für die Arbeit der Zukunft. Der Vogel-Verlag konnte es brauchen, denn die sechziger Jahre wurden turbulent. Die Akzeleration der Entwicklung des technologischen Wissens, die immer schnellere Wandlung der Märkte erforderten rasches und flexibles Reagieren der Informationsmedien. Die Geschichte des Verlags in den Jahren nach 1918 war geprägt durch den Übergang von der Herausgabe von Angebotsblättern zum Verlegen von Fachzeitschriften. Es war ein entscheidender Schritt gewesen, und es hatte genügend Zeit zur Verfügung gestanden. Nun scheint die Entwicklung der Informationsmedien vor ähnlich einschneidenden Veränderungen zu stehen, und die Zeit der Anpassung scheint kürzer bemessen zu sein. Der Vogel-Verlag mußte – wie schon in der Zwischenkriegszeit – neue Wege finden, um den Anforderungen der sechziger und bald auch der siebziger Jahre gerecht zu werden.

Die Zeit, die dem Umzug des Vogel-Verlags von Coburg nach Würzburg folgte, die späten fünfziger und frühen sechziger Jahre, erscheinen rein äußerlich als Phase der Ruhe, der Konsolidierung und des Ausreifens, des Verkraftens der Investitionen. Erst 1964/65 und dann wieder 1967, als in

Arthur Gustav Vogel, 5. August 1889–23. Juni 1958

Der Vogel-Verlag Würzburg 1958 aus der Vogelperspektive

zwei Bauperioden der Umfang der Verlags- und Druckereigebäude sich fast um das Doppelte vergrößert, werden Ansätze zu neuer Expansion sichtbar. Sie dokumentieren gleichzeitig, daß im Vogel-Verlag die Zeit nicht stillgestanden war, daß Arbeit und Planungen weitergingen.

Mit dem Tod A.G. Vogels 1958 hatte eine Ära des Verlagsgeschehens geendet, wenn man so will, die Pößnecker Epoche der Verlagsgeschichte. Jede solche Epocheneinteilung aber ist willkürlich, wird als Schema der lebendigen Entwicklung nicht völlig gerecht. Es kann natürlich keine Rede davon sein, daß nach dem Rückzug A.G. Vogels von der aktiven Führung der Geschäfte im Vogel-Verlag mit einem Schlag völlig neue Konzeptionen sich Bahn gebrochen hätten. Der Vogel-Verlag hat keine Zeiten des ruhigen Abwartens oder gar der Stagnation gekannt. Er befand sich immer im Umbruch, stets auf der Suche nach neuen Wegen bei der Gestaltung und Verbreitung seiner Medien. So wie A.G. Vogel seinen Anteil an der Führung des Unternehmens allmählich in die Hände seines Sohns und Nachfolgers übergehen ließ, so bahnten sich manche der charakteristischen Veränderungen der sechziger Jahre schon zu seinen Lebzeiten an.

Das gilt ganz besonders für das Zeitschriftenprogramm des Hauses Vogel. Die Entwicklung des »Maschinenmarkt« und der Automobilzeitschriften, der ihr innewohnende Zug zur weitergehenden Spezialisierung, hatten schon um die Mitte der fünfziger Jahre die Bahnen vorgezeichnet, auf denen die

»Stammbaum« der Elektro-Zeitschriften des Vogel-Verlags

Verlagsarbeit der Zukunft fortschreiten mußte. Am Ende dieses Jahrzehnts wirkten sich diese Tendenzen auch auf die elektrotechnische Zeitschrift des Vogel-Verlags in voller Stärke aus.

Bis dahin war die »Elektro-Technik«, wie der alte »Elektro-Markt« seit 1939 hieß, eine Art Universalzeitschrift für Elektrogewerbe und -industrie gewesen. Der Schwerpunkt der Berichterstattung ihres redaktionellen Teils lag schon seit Ende der dreißiger Jahre im technischen Bereich. Einzelgebiete wurden durch Beilagen und Sonderhefte betreut, so führte das Objekt bereits seit dem Wiedererscheinen als selbständige Zeitschrift 1949 den Untertitel »Radio-Markt«. Dieser Sektor wurde als erster wieder verselbständigt, wie es ja bereits vor dem 2. Weltkrieg »Das Rundfunkgerät« im Zeitschriftenprogramm des Vogel-Verlags gegeben hatte. Neben den Rundfunk war seit Beginn der fünfziger Jahre auch in Deutschland das Fernsehen als ganz neues Massenmedium getreten; Schallplatte und Tonband spielten in der Konsumgesellschaft der Nachkriegszeit eine immer größere Rolle und erschlossen neue Käuferschichten für Wiedergabegeräte. Der »Radio-Markt« erscheint daher seit 1957 als »radio fernseh phono praxis«.

Auch der gesamte übrige Elektrosektor nahm eine Entwicklung, die von einer einzigen Zeitschrift nicht mehr bewältigt werden konnte. Die »Elektro-Technik« blieb noch lange Jahre auf den Gebieten Elektrotechnik und Elektronik ganz allgemein die Mittlerin zwischen Forschung und Praxis. Dagegen orientierte seit 1961 die »elektrische ausrüstung« einen qualifizierten Kreis von Ingenieuren und Führungskräften der Industrie über die Probleme der Produktions- und Fertigungstechnik mit elektrotechnischen Mitteln und deren Bewältigung.

Noch stärker als in der Zeit nach dem ersten Weltkrieg revolutionierten elektrische Geräte den Haushalt. Ihr Vertrieb war längst nicht mehr auf Elektrofachgeschäfte beschränkt. Seit 1958 bereits hat die Handelsausgabe der »Elektro-Technik« diesen expandierenden Markt erfaßt. Eine außerordentliche Bedeutung in der Elektroindustrie erlangte mit der marktfähigen Entwicklung von Halbleiterbauelementen das Teilgebiet der Elektronik. Der Markt für ihre Erzeugnisse deckte sich bald nicht mehr mit dem der herkömmlichen Produkte der Elektroindustrie. Die »Elektro-Technik« widmete diesem neuen Sproß des technischen Fortschritts seit 1957 ihre Beilage »Halbleitertechnik«, die ganz besonders die Einwirkung der Elektronik auf die konventionellen Bereiche der elektrischen Meß-, Regel- und Steuertechnik behandelte.

Zu Ende der sechziger Jahre zog man im Vogel-Verlag die fällige Konsequenz. Seit 1967 erscheint die neue Zeitschrift »elektronikpraxis«. Ihr folgte im Jahr 1968 als Begleiter der »Elektro-Technik« der wiederaufgenommene alte Titel »Elektro-Markt«, der sich in erster Linie an den Fachhandel mit elektrischen Haushaltsgeräten wendet. Ergänzt wird dieses Programm der

Elektro-Zeitschriften noch durch das »Elektro-Jahr«, das seit 1958 einen Überblick über neue Entwicklungen auf dem Elektro-Sektor vermittelt.

Die Auffächerung der Elektro-Zeitschriften ist aufs engste verknüpft mit dem rasanten technischen Fortschritt auf diesem Gebiet. Dagegen spiegelt das Schicksal der Exportzeitschriften den Gang der großen Politik, die Herausbildung neuer Märkte in ihrem Gefolge.

Es liegt auf der Hand, daß mit der Ausweitung des deutschen Exports in den Jahren nach der Währungsreform die eine Universalausgabe des »Export-Markt« von 1948 bald eine Aufsplitterung erfuhr, um den Gegebenheiten des Markts besser Rechnung tragen zu können. Bereits das Jahr 1950 brachte die Zweiteilung in die Ausgaben Technik und Konsumgüter, von denen die erste bereits ein Jahr später in weitere drei Abteilungen – Maschinenbau und Industriebedarf; Elektro-, Radio-, Fernmeldetechnik; Fahrzeug, Landmaschinen und Zubehör – gegliedert wurde. Im weiteren Verlauf der fünfziger und sechziger Jahre ist diese Auffächerung ständig verfeinert und den Markterfordernissen angepaßt worden. Sie dokumentiert sich auch im Konsumgüterbereich. Dort entstanden 1960 die Ausgaben »Style and Beauty« für Porzellan, Glas, Tafelgeräte, Uhren, Schmuck, Geschenkartikel im Rahmen des »Export-Markt«-Programms. Erweitert wurde es noch durch eine spezielle Ausgabe für Lederwaren. Für andere exportintensive Industriezweige entstanden die Fachausgaben »Hausrat und Eisenwaren« sowie »Medizin und Pharmazie«.

Hand in Hand damit ging die Wiederaufnahme der verschiedenen Sprachausgaben. Von Anfang an existierte neben der deutschen eine englische, von August 1949 an eine französische Ausgabe. Im Jahr 1950 folgten Spanisch und Portugiesisch, 1952 Italienisch. Dabei blieb es dann längere Zeit. Der Außenhandel der Bundesrepublik Deutschland konzentrierte sich auf die westliche Hemisphäre. Allmählich aber verlor der kalte Krieg, der viele wirtschaftliche Bindungen zu Osteuropa zerschnitten hatte, an Heftigkeit. Die deutsche Industrie suchte seit Beginn der sechziger Jahre wieder nach Möglichkeiten zum Einstieg in das Geschäft mit den Staaten des Ostblocks, wie umgekehrt auch die Sowjetunion und ihre Verbündeten im Warschauer Pakt sich in steigendem Maß an der Einfuhr vor allem langlebiger Investitionsgüter interessiert zeigten. Der Vogel-Verlag, der sich als ein in Thüringen enteigneter Betrieb in den ersten Nachkriegsjahren gegenüber Geschäftsverbindungen mit dem Ostblock reserviert verhalten hatte, trug der neuen Lage Rechnung: Seit 1960 erscheinen regelmäßig mehrere Ausgaben des »Export-Markt« – Maschinen und Industriebedarf – in russischer Sprache. Sie werden seit den letzten Jahren durch weitere Spezialausgaben für den Ost-Markt unterstützt, z. B. solche, die in der Volksrepublik China verbreitet werden.

Auch außerhalb des »Export-Markt« hat der Vogel-Verlag übrigens Anstrengungen gemacht, das Geschäft mit den sozialistischen Ländern zu intensivie-

Erscheinungsfolgen des »Export-Markt« 1953 und 1964

1953	engl.	dt.	frz.	span.	port.	ital.	russ.	arab.
Maschinenbau	6	6	4	4				
Elektrotechnik	3	3	2	2				
Fahrzeuge, Landmaschinen und Zubehör	4	4	3	3				
Konsumgüter	6	5	4	5				
Universalausgaben					2	2		

1964	engl.	dt.	frz.	span.	port.	ital.	russ.	arab.
Maschinen und Industrieausrüstung	12	8	6	6			3	
Elektrotechnik	3	3	3	3				
Bautechnik	2	2	1	1				
Holzbearbeitung	3	2						
Fahrzeug- und Landtechnik	5	3	2	1				
Konsumgüter	12	8	6	6				
Hausrat und Eisenwaren	6	4	4					
Style and Beauty	2	2						
Medizin und Pharmazie	6	1	1	1				
Universalausgaben					2	2		
Investment Edition	4		1	1				2

ren und deren Angebote dem deutschen und europäischen Markt zu präsentieren. Dazu boten sich Beteiligungen an den Messen in Brünn und Posen an. Eine Ausstellung der Objekte des Vogel-Verlags im tschechoslowakischen Staatsverlag in Prag machte 1964 den Anfang. Beharrliche Werbearbeit hat dazu geführt, daß die Industrie der osteuropäischen Länder immer häufiger die Zeitschriften des Vogel-Verlags als Werbemedien in Anspruch nimmt; die Umsätze auf diesem Gebiet konnten in den letzten Jahren in erfreulichem Maß gesteigert werden.

Während die Anzeigenauftragseingänge aus der Sowjetunion selbst kaum ins Gewicht fallen – sie haben eher abgenommen –, sind bei den Hauptkunden ČSSR, Rumänien, Polen und Ungarn zum Teil ganz erhebliche Zuwachsraten zu verzeichnen: So stieg der Eingang an Aufträgen aus Rumänien von 1966 bis 1968 auf etwa das Zehnfache an.

English Edition 1 · February 1960 · Verlagspostamt Würzburg 2

1

Style and Beauty
1960

»Style and Beauty« – eine Zeitschrift im Programm der Konsumgüterausgabe des »Export-Markt«

Neben den klassischen Auslandsmärkten bietet so der Ostblock ein neues Betätigungsfeld für die Exportzeitschriften des Vogel-Verlags. Ebenso große Aufmerksamkeit hat man während der sechziger Jahre auch den Bedürfnissen der jungen Staaten Afrikas und Asiens, den sogenannten Entwicklungsländern, gewidmet. Hier boten sich nach dem Aufbau des Entwicklungshilfeprogramms der europäischen Länder und der USA der deutschen Industrie neue lohnende Investitionsmöglichkeiten in Übersee. Zur Unterstützung solcher Vorhaben gibt der Vogel-Verlag seit dem Jahr 1962 neben dem regulären Exportzeitschriftenprogramm noch die Zeitschrift »Progress and Engineering – Investment Edition« heraus. Dieses Objekt wurde – ein einmaliger Fall in der Verlagsgeschichte – zur besseren Durchdringung der Länder des Nahen Ostens sogar in arabischer Sprache herausgebracht. Mehrere ausgedehnte Reisen von Mitarbeitern des Vogel-Verlags nach Afrika und in den Orient haben die Werbekraft der neuen Zeitschrift gefördert. Jetzt erscheint sie in einer englischen Sprachausgabe für asiatische und afrikanische Entwicklungsländer und in einer spanisch/portugiesischen Ausgabe für die lateinamerikanischen Staaten.

Noch näher als Ostgeschäfte und Entwicklungsländer lag dem Vogel-Verlag der werdende Markt der europäischen Integration, der sich seit dem Aufruf des französischen Außenministers Schuman zur Einigung Europas nach der Unterzeichnung der römischen Verträge immer verheißungsvoller abzuzeichnen begann. Die Betreuung dieses Markts durch Fachzeitschriften hat sich – wohl da er selbst noch im Entstehen begriffen ist – als außerordentlich schwierig erwiesen, und die Experimente auf diesem Sektor können auch heute noch nicht als abgeschlossen gelten.

Ein erster Vorstoß war im Jahr 1959 die »europa-industrie-revue«, die viermal im Jahr erscheinen sollte, aber bald von anderen Planungen abgelöst wurde. Denn kurz danach beteiligte sich der Vogel-Verlag mit 4 Prozent an dem von der Fachpresse AG, Zürich, ins Leben gerufenen Europa-Fachverlag GmbH, Würzburg. Ludwig Vogel berichtet darüber: »Damit sollte der Vogel-Verlag mit seinen Zeitschriften bewußt auf den Inlandsmarkt und das anzeigenmäßige Überseegeschäft beschränkt werden, während der europäische Markt durch den Europa-Fachverlag angesprochen werden sollte.«

Die geringe Beteiligungsquote deutet aber schon darauf hin, daß von seiten des Vogel-Verlags dem Projekt keine besondere Bedeutung zugemessen wurde. Es zeigte sich dann auch, daß die Zeit für ein solches Unternehmen noch nicht reif war. Die hohen Auflagen der Europazeitschriften, die zur Versorgung des Markts notwendig wurden, bedingten hohe Kosten, so daß auf die Dauer mit den bestehenden nationalen Fachzeitschriften nicht konkurriert werden konnte. Das Projekt wurde daher 1966 aufgegeben, und der Europa-Fachverlag mußte das Erscheinen seiner Zeitschriften einstellen. Die Firma wurde im Februar 1970 gelöscht.

Arabische Ausgabe der »Investment Edition« von 1962

Ganz gab jedoch der Vogel-Verlag den europäischen Markt nicht auf. Man schuf spezielle Europaausgaben der Inlandszeitschriften, die in einem bisher im Hause Vogel nicht üblichen quadratischen Format erschienen. Außerdem ließ man die »europa-industrie-revue« in der Regie des »Maschinenmarkt« wieder aufleben.

Die Differenzierung, die das Zeitschriftenprogramm des Vogel-Verlags seit Ende der fünfziger Jahre erfahren hat, wirft auch ein Schlaglicht auf die Bemühungen, die der Verlag unternahm, um für jede der neuen Ausgaben und Zeitschriften einen adäquaten, qualifizierten redaktionellen Teil mit wachsendem Umfang zu garantieren. Auf diesem Sektor wurde weit mehr geleistet als in früherer Zeit; das Beispiel des »Maschinenmarkt« strahlte auf alle anderen Zeitschriften aus. Sehr große, vielleicht die wichtigsten Veränderungen aber vollzogen sich auf dem Gebiet des Vertriebs.

Seit der unmittelbaren Nachkriegszeit forderten die Werbetreibenden bessere Media-Unterlagen für die Kalkulation und Kontrolle des Werbeerfolgs bei Fachzeitschriften. Der Zentralausschuß der Werbewirtschaft (ZAW) hatte zwar mit der Auflagenkontrolle durch die IVW erste objektive Standardwerte ermöglicht, von einer allgemeinen und vergleichbaren Transparenz der Leser- und Empfängerkreise von Fachzeitschriften konnte jedoch noch keine Rede sein.

Der Vogel-Verlag, der schon bei der langfristigen Planung seines Zeitschriften-Programms die Erfordernisse des Jahres 1970 ins Auge gefaßt hatte, blieb auch auf diesem Gebiet nicht untätig. Daß sich seine Inlands-Zeitschriften der IVW-Kontrolle unterstellten, war nur ein selbstverständlicher Anfang. Es folgte eine Anpassung der Vertriebsmethoden an die gestiegenen Anforderungen eines gewachsenen und komplizierter gewordenen Informations- und Werbemarkts.

Der »klassische« Wechselversand C. G. Vogels war im Prinzip ein Rotationsverfahren, wobei die Adressen nach ihrer allgemeinen Wichtigkeit für bestimmte Versandintervalle gruppiert wurden. Mit dieser Methode gelang es zwar, den wachsenden Markt im geplanten Umfang abzudecken, auf die unterschiedliche Thematik der einzelnen Zeitschriftenausgaben und auf die differenzierten Informationsbedürfnisse der Empfänger konnte jedoch nur bedingt eingegangen werden.

Auf der anderen Seite war bei einzelnen Objekten, insbesondere den Kraftfahrzeug-Zeitschriften, das Abonnement mehr und mehr in den Vordergrund getreten. Für den Erfolg dieser Fachzeitschriften gewann die Vertriebswerbung relativ hohe Bedeutung. Aber noch immer, ja in noch größerem Umfang als je zuvor gilt die Feststellung, daß Fachzeitschriften als Werbeträger unabhängig von festen, im Abonnement belieferten Empfängerkreisen auch

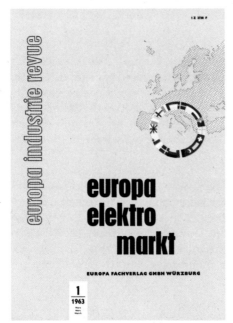

Die Titel des Europa-Fachverlags

in den jeweiligen Zielgruppen insgesamt gute Erfolge erzielen. Allerdings mußte aus dem Wechselversand alter Observanz, der bei den meisten Objekten des Hauses praktiziert wurde, eine auf die einzelne Fachzeitschrift zugeschnittene Vertriebskonzeption mit neuen Zielsetzungen und rationellen Methoden werden.

Das heutige, zukunftsorientierte Gesamtvertriebssystem, mit seinen auf die einzelnen Fachzeitschriften abgestimmten Vertriebskonzeptionen, ist die folgerichtige Weiterentwicklung des im Vogel-Verlag seit Jahrzehnten mit Erfolg praktizierten systematischen Wechselversands. Die Adressenauswahl und -programmierung für die einzelnen Versandpläne sieht neben der Lieferung im Abonnement die Verbreitung der Zeitschriften nach Fachthemen an qualifizierte Empfänger vor, die nach ihrem typischen Informationsbedarf ausgewählt werden. Sowohl die einzelnen Produktionsgebiete, die Handels- und Dienstleistungsprogramme als auch die Bedarfsrichtungen und -umfänge der Betriebe werden ermittelt, um als Steuerdaten für die Gruppierung der Adressen nach Empfängerkreisen ausgewertet zu werden. Das gleiche trifft sinngemäß für die persönlichen Adressen zu, wobei als Selektionsdaten die Merkmale für Funktion und Stellung im Betrieb hinzukommen.

War also früher unter C. G. Vogel in erster Linie die Zahl der maximal erreichten Empfänger vorrangig, so spielt heute die Frage der Entscheidungsbefugnisse von Empfängern eine wichtige Rolle. Für einige Fachzeitschriften wie »elektronikpraxis« ist nicht mehr die optimale Abdeckung von Zielgruppen, sondern die Auswahl der wichtigsten Empfänger aus ihnen angestrebtes Ziel.

Der Vertrieb präsentiert sich damit auch heute als fortschrittlicher, zukunftsorientierter Verlagszweig und schuf über sein eigenes Arbeitsgebiet hinaus wesentliche Voraussetzungen für die Erfüllung der Forderung nach größerer Transparenz der Fachzeitschriften des Vogel-Verlags.

Der Vogel-Verlag hat auf die Frage: »Welchen Service bieten Sie den Werbungtreibenden im Investitionsgüterbereich?« eine positive Antwort gegeben. Er hat für geeignete Zeitschriften, insbesondere einige Elektro-Zeitschriften, die Verbreitung an qualifizierbare Empfänger gewählt und sie mit einem Leserdienst nach dem Kennziffernsystem ausgestattet. 1967 beauftragte er das Institut Dr. K. H. Strothmann, Hamburg, mit einer Reichweitenanalyse für den »Maschinenmarkt« – die im Bereich der technisch-industriellen Fachpresse eine absolute Novität darstellte – und legte die Ergebnisse seinen Anzeigenkunden in der Broschüre »Informationen, Entscheidungen, Erfolge« vor. Sie zeigte ein außerordentlich günstiges Ergebnis für diese nach wie vor wichtigste Zeitschrift des Hauses Vogel. Mehr als zwei Drittel, nämlich 69 Prozent der Befragten in Betrieben mit mehr als 50 Beschäftigten lesen den »Maschinenmarkt« regelmäßig. Er wurde dabei von keiner der untersuchten maschinentechnischen Fachzeitschriften übertroffen.

Maschinenmarkt	**Media-Informationen '69**
Allgemeiner Anzeiger für Industrie und Handel in Europa	Empfänger-Analyse
	Fachausgabe: Werkzeugmaschinen-Praxis
	Spangebende Formung

VOGEL-VERLAG 8700 Würzburg, Max-Planck-Straße 7/9, Postfach 800 Telefon (09 31) 59 00 11 Telex 068 883

Diese Branchenaufgliederung gilt ausschließlich für die Fachausgabe »Werkzeugmaschinen-Praxis, Ausgabe: Spangebende Formung«. Bei fortlaufender Insertion in diesen Fachheften sprechen Sie mit jeder Ausgabe einen großen Kreis neuer Empfänger an, da ein erheblicher Teil der Anschriften wechselt. Diese Branchenaufgliederung bleibt dabei voll erhalten.

Empfänger-Analyse

	Exemplare je Ausgabe	%		Exemplare je Ausgabe	%
1 Energiewirtschaft/Bergbau	217	0,90	18 Straßenfahrzeugbau, Schiffbau, Luftfahrzeugbau	588	2,44
2 Chemische Industrie/Mineralölverarbeitung	412	1,71	19 Elektrotechnik	1 192	4,95
3 Kunststoffverarbeitung	392	1,63	20 Feinmechanik und Optik	580	2,41
4 Gummi- und Asbestverarbeitung	110	0,46	21 Werkzeugbau	631	2,62
5 Gewinnung v. Steinen u. Erden/Glasgewerbe	327	1,36	22 Übrige EBM-Warenherstellung	1 820	7,56
6 Eisen-, Stahl- und NE-Metallerzeugung	266	1,11	21—22 EBM-Warenherstellung insgesamt	2 451	10,18
7 Eisen-, Stahl- und NE-Metallgießereien	522	2,17	23 Sonstige Produktionszweige	1 246	5,19
8 Ziehereien, Kaltwalzwerke, Stahlverformung, Oberflächenveredlung	1 782	7,41	24 Baugewerbe	184	0,76
9 Schlossereien, Mechanische Werkstätten	1 372	5,70	25 Handel (vorwiegend Maschinen und Werkzeuge)	2 829	11,75
10 Stahl- und Leichtmetallbau	1 038	4,31	26 Gewerbliche Dienstleistungen	1 310	5,44
11 Werkzeugmaschinenbau	621	2,58	27 Organisationen und Verbände, Sonstige Firmen und Einrichtungen	666	2,77
12 Holzbearbeitungsmaschinenbau	124	0,52	28 Unternehmer, Ingenieure usw. (in direkter Zustellung)	1 385	5,75
13 Hebezeuge- und Fördermittelbau	277	1,15	1—28 INLANDSVERBREITUNG	24 067	100,00
14 Armaturenherstellung	197	0,82	29 AUSLANDSVERBREITUNG	1 000	
15 Zahnräder- und Getriebebau	232	0,96	**Verbreitung insgesamt**	**25 067 (IVW II/68)**	
16 Präzisions- und Maschinenwerkzeugbau	759	3,15			
17 Übriger Maschinenbau	2 988	12,42			
11—17 Maschinenbau insgesamt	5 198	21,60			

Media-Informationskarte 1969. Empfängeranalyse für die Fachausgabe »Werkzeugmaschinen-Praxis – Spangebende Formung« des »Maschinenmarkt«

Die Verbandsarbeit der Verleger Vogel steht mit diesen Bestrebungen in engem Zusammenhang. Sie wurde nach 1945 ganz wesentlich intensiviert, nachdem sie vor 1933 – trotz mancher Bemühungen Ludwig Vogels – eher zurückhaltend gewesen war. Noch A. G. Vogel hat hier 1948 die Initiative ergriffen, nachdem die Industrie- und Handelskammer in Coburg um Mitwirkung in der Vollversammlung ebenso wie der Geschäftsführer des Verbands Bayerischer Zeitschriftenverleger, Rechtsanwalt von Ramdohr, München, um Mitarbeit im Vorstand des Verbands gebeten hatten. A. G. Vogel ließ sich aber bald immer häufiger von seinem Sohn Karl Theodor Vogel vertreten, der in der Folgezeit eine Reihe wichtiger Verbandsämter – auch in internationalen Gremien – übernahm. Unter seiner Mitarbeit kam es 1965 zur Gründung des »Arbeitskreises Mediainformationen Fachzeitschriften« (AFM), der ein Richtlinienwerk zur einheitlichen, prüfbaren Darstellung von Fachzeitschriftendaten entwickeln sollte. Über vierzig Fachverlage unterwarfen sich schon im ersten Jahr nach der offiziellen Verabschiedung freiwillig diesen Vorschriften, die heute der werbungstreibenden Industrie die Insertionsplanung erleichtern helfen. Beginnend mit einer kurzen Charakteristik des Objekts werden Umfang, Verbreitung und Empfängerstruktur der betreffenden Zeitschrift auf genormten Karten übersichtlich dargelegt. Noch

Schnellpressen im Grafischen Betrieb des Vogel-Verlags 1956

Die große Rotafolio 1968

sind Vorbehalte spürbar, aber auf Dauer wird sich die damit erzielte größere Transparenz der Fachmedien bewähren und das Ziel – Werbeträger objektiver als bisher einzuschätzen – erreicht werden.

Zu den Wandlungen, die die sechziger Jahre dem Vogel-Verlag brachten, gehörten nicht zuletzt die Veränderungen in der inneren Struktur des Betriebs. Die Aktualität und Durchschlagkraft des Verlagsprogramms wird letzten Endes bestimmt von der Qualität der Arbeitsinstrumente, ihrer wirkungsvollen Organisation sowie von entschlossener kluger Führung. Nachdem von 1948 bis 1956 mit dem Wiederaufbau die Grundlagen für weitere Arbeit geschaffen worden waren, folgte eine Zeit, in der die Konsolidierung im Vordergrund stand. Noch 1964 sprach Ludwig Vogel von einem »Jahr der Konzentration auf das Bestehende«, gleichzeitig aber begann bereits eine Phase der Neuorientierung, der durchgreifenden Modernisierung des Vogel-Verlags.

Das galt ganz besonders für den technischen Betrieb. Hier standen anfangs zunächst fast ausschließlich gebrauchte Maschinen, die auf die Dauer den ständig wachsenden Ansprüchen hinsichtlich der äußeren Ausstattung der Zeitschriften nicht gerecht werden konnten. Schon früh, auch in Jahren, die nach außen hin keine großen Veränderungen im Unternehmen erkennen ließen, begann daher die Umstellung auf neue, modernere Anlagen, die ihren Höhepunkt in der Inbetriebnahme von neuen, großen und schnellaufenden rotativen Bogenhochdruckmaschinen (Koebau-Rotafolio) in den Jahren 1967 bis 1970 fand. Die bereits im Generalbebauungsplan von 1951 vorgesehene Aufnahme weiterer Druckverfahren konnte nahezu zwei Jahrzehnte später zu Beginn des Jahres 1969 mit der Aufstellung einer Zweifarben-Offsetmaschine Roland Record sichtbare Gestalt annehmen. Die zahlreichen, wertmäßig außerordentlich hohen Investitionen im Graphischen Betrieb kamen nicht allein den verlagseigenen Objekten zugute, sondern festigten auch den Ruf des Vogel-Verlags als leistungsfähige Druckerei und erhöhten damit den Umsatz im externen Druckgeschäft erheblich.

Bei Setz- und Druckmaschinen blieb die Modernisierung des Betriebs nicht stehen. Auch die Ablösung der alten Buchbindereianlagen durch eine moderne Buchblock-Fertigungsstraße der Firmen Martini (Schweiz) und Aupig, Bielefeld, bedeutet zwar einen entscheidenden Schritt zur Verkürzung der Arbeitsabläufe, setzte aber keineswegs einen Schlußpunkt.

Es handelte sich um wesentliche, tiefergreifende Veränderungen. Schon 1955 hatten die Verleger erstmals einen Fachmann für Rationalisierung bemüht, was dann 1964 zur Gründung einer eigenen Organisationsabteilung führte, deren Aufgabe die seit langem geplante Rationalisierung und Modernisierung des gesamten betrieblichen Geschehens war. In mehr als zweijähriger intensiver Vorbereitung wurden die Voraussetzungen für die Inbetriebnahme einer Datenverarbeitungsanlage geschaffen. Am 28. März 1967 wurde eine

In der Buchbinderei 1956

IBM-360-20-Bandanlage installiert: Wiederum war eine erste Entwicklungsphase abgeschlossen.

Der Einsatz dieses Systems erfolgte in vielseitiger Breite für Werbung, Vertrieb und Abrechnungswesen mit Auftragserfassung, Fakturierung, Debitorenbuchhaltung, Lohn-, Gehalts- und Materialabrechnung. Das gesamte Adressenmaterial, seit C. G. Vogel die wesentliche Grundlage des Wechselversands, wurde auf Magnetbänder übernommen, deren Auswertung nun einen scharf gezielten Vertrieb der Verlagserzeugnisse ermöglicht.

Mit dem Entschluß zur elektronischen Datenverarbeitung, heute ein fast unentbehrliches Führungsinstrument, bewies der Vogel-Verlag einmal mehr seinen Pioniergeist und seine fortschrittliche Einstellung zu den Erfordernissen und Möglichkeiten unseres Zeitalters der Elektronik.

Die nur kurz angedeutete Neuorientierung des Verlags auf vielen Gebieten, die ganze Struktur seiner Organisation, das stetige Anwachsen der Mitarbeiterzahlen und nicht zuletzt die vielfältigen Aufgaben auf dem Markt der Zukunft forderten von den Verlegern auch ein Überdenken ihrer Führungskonzeption. Solche Überlegungen hatten Tradition im Vogel-Verlag. A. G. Vogel hatte schon in den Jahren 1929 bis 1933 die ersten Schritte zur Lockerung des dem 19. Jahrhundert verhafteten autoritären Führungsstils getan, als er den Kreis seiner eigenen Aufgaben im Unternehmen genauer umschrieb und das sogenannte »Ringsystem« – heute würde man in der modernen Sprache des Managements von Profit-Center sprechen – einführte.

Die Aufbauzeit nach der Katastrophe von 1945 mit ihren außerordentlich hohen Anforderungen hatte jedoch wenig Zeit gelassen, über das Führen an sich nachzudenken. Im Gegenteil: gerade durch das starke persönliche Engagement der Inhaber und Verleger kam es zu einer noch eindeutigeren Identifizierung mit dem Betrieb und seiner Arbeit bis in ihre letzten Verzweigungen. Die Führung war nicht nach einem einheitlichen System aufgebaut, sondern gleichsam im Zuge des Aufbaus »wild« gewachsen. A. G. und Ludwig Vogel, später Ludwig und K. Th. Vogel führten gemeinsam die Geschäfte, wobei sich Ludwig Vogel hauptsächlich dem Graphischen Betrieb und der finanziellen Führung des Unternehmens widmete, während A. G. Vogel und K. Th. Vogel sich mit den Problemen des Verlags befaßten. Die Kompetenzen der drei Ressortchefs Verlag, Finanzen und Graphischer Betrieb, die unterhalb dieser Ebene wirkten, waren nicht klar umgrenzt. Unklarheiten und Überschneidungen gab es auch in den unteren Ebenen der Betriebshierarchie.

Ein »Durchregieren« von Verlegern und Ressortchefs bis in letzte Einzelheiten war nicht selten und nicht auszuschließen. Es sei hier an die Maxime A. G. Vogels erinnert: »Im übrigen Ringsystem: laisser faire, laisser aller – aber zu unerwarteter Zeit Stichproben bis in Einzelheiten.« Als Folge ergab sich eine

Fertigungsstraße 1966

überaus große Belastung der Führungsspitze mit Aufgaben, die eigentlich auf einer anderen Ebene hätten gelöst werden müssen.

Die Eindrücke der Amerikareise K. Th. Vogels im Jahr 1963 gaben den letzten Anstoß, diese Probleme anzupacken, um das Unternehmen auch weiterhin schlagkräftig und erfolgreich führen zu können. Die Verleger entschlossen sich, für den Vogel-Verlag die Konzeption eines modernen Führungsstils zu übernehmen, wie sie die »Akademie für Führungskräfte in der Wirtschaft« in Bad Harzburg entwickelt hat: das Harzburger Modell.

Seine Kernstücke, die Führung im Mitarbeiterverhältnis, die Delegation von Verantwortung, das Ersetzen des Befehls durch Überzeugung, sind Grundforderungen, die sich aus dem Prinzip der Arbeitsteilung der modernen Industriewelt zwangsläufig ergeben. Das Harzburger Modell fordert damit eine konsequente Absage an das bisherige Vorgesetzten- und Untergebenenleitbild einer autoritären Führung; aus dem Untergebenen wird der Mitarbeiter. Der Vorgesetzte muß sich von der Vorstellung frei machen, daß er grundsätzlich mehr weiß und alles besser kann als seine Mitarbeiter. Er muß vielmehr ihre Fähigkeiten mobilisieren, ihre Initiative wecken und zum Mitdenken und Mithandeln im Betrieb nutzbar machen können. Vom Mitarbeiter verlangt es Fähigkeit und Willen zu selbständigem Denken und Handeln, die Bereitschaft zur Übernahme von Verantwortung und zur Entwicklung eigener Initiativen.

Wer eine Aufgabe hat, muß auch die Kompetenz erhalten, diese Aufgabe selbständig lösen zu dürfen. Dafür trägt er dann auch die Verantwortung. Der Mitarbeiter erhält so das Gefühl, Unternehmer in seinem Bereich zu sein, seine persönliche Entwicklung wird gefördert, die volle Entfaltung seiner Kräfte nicht behindert. Die Unternehmensspitze, im Vogel-Verlag die Verleger, werden frei für ihre eigentliche Arbeit: zu führen, zu planen und an die Zukunft des Unternehmens zu denken.

Anfang des Jahrs 1964 begann die Verbindung mit dem Harzburger Institut und seinem Leiter, Professor Höhn, mit dem Ziel, deren Gedankengut für den Vogel-Verlag zu rezipieren. Die Verleger machten sich in den Chefseminaren der Akademie damit vertraut, akzeptierten das Modell in allen seinen Konsequenzen und waren bereit, sich selbst seinen Anforderungen zu unterwerfen. Die übrigen Mitarbeiter in Führungspositionen, insgesamt 120, wurden zunächst durch intensive Schulung mit schriftlichem Material, dann durch Besuch der Akademie selbst auf die Umstellung vorbereitet, die am 1. Januar 1966 vollzogen wurde.

Bis zu diesem Zeitpunkt mußten die grundlegenden Voraussetzungen für die Einführung des neuen Führungsmodells geschaffen werden: Organisationsplan, Allgemeine Führungsanweisung und genaue Stellenbeschreibungen für die Mitarbeiter mit Vorgesetztenfunktion. Durch sie wurden Aufgaben,

Adressenkarteien: einst ...

Kompetenzen und Verantwortung, die mit der jeweiligen Führungsposition verbunden sind, in Einzelheiten präzise festgelegt. Erst dann war eine erfolgreiche Delegation von Verantwortung möglich.

Während des Interregnums eines geschäftsführenden Prokuristengremiums, das die Verleger bereits weitgehend entlastete, wurde in den Jahren 1964 und 1965 diese Arbeit geleistet. Die gesamte Unternehmensorganisation wurde nach einem Stab-Linien-System umgegliedert. Unterhalb der höchsten Ebene der Verleger, denen Justitiar und Führungsstabmann unmittelbar zugeordnet waren, übernahm eine vierköpfige Geschäftsleitung die Führung des Unternehmens. Sie bestand aus den drei Ressortchefs Verlag, Finanzen und Druckerei sowie dem stellvertretenden Ressortchef Verlag. Ihr zugeordnet waren wiederum verschiedene Stäbe: Personal, Organisation, Öffentlichkeitsarbeit, Revision und Betriebswirtschaft.

Auch die drei klassischen Ressorts auf der Ebene unterhalb der Geschäftsleitung wurden umstrukturiert, indem man sie in verschiedene Bereiche bzw. Verlagsgruppen aufteilte, an deren Spitze jeweils ein Bereichs- bzw. Verlagsgruppenleiter mit delegierter Verantwortung stand.

Wie immer bei größeren Änderungen in der Organisation waren auch im Vogel-Verlag Anfangsschwierigkeiten zu überwinden, allein der mehrfach

... und jetzt

Verleger Ludwig Vogel

notwendig werdende Umbau des Ressorts Verlag deutet das an. Dennoch wurden die Grundsätze des Harzburger Modells unter lebhafter und fruchtbarer Diskussion der beteiligten Führungskräfte zum festen Bestandteil der Unternehmensführung.

Noch 1966 konnte Ludwig Vogel feststellen: »Hinsichtlich der Erfahrungen (mit dem Harzburger Modell) haben wir festgestellt, daß schon durch das Vorhandensein der Stellenbeschreibungen und der ›Allgemeinen Führungsanweisung‹ Klarheit besteht in den Aufgaben und Funktionen der Vorgesetzten und Mitarbeiter. Zahlreiche in der ›Allgemeinen Führungsanweisung‹ verankerte Grundsätze sind relativ schnell Allgemeingut geworden und werden in der täglichen Arbeit beachtet. Insbesondere auf den Sektoren Delegation von Verantwortung, Information, Stellvertretung, Dienstweg usw. beseitigt die ›Allgemeine Führungsanweisung‹ fast automatisch Fragen und Zweifel, die bisher der termingerechten Erfüllung von Aufgaben und dem Ablauf einzelner Funktionen hindernd entgegenstanden. ... Wir haben weiter die Erwartung, daß die Ausnutzung der noch nicht mobilisierten Reserven der Mitarbeiterschaft sich im wirtschaftlichen Erfolg des Unternehmens niederschlagen wird und daß letzten Endes Qualifikationen und Niveau der Mitarbeiter angehoben und erkennbar werden.«

Indessen gingen die Überlegungen weiter, wie die Führung des Unternehmens noch effizienter zu gestalten sei. Man war sich bewußt, daß die Zukunft eine noch intensivere Bearbeitung des Markts und der damit verbundenen Aufgaben verlangen wird. Beobachtungen über den unverkennbaren Trend bei mittleren und vor allem bei großen Unternehmen, intern selbständige, nach Märkten und Produktgruppen gegliederte Einheiten zu bilden, wies den Weg.

So trat mit Beginn des Jahres 1970 im Vogel-Verlag eine durchgreifende Veränderung in Kraft. Aus dem Ressort Verlag wurde das neue Ressort Verkauf mit den speziellen Aufgaben der Verlags- und Objektwerbung und des Anzeigenverkaufs im In- und Ausland ausgegliedert. Dagegen bleibt der Verlagsdirektor verantwortlich für die verlegerischen Konzeptionen der Zeitschriften, für die Redaktionen, den Vertrieb, die Marketing- und Produktforschung sowie die Herstellung.

Auch die Stellung der Verlagsgruppenleiter wurde nach dem Vorbild der »product-manager« amerikanischer Fachzeitschriftenverlage umgestaltet: Sie sind für die verlegerischen, wirtschaftlichen und organisatorischen Probleme ihrer Gruppe zuständig.

Mit dieser Maßnahme sollen die Zentralisierung der verschiedenen Funktionen erreicht und wichtige Entscheidungswege wesentlich verkürzt werden, um in Zukunft schneller, flexibler und noch produktorientierter handeln zu können.

Verleger K. Th. Vogel

Neuerdings wird eine noch weitergehende Freistellung der Verleger und Entlastung von der Tagesarbeit angestrebt, wie sie die Richtlinien eines Führungsmodells des Schweizer Instituts ATOR vorsehen. Es konzentriert das direkte Aufgabengebiet der Verleger noch mehr auf die oberste unternehmerische Führung der Familiengesellschaften. Die Verleger als »Verwaltungsrat« erlassen die für die Erreichung der Unternehmensziele erforderlichen Grundsatzrichtlinien. Die obere Führung des Tagesgeschäfts aber liegt bei der Geschäftsleitung, die ihre Entscheidungen mit Blick auf kurz- und mittelfristige Ziele im Rahmen der Grundsatzrichtlinien trifft.

Die Verleger haben damit die Anpassung ihrer Unternehmensführung an die Methoden des modernen Managements vollzogen. Sie allein schaffen die Voraussetzungen für das Bestehen im immer schärferen Wettbewerb am Markt.

Der Vogel-Verlag heute und morgen

Der Wettbewerb ist auch im Bereich der Fachzeitschriften immer härter geworden, nicht zuletzt infolge der Rezession der Jahre 1966 und 1967, die erstmals seit der Währungsreform von 1948 das deutsche »Wirtschaftswunder« ernsthaft in Frage zu stellen schien. Aber: gemessen am Gesamteinbruch in der deutschen Wirtschaft durfte das vom Vogel-Verlag erarbeitete Umsatzergebnis des Jahres 1967 noch als angemessen bezeichnet werden, denn es lag ganz zweifellos in der Ebene der vergleichbaren Verlage über dem Durchschnitt. Die Erholung der Wirtschaft und die erneut günstige Konjunktur von 1968 und 1969 brachten auch dem Haus Vogel einen kräftigen Anstieg des Auftragsvolumens. An der Schwelle der siebziger Jahre erwirtschaftete das Unternehmen den stärksten Umsatzzuwachs seit seinem Bestehen.

Die Überwindung der Rezession beweist, daß das Nachkriegsunternehmen in Würzburg auf sicheren Fundamenten errichtet worden ist und der Vogel-Verlag nach Zerstörung und Wiederaufbau auch mit kritischen Situationen fertig werden kann. Der ehemalige Pößnecker Großverlag, der die Schwierigkeiten im Gefolge der großen Depression von 1929/30 zu meistern hatte, war in den Wirren der Nachkriegsjahre untergegangen. Der Würzburger Vogel-Verlag ist nichts weniger als eine bloße Kopie der alten Thüringer Firma, so sehr er auch auf ihren Erfahrungen aufbaute. Gesicht und Umfang der Verlagsproduktion haben sich verändert, die Verleger haben sich neue Ziele gesteckt und Akzente anders gesetzt als in den Vorkriegsjahren: In Würzburg entstand wieder ein großer Verlag mit einem außerordentlich differenzierten und aktualisierten Fachzeitschriftenprogramm, das die wichtigsten Industriezweige unserer modernen Welt exakt erfaßt; sie sind Informationsträger und Werbemedien von hohen Graden. Das Fachbuch im eigenen Verlag vertieft die schnelle, aktuelle Information der Zeitschrift; Formulardruck und

Übernahme auch externer Druckaufträge verbreitern die wirtschaftliche Basis. Die harte Arbeit der Nachkriegsjahre, die Investitionen und die geistige Neuorientierung in den letzten Jahren haben sich gelohnt. Ein neuer Stil der redaktionellen und vertrieblichen Darstellung sowie der Werbung und verstärkte Imagepflege haben die Zeitschriften des Vogel-Verlags noch attraktiver gemacht und ihnen nachhaltige Resonanz verschafft: Die Transparenz ihrer Leserstrukturen hat das Vertrauen der Anzeigenkunden gefestigt; die Vertiefung und Verbreitung des Informationsangebots im redaktionellen Teil hat sie vielfach zu unentbehrlichen Instrumenten technischer Fortbildung werden lassen. Der Vogel-Verlag verkörpert damit den Typ des modernen und dynamischen Fachverlags.

Der Wettbewerb auf dem Markt der Fachzeitschriften und Werbemedien wird nicht leichter werden, denn dieser Markt ist übersetzt. Im Jahr 1969 verzeichneten die »Media-Daten« einen Bestand an Fachzeitschriften von über 3500 Titeln, und heute ist diese Zahl bereits überholt. Bei steigenden Herstellungskosten kann ein Fachverlag durch bloße Beibehaltung seines traditionellen Fachzeitschriftenprogramms wesentliche Umsatzsteigerungen nicht mehr erzielen. Er muß expandieren und diversificieren sowie weitreichende Perspektiven für die Zukunft entwickeln, um einer Stagnation zu entgehen.

Der Vogel-Verlag hat sich diesen Forderungen gestellt und entscheidende Schritte in dieser Richtung bereits getan. Mit der »euro-revue« wurde 1969 ein gelungener Versuch gestartet, den europäischen Markt für die Kunden

Der Vogel-Verlag Würzburg

des Vogel-Verlags noch intensiver zu erschließen. Ebenfalls im Herbst 1969 erschien die erste Ausgabe des neuen Fachmagazins »Consulting«. Es wendet sich an die Zielgruppe der »beratenden Ingenieure«, die in der technischen Welt von heute zusehends an Bedeutung gewinnt und die bisher von keiner Zeitschrift aus dem Haus systematisch und gezielt angesprochen wurde. Einen weiteren Vorstoß in aktuelles Terrain unternahm im Februar 1970 der »Werbegeschenk-Berater«, ein neues Objekt, in das der Vogel-Verlag seine jahrzehntelangen Erfahrungen auf dem Gebiet der Werbewirtschaft einbringen konnte. Die Betreuung dieser ständig expandierenden Branche durch eine eigene Zeitschrift verspricht gute Erfolge.

Belegschaftszahlen des Vogel-Verlags von 1958 bis 1970	1958	662	1963	835	1968	905
	1959	669	1964	857	1969	960
	1960	726	1965	882	1970	997
	1961	788	1966	915		
	1962	812	1967	920		

Das Jahr 1970 brachte dem Vogel-Verlag noch weitere verlegerische Impulse. Gleich drei neue Fachzeitschriften wurden konzipiert und produktionsreif entwickelt: »Techniken der Zukunft«, eine Sonderpublikation über neue technologische Wissenszweige, wie Umwelttechnik, Strahltechnik, Meerestechnik usw.; dann die Verselbständigung der »Maschinenmarkt«-Fachausgabe »Werkzeugmaschinen-Praxis« als technisch-wissenschaftliche Zeitschrift »werkzeugmaschine international«, herausgegeben von Professor Dipl.-Ing. Tuffentsammer, Universität Stuttgart, und schließlich »techno-tip«, eine Kennzifferzeitschrift neuen Stils, die technisch-industrielle Problemlösungen aus vielen Bereichen des metallverarbeitenden Betriebs anbietet. Mit der Herausgabe eines Informationsdienstes bereitete der Vogel-Verlag im Januar 1971 den Start seines neuen technischen Umweltmagazins »U« vor, dessen erste Ausgabe im Juni erschien. Er blieb damit seiner bisherigen Zielsetzung treu, sich mutig und risikofreudig in allen neuzeitlichen technischen Bereichen verlegerisch zu engagieren, die für eine bessere Gestaltung der menschlichen Arbeits- und Lebensbedingungen Bedeutung erlangen.

Ein weiterer entscheidender Schritt zur Ausweitung des Markts wurde Mitte des Jahres 1971 getan:

Am 1. Juli übernahm der Vogel-Verlag vom Michael Triltsch Verlag die drei Fachzeitschriften »Bänder Bleche Rohre«, »Drahtwelt« und »Wire World International« mit allen Mitarbeitern und gründete in Düsseldorf eine Zweigniederlassung. Die Erweiterung des Verlagsprogramms durch Zukauf setzt deutlich Akzente für die nächsten Jahre und für die Intensivierung des Verlagsgeschäfts im industriestarken Westen unseres Landes.

Eine für die Weiterentwicklung des Verlagsprogramms eigens geschaffene Fachzeitschriften-Typologie ermöglicht es an der Schwelle der neuen Zeit, das bisherige und künftige Programm des Vogel-Verlags exakter auf die anvisierten Zielgruppen auszurichten. Diese Ideen machen das innovative und kreative Denken deutlich, das die leitenden Mitarbeiter des Verlags beherrscht. Sie tragen dazu bei, die entscheidenden Impulse für die Zukunft zu geben.

Die heutige Werbung ist im Grund nichts anderes als eine bereits hochtechnisierte Kommunikation zwischen Anbieter und Abnehmer. Der Fachzeitschriftenmarkt wird damit zum Fachinformationsmarkt im weitesten Sinn. Nach wie vor empfangen die maßgeblichen Persönlichkeiten in Technik und Wirtschaft ihre ersten und nachhaltigsten Anregungen aus der Fachpresse, die Fachzeitschrift also gibt die Initialzündung für die Kaufentscheidungen. Fachmedien dieser Art werden auch in Zukunft ihre Marktstellung behaupten können, wenn es ihnen gelingt, durch immer neue Anstrengungen noch interessanter und informativer zu werden.

So waren die leseranalytischen Dokumentationen des Vogel-Verlags der ausgehenden 60er Jahre, die dem Inserenten mehr Transparenz über die vertrieblichen Strukturen der einzelnen Zeitschriften und deren redaktionellen Informationsgehalt vermittelten, bahnbrechend und sind es noch heute.

Die gedruckte Zeitschrift steht im Mittelpunkt der Verlagsarbeit, sie bleibt das Zentrum aller Anstrengungen. Darüber aber verliert der Verlag die schnelle Fortentwicklung aller Informationstechnik nicht aus dem Auge. Die Fortschritte der elektronischen Datenverarbeitung, der Fernsehtechnik und der elektrostatischen Druckverfahren rücken vollständig neue Arten der Informationsübermittlung schon für die nächsten Jahrzehnte in den Bereich des Möglichen. Sie werden das Bild der Fachzeitschrift auch mit beeinflussen.

Seit über siebzig Jahren gibt der Vogel-Verlag Fachzeitschriften heraus. Damit bietet er dem Markt wesentliche Informations- und Werbemedien. Seine Verleger aber betrachten die Geschichte ihres Hauses als Sprungbrett für weitere Erfolge. Der Verlag wird sich auch den Aufgaben der Zukunft stellen. Seine Tradition heißt Fortschritt. Immer wird er mit dabei sein, wenn es gilt, die Fachzeitschriften und Informationsmedien von morgen zu entwerfen und zu verwirklichen.

In den 90er Jahren wird das Haus sein 100jähriges Bestehen feiern. Möge bis dahin und noch weiter der Geist des Gründers, C. G. Vogel, die Männer beflügeln, die jetzt und später das Schicksal des Hauses zu bestimmen haben, im Dienst von Technik und Wirtschaft dem Wandel der Zeiten verbunden.

Unsere leitenden Mitarbeiter

Dipl.-Volkswirt
Dr. Friedrich Fischer (41)
Verlagsdirektor

Wolfgang Lüdicke (46)
Verkaufsdirektor

Curt Naumann (71)
Sonderbeauftragter
der Verleger

Kurt Kühn (65)
Betriebsdirektor i. R.
seit 1972

Dipl.-Volkswirt
Erwin Schmitt (50)
Leiter des Finanz- und
Rechnungswesens

Assessor
Kurt Günter Hennig (40)
Personalleiter

Dipl.-Ing.
Heinz Schornstein (36)
Technischer Direktor

Dipl.-Kfm.
Helmut J. Sondhof (39)
Kaufmännischer Direktor

Dipl.-Kfm. Herbert Frese (39)
Leiter des Verlegerbüros
Geschäftsführer der Vereinigten
Motor-Verlage GmbH, Stuttgart

Dipl.-Kfm.
Dr. Kurt Eckernkamp (36)
designierter Nachfolger
für Verleger Ludwig Vogel

Anmerkungen

Um den Anmerkungsapparat nicht allzu sehr anschwellen zu lassen, werden nur abschnittsweise knappe Hinweise auf Quellen und Literatur gegeben, ohne jede Einzelheit zu belegen. Literatur wird mit Verfassernamen und Kurztitel zitiert, im übrigen sei auf die Bibliographie verwiesen.

1

Fach- und Marktzeitschrift: zusammenfassend zuletzt Schuback, J., Absatzpolitik, S. 1–5, ferner in: Treue, W., 75 Jahre technischer Fortschritt, S. 66 ff., sowie Märkte durchdringen – Märkte gewinnen, S. 3–6. Einführende Literatur zur Zeitschrift als publizistisches Erzeugnis überhaupt vgl. Koszyk/Pruys, Wörterbuch zur Publizistik, S. 392, dazu noch die Bücher von Haacke, W., Kirchner, H.-M., sowie die Diss. von Dreppenstedt, E.

2.1.1.

Renaudot: Dahl, F., u. a., Les débuts de la presse française, dort Übersicht über die ältere Literatur. *Geschichte des Anzeigenwesens:* grundlegend Presbrey, F., History and development of advertising; ferner Schneider, C., Anzeigenwesen, sowie die historischen Teile der Arbeiten von Huck, Kaupisch, Kellen, Munzinger. *Intelligenzblätter:* vgl. Koszyk/Pruys, Wörterbuch zur Publizistik, S. 165 mit Literatur. *Fachpresse des 18. Jahrhunderts:* neben Kirchner, J., Zeitschriftenwesen I, vor allem Koschwitz, H. J., Die periodische Wirtschaftspublizistik.

2.1.2.

Maschinenzeitalter: aus der Fülle der allgemeinen wirtschaftsgeschichtlichen Literatur seien nur genannt: Landes, Lütge, Mauersberg, Mottek, Schnabel, Schwerin-Krosigk, Stolper und Treue, als Spezialuntersuchung sei besonders verwiesen auf Mengel, H. W., Strukturwandlungen der Werkzeugmaschinenindustrie. Die Zahlenbeispiele stammen aus den Werken von Mottek und Stolper sowie aus Mattschoß, C., Ein Jahrhundert Deutscher Maschinenbau, und Hoffmann, W., Wachstum der deutschen Wirtschaft.

2.1.3.

Entstehung der Wirtschaftswerbung: vgl. den klassischen Aufsatz von Bücher, K., Die wirtschaftliche Reklame, sowie auch Weisserth, P.-L., Entstehung der Wirtschaftswerbung. *Generalanzeigerpresse:* Literatur verzeichnet bei Koszyk/Pruys, Wörterbuch zur Publizistik, S. 136. *Fachpresse:* vgl. Luck, G., Deutsche Fachpresse, und Meissner, F. J., Volkswirtschaftliche Bedeutung; ihnen sind auch die Zahlen entnommen, die bei beiden Autoren jedoch nicht immer übereinstimmen. Zu den Fachzeitschriften auch Kirchner, Zeitschriftenwesen II, passim.

2.2.1.

Die Angaben über den Gründer des Vogel-Verlages und seine Familie sowie über die Geschichte des Unternehmens beruhen im wesentlichen auf der sechsbändigen Festschrift C. G. Vogel 70 Jahre, die 1938 als Privatdruck in wenigen Exemplaren erschien und in der die damaligen Mitarbeiter des Verlages ein umfassendes Material verarbeiteten. Sie wird fortan mit VG (= Verlagsgeschichte) zitiert, Material aus dem heutigen Verlagsarchiv mit VA. Das Archiv des nach dem zweiten Weltkrieg enteigneten Pößnecker Betriebes hat der Verfasser nicht benutzt, abgesehen von einigen privaten Aufzeichnungen, die sich im Besitz der Verleger befinden oder die dem Archiv von ehemaligen Mitarbeitern zur Verfügung gestellt wurden. Nur geringes Material konnte in die Bundesrepublik verbracht werden.

Die wichtigere Literatur zur Geschichte des Vogel-Verlags sei hier kurz zusammengestellt: Hüthig, A., Ein modernes Offertenblatt; Michligk, P., Der Vogel-Verlag Pößneck; Füsser, G., Werbung durch Anzeigen in der Fachzeitschrift; 75 Jahre Vogel-Verlag, in Treue, W., 75 Jahre technischer Fortschritt, S. 66 ff. Ergiebig für dieses Thema sind auch die verschiedenen Jubiläums-Nummern der Zeitschriften des Vogel-Verlages; die wichtigsten im VA vorhandenen Hefte: »Maschinenmarkt« 1895–1920. Jubiläums-Nr. zum 25jährigen Bestehen, 1920/»Der Maschinenmarkt« – C. G. Vogel 60 Jahre, 1928/20 Jahre »Auto- und Motorrad-Markt«, 1931/40 Jahre »Maschinenmarkt«, 1936/»Der Maschinenmarkt« – A. G. Vogel 60 Jahre, 1949/30 Jahre »Der Export-Markt«, 1950/Jubiläumsausgabe 40 Jahre »Der Automarkt«, 1951/Die Deutsche Industrie 1945–1955 (= 60 Jahre »Der Maschinenmarkt«), 1955/50 Jahre »Auto-Markt«, 1960/Zeitalter der Elektrotechnik. »Elektrotechnik« 50 Jahre, 1969.
Industrielle Umwelt C. G. Vogels: Vgl. Bein, L., Industrie des sächsischen Vogtlandes, S. 219 ff.

2.2.2.

Konkurrenzblätter: Vgl. Müller, M., 75 Jahre im Dienst von Technik und Wirtschaft; auf andere industrielle Offertenblätter der Frühzeit weist hin d'Ester, K., Der neu erstandenen Marktzeitschrift zum Geleit.

2.2.4.

Unternehmer des 19. Jahrhunderts: Vgl. Zorn, W., Typen und Entwicklungskräfte, S. 31. *Anekdoten:* VA, Verlagsgeschichte, M 1.

2.3.

Kritik am Offertenblatt: Vgl. vor allem Kellen, Luck, Munzinger, das zitierte Beispiel bei Meissner, S. 32. Positive Wertung bei Hüthig, S. 12 ff. aus der Rückschau von 1923; Hinweise auch bei Müller, M., 75 Jahre im Dienste von Technik und Wirtschaft.

3.1.1.
Erste Nummer »Maschinenmarkt«: Die älteste bekannte Nummer des »Maschinenmarkt« ist Jahrgang II, Nr. 7 vom 25. Januar 1897. Wohl hat man bereits 1920 das 25jährige Jubiläum des »Maschinenmarkt« gefeiert und eine Sondernummer herausgegeben, doch steht durch die o. gemachten Angaben das Jahr 1896 für das erste Erscheinen außer jedem Zweifel. In »40 Jahre Maschinenmarkt«, S. 87, wird der 17. August als erster Erscheinungstermin genannt. Auf etwa die gleiche Zeit kommt man, wenn man unter der Annahme eines einmaligen Erscheinens pro Monat von der Nr. 7 des II. Jg. 1897 zurückrechnet.

3.1.2.
Automobil-Fachzeitschriften: Vgl. dazu Holtz, H.-J., Entwicklung der kraftfahrtechnischen Fachpresse, insbes. S. 60 f. über den »Auto-Markt«. *A. G. Vogel als Teilhaber:* A. G. Vogels Anteil steigerte sich jedes Jahr um 5%, bis er 1924 50% betrug.

3.1.3.
Industrialisierung Österreich-Ungarns: Vgl. dazu Benedikt, H., Die wirtschaftliche Entwicklung der Franz-Joseph-Zeit; das Zitat, S. 25, sowie Zöllner, E., Geschichte Österreichs, München 1961, S. 447 ff.

3.2.1.
Presseentwicklung im Kriege: Zur allgemeinen Wirtschaftslage v. a. Stolper, S. 62 ff.; zur Entwicklung der Fachzeitschriften Stollbrock, Fachzeitschriftenwesen, insbes. S. 143 ff., zum Vogel-Verlag Hüthig, S. 39 f., zur Presse allgemein neuerdings Koszyk, Deutsche Pressepolitik.

3.3.1.
Wirtschaftliche Entwicklung der Zwischenkriegszeit: Vgl. Lütge, S. 532 ff., Mauersberg, S. 313 ff., Stolper, S. 87 ff., Treue, S. 677 ff., und besonders Fischer, W., Deutsche Wirtschaftspolitik 1918–1945, Opladen 1968; zur politischen Entwicklung, grundlegend: Gebhardt, B./Grundmann, H., Handbuch der deutschen Geschichte, Band IV, 1959; sowie Heiber, H., Die Republik von Weimar, München 1966 (= dtv Weltgeschichte des 20. Jahrhunderts Band 3). *Lage der Maschinenindustrie:* Vgl. etwa Jahresberichte des Vereins Deutscher Werkzeugmaschinen-Fabriken 1920–1932 in den VDW-Nachrichten, sowie Mengel, H. W., Strukturwandlungen; zur Frage des Exports in die UdSSR etwa Münch, H., Die Bedeutung der sowjetischen Aufträge, dort weitere Literatur. *Daimler AG:* Zitat bei Mauersberg, S. 359.

3.3.2.
Werbelehre als Wissenschaft: Vgl. Kropff, Beiträge zur Geschichte der deutschen Werbelehre. Das Zitat bei Hanfstengel, S. III.

3.3.3.

Zum Zeitschriften-Programm allgemein: Füsser, Werbung durch Anzeigen, S. 70 ff. *Lkw-Entwicklung:* Vgl. Treue, Vom Lastträger zum Fernlastzug. *Mechanisierung der Landwirtschaft:* Vgl. Lüben, A. R., Die deutsche Landmaschinenindustrie, wichtige Hinweise vor allem bei Bentzien, U., Landmaschinen-Technik in Mecklenburg. *Exportzeitschriften:* Vgl. Appelius, O., Exportzeitschrift; sowie Klitzsch, L., Entwicklung der Exportzeitschrift. *Export-Dienst:* Vgl. Michligk, Vogel-Verlag, S. 51 ff. *Dorfzeitung:* Vgl. u. a. Füsser, G., Bauernzeitungen in Bayern und Thüringen, S. 89 ff.; sowie Kaiser, Dr. L. Nonne.

3.3.4.

A. G. und Ludwig Vogel als Verleger: Ludwig Vogel ist am 1. Januar 1924 in die Carl Gustav Vogel (C.G.V.) OHG aufgenommen worden. Die Beteiligung an Gewinn und Verlust regelte sich wie folgt:

	C. G. Vogel	A. G. Vogel	Ludwig Vogel
1924	47,5%	47,5%	5%
1925	45 %	45 %	10%
1926	42,5%	42,5%	15%
1927–1930	40 %	40 %	20%

nach dem Ausscheiden C. G. Vogels:

A. G. Vogel   60%   Ludwig Vogel   40%

1932 erfolgte eine Aufteilung in Besitz- und Betriebsfirma. Zu diesem Zweck wurde die Firma Vogel-Verlag GmbH, Pößneck, gegründet, der A. G. Vogel, seine Kinder und Ludwig Vogel als Gesellschafter angehörten:

A. G. Vogel	40%
Ludwig Vogel	40%
Karl Theodor Vogel	5%
Philipp Vogel	5%
Eva Vogel	5%
Beate Vogel	5%

3.4.1.

NS-Wirtschaftspolitik: Vgl. die Darstellung bei Stolper, S. 147 ff., und Fischer, W., S. 51 ff., sowie den Literatur-Bericht bei Rubbert, H.-H., Gelenkte Marktwirtschaft. Zum *Vierjahresplan* neuerdings Petzina, Heinz Dietmar, Der nationalsozialistische Vierjahresplan von 1936, Diss. Mannheim 1965. Zur *Eisenbewirtschaftung:* Geer, Joh. Seb., Der Markt der geschlossenen Nachfrage, Berlin 1961.

Die Zitate: S. 165, *Goebbels:* Dokumente deutscher Politik, Bd. 1, Berlin 1937, S. 11; S. 166, *Ordnung der nationalen Arbeit:* ebd., Bd. 2, S. 144; Stolper, a. a. O., S. 156 f. *Arbeitslosigkeits-Gesetz:* Dokumente deutscher Politik Bd. 1, S. 190 f.; S. 167, *Staatssekretär Neumann zur Umstellung der Volkswirtschaft:* zitiert nach Petzina, a. a. O., S. 243. *Werberat:* die Texte des Gesetzes und der 3. und 4. Bekanntmachung bei Braunmühl-Zwech, Wirtschaftswerbung. Zitat bei Canzler, Wirtschaftswerbung im neuen Reich, S. 3. S. 168, Rede des Geschäftsführers Finkenzeller vom Werberat, entnommen »Vertrauliche Mitteilungen« Heft 257 (VA).

Angriffe gegen den »Internationalen Postwertzeichen-Markt«: »Das schwarze Korps« vom 8. 7. 1937 und »Der SA-Mann« vom 31. 7. 1937 (VA). *Gleichschaltung der Presse:* Vgl. Presse in Fesseln, u. a. S. 79 ff., sowie Hale, O. J., Presse in der Zwangsjacke, S. 198 ff.

3.4.2.
Kraftfahrzeug-Zeitschriften: Zur Entwicklung der Kraftfahrzeug-Industrie v. a. Kirchberg, P., Entwicklungstendenzen der deutschen Kraftfahrzeug-Industrie. *Exportwerbung:* Klein, K., Werbung als Mittel der Export-Förderung. *Adreßbücher:* Zur damaligen Situation auf diesem Markt vgl. Ruf, O., Das Adreßbuch, insbes. S. 97 ff. *Vogel-Verlag-Zeitschriften und Konkurrenz:* Instruktiv sind die vergleichenden Listen bei Hofmann, Karl, Technisch-wirtschaftliche Fachzeitschriften, S. 150 ff. *Karl Theodor und Philipp Vogel als nächste Verlegergeneration:* Die Betriebsfirma hatte unter dem Druck der Amann-Verordnungen, die die Herausgabe von Zeitschriften durch eine anonyme GmbH nicht gestatteten, 1936 in eine Personen-Gesellschaft umgewandelt werden müssen, der A. G. Vogel und Ludwig Vogel als geschäftsführende Gesellschafter und die Kinder A. G. Vogels als Kommanditisten angehörten.

3.5.
Deutsche Kriegswirtschaft: Vgl. dazu Milward, A. S., Deutsche Kriegswirtschaft; Eichholtz, D., Geschichte der deutschen Kriegswirtschaft; sowie: Die deutsche Industrie im Kriege; instruktiv neuerdings auch Albert Speer, Erinnerungen, Berlin 1969.

4.1.
Deutsche Wirtschaft nach dem Krieg: Vgl. Stolper, S. 203 ff., sowie Treue, W., Die Demontagepolitik der Westmächte nach dem 2. Weltkrieg, Hannover 1967.

5.1.
Wirtschaftswunder: neben Stolper, a. a. O., S. 235 ff., sind als Gesamtdarstellungen für die Wirtschaftsgeschichte der Nachkriegszeit zu nennen F. M. Postan, Economic History, sowie Landes, D. S., Unbound Prometheus, S. 486

ff. Neben Ludwig Erhards Eigendarstellung »Deutschlands Rückkehr zum Weltmarkt« sind neben den geläufigen statistischen Handbüchern vor allem zwei neuere Spezialdarstellungen nützlich: Mayer, Herbert Carleton, German Recovery and the Marshall Plan 1948–1952, Bonn/Brüssel 1969, sowie Blum, Reinhard, Soziale Marktwirtschaft, Tübingen 1969. Eine instruktive Übersicht über die Produktionsentwicklung, geordnet nach Bundesländern, findet sich im Sonderheft des »Maschinenmarkt« vom Mai 1965: 20 Jahre Aufbau in Bund und Ländern. *Die Zitate:* S. 218, nach Stolper, S. 230, sowie Erhard, Rückkehr zum Weltmarkt, S. 7; S. 219, Mayer, a. a. O., S. 10.

5.2.

Fachzeitschriften und Wiederaufbau: eine zusammenfassende Darstellung der Geschichte der Fachzeitschriften fehlt, dafür existiert eine Vielzahl kleiner Aufsätze in der Fachpresse, insbesondere in den beiden Zeitschriften »ZV + ZV« sowie »Die Anzeige«, die hier nicht alle genannt werden können. Hervorzuheben sind: Lorch, W., Fachzeitschriften im europäischen Wirtschaftsraum (daraus Zitat S. 223), sowie ders., Entwicklung der Fachpresse.

Neue Einstellung zur Werbung: Vgl. dazu Weber, P., Kritik an der Wirtschaftswerbung, insbes. S. 126 ff. *Ludwig Erhard:* zitiert nach Weber, a. a. O., S. 146. *Lord Halifax:* Vgl. ZV + ZV 48, 1951 Nr. 13, S. 27.

Werbestil, Fachzeitschriften und Werbung: die Literatur ist fast unübersehbar geworden. Mit Investitionsgüterwerbung und Fachzeitschriften setzen sich auseinander: Kassner, E., Werbung für Maschinen; Blasberg, C., Industriewerbung nach Maß; sowie Ruhstrat, O., Wir inserieren in der Fachpresse. Ferner seien genannt: Neubeck, G., Werbeforschung nimmt sich der Fachwerbung an, daraus das Zitat S. 226. Weiter: Kirchner, H.-M., Werben in Fachzeitschriften; ders. Werben für Investitionsgüter; Bruder, H., Werbung für Investitionsgüter; Hundhausen, C., Anzeigen in Fachzeitschriften; Blasberg, C., Technische Anzeigen. Einen Überblick über die graphische Gestaltung von technischen Anzeigen seit dem 19. Jahrhundert bieten: Hundhausen, C., Anzeigen der eisenschaffenden Industrie; sehr anschaulich in seiner Gegenüberstellung alter und moderner Anzeigen das Sonderheft des Vogel-Verlags »Zeitalter der Elektrotechnik. 50 Jahre Elektrotechnik« 1969.

5.3.1.

Kraftfahrzeug-Zeitschriften: einen Überblick über die Lage auf dem Markt für Kraftfahrzeug-Zeitschriften von 1952 gibt unter Mitbehandlung der Zeitschriften des Vogel-Verlages H. Bruder, Fachzeitschriften der Automobilindustrie als Werbeträger.

Exportzeitschriften: über sie orientiert mit vergleichender Wertung Höhn, S., Die deutschen Exportzeitschriften, sowie Münster, H. A., Exportwerbung und

Exportzeitschrift; Theuner, G., Exportfördernde Zeitschriften als Werbeträger; Michligk, P., Exportzeitschriften als Werbeträger, hieraus das Zitat S. 238, sowie ders., Exportwerbung.

5.4.
Vertriebsprobleme und Leserstruktur der Fachzeitschriften: Vgl. die Hinweise zu 5.2., darüber hinaus seien aus der Fülle der kleineren Aufsätze hervorgehoben: Schwaner, H. G., Fachzeitschriften – aus der Sicht des Media-Planers, sowie Bruder, H., Werbung für Investitionsgüter, hieraus das Zitat S. 267, sowie die Verbandsnachrichten in der Zeitschrift »ZV + ZV« seit etwa 1960. *Harzburger Modell:* Vgl. Höhn, R., Das Harzburger Modell in der Praxis, 1966.

Bibliographie:

Appelius, Otto: Exportzeitschriften. Der Zeitungs-Verlag 12, 33/34 (1911), S. 716 ff.
Bein, Louis: Die Industrie des sächsischen Vogtlandes II, Leipzig 1884.
Benedikt, Heinrich: Die wirtschaftliche Entwicklung in der Franz-Joseph-Zeit (= Wiener Historische Studien 4), Wien-München 1958.
Bentzien, Ulrich: Landmaschinentechnik in Mecklenburg (1800–1959). Jahrbuch für Wirtschaftsgeschichte 1965/III, S. 54 ff.
Blasberg, Curt: Industriewerbung nach Maß, Würzburg o. J. (1962).
Blasberg, Curt: Technische Anzeigen in Fachzeitschriften, in Wirtschaftspresse und Tageszeitungen. Die Anzeige 39 (1963) Nr. 19, S. 56 ff.
Braunmühl, Karol v./Zwech, Klaus: Wirtschaftswerbung. Kommentar zum Gesetz vom 12. 9. 1933, Berlin 1934.
Bruder, Hermann: Fachzeitschriften der Automobilindustrie als Werbeträger. Die Anzeige 29 (1953), S. 366 ff.
Bruder, Hermann: Die Werbung für Investitionsgüter – eine Bilanz und ein Ausblick, ZV + ZV 61 (1964), S. 788 ff.
Büher, Karl: Die wirtschaftliche Reklame. Zeitschrift für die gesamten Staatswissenschaften 73 (1917), S. 461 ff.
Canzler, Hermann: Wirtschaftswerbung im neuen Reich. Vom Wesen der geschäftlichen Propaganda im Rahmen gemeinwirtschaftlicher Ziele, Stuttgart 1935.
Dahl, Falke/Petibon, Fanny/Boulet, Marguerite: Les debuts de la Presse française. Nouveaux aperçus (= Acta Bibliothecae Gotoburgensis IV), Göteborg/Paris 1951.
Dreppenstedt, Enno: Der Zeitungs- und Zeitschriftenmarkt. Dissertation Erlangen-Nürnberg 1967.
Eichholtz, Dietrich: Geschichte der deutschen Kriegswirtschaft 1939–1945, Band I, Berlin 1969.
d'Ester, Karl: Der neu erstandenen Marktzeitschrift zum Geleit! Der Maschinenmarkt. A. G. Vogel 60 Jahre (1949), S. XI–XIII.
Fischer, Wolfram: Deutsche Wirtschaftspolitik 1918–1945, Opladen 1968.
Füsser, Gerhard: Bauernzeitungen in Bayern und Thüringen 1818–1848. Ein Beitrag zur Geschichte des deutschen Bauernstandes und der deutschen Presse (= Zeitung und Leben Band 8). Dissertation München, Hildburghausen 1934.
Füsser, Gerhard: Werbung durch Anzeigen in der Fachzeitschrift, dargestellt an den Fachzeitschriften des Vogel-Verlages, Pößneck 1936.
Girardet, Herbert: Werbung für Investitionsgüter und Industriebedarf in der technischen Fachpresse. Die Anzeige 35 (1959), S. 877 ff.

Haacke, Wilmont: Die Zeitschrift – Schrift der Zeit, Essen 1961.
Hale, Oron J.: Presse in der Zwangsjacke, Düsseldorf 1965.
Handbuch der Zeitungswissenschaft. Hrsg. von Walther Heide, bearb. von Ernst Herbert Lehmann, Band I (mehr nicht erschienen), Leipzig 1940.
Hanfstengel, Georg v.: Die Reklame des Maschinenbaues, Berlin 1923.
Höhn, Siegfried: Die deutschen Exportzeitschriften. Eine publizistische und absatzwirtschaftliche Studie. Dissertation Nürnberg 1954 (MS).
Hoffmann, Walther: Das Wachstum der Deutschen Wirtschaft seit der Mitte des 19. Jahrhunderts, Berlin/Heidelberg/New York 1965.
Hofmann, Karl: Die technisch-wirtschaftliche Fachzeitschrift und ihre Bezieher, Dissertation Erlangen 1939.
Holtz, Hans-Joachim: Die Entwicklung der Kraftfahrtechnischen Fachpresse in Deutschland von den Anfängen bis 1933. Dissertation München 1952 (MS).
Huck, Wolfgang: Die kleine Anzeige, ihre Organisation und volkswirtschaftliche Bedeutung, Dissertation Heidelberg 1914.
Hüthig, Alfred: Ein modernes Offertenblatt als Unternehmen. Dissertation Leipzig 1923 (MS).
Hundhausen, Carl: Die Anzeigen der eisenschaffenden Industrie und ihrer Ausrüster. Die Anzeige 34 (1958), S. 892 ff.
Hundhausen, Carl: Anzeigen in Fachzeitschriften und ihr Informationsgehalt. Die Anzeige 42 (1966) Nr. 5, S. 7 ff.
Hurwitz, Harold: Die Pressepolitik der Alliierten. In: Pross, Harry, Deutsche Presse seit 1945, Bern/München/Wien 1965, S. 27 ff.
Die deutsche *Industrie* im Kriege 1939–1945. Hrsg. vom Deutschen Institut für Wirtschaftsforschung, Berlin 1954.
Kaiser, Ernst: Dr. Ludwig Nonne, der Schulreformator und Pestalozzi Thüringens, Weimar 1948.
Kassner, Emil: Die Werbung für Maschinen, München 1959.
Kaupisch, Wolfgang: Die Anzeige in der Fachzeitschrift. Dissertation Berlin 1941.
Kellen, Tony: Die Entwicklung des Anzeigen- und Reklamewesens in den Zeitungen. In: Koch, Adolf: Studien über das Zeitungswesen (Festschrift), Frankfurt 1907, S. 201 ff.
Kirchberg, Peter: Entwicklungstendenzen der deutschen Kraftfahrzeugindustrie 1929–1939. Dissertation Dresden 1964 (MS).
Kirchner, Hans-Martin: Werben in Fachzeitschriften – wirkungsvollste Ansprache an ausgewählte Interessentenkreise. Die Anzeige 38 (1962) Nr. 17, S. 60 ff.

Kirchner, Hans-Martin: Die Zeitschrift am Markt, Frankfurt/M. 1964.

Kirchner, Hans-Martin: Werben für Investitionsgüter in der technisch-industriellen Fachpresse. Die Anzeige 42 (1966) Nr. 1, S. 8 ff.

Kirchner, Joachim: Das deutsche Zeitschriftenwesen I. II, Wiesbaden 1958/62.

Klein, Kurt: Die Werbung als Mittel der Exportforschung (= Deutsche Außenwirtschaft 2), Würzburg 1939.

Klitzsch, Ludwig: Die Entwicklung der Exportzeitschriften. Zeitschrift des Verbandes der Fachpresse Deutschlands 24 (1922), S. 2 ff.

Koschwitz, Hansjürgen: Die periodische Wirtschaftspublizistik im Zeitalter des Kameralismus. Ein Beitrag zur Entwicklung der Wirtschaftszeitschrift im 18. Jahrhundert, Dissertation Göttingen 1968.

Koszyk, Kurt: Deutsche Pressepolitik im ersten Weltkrieg, Düsseldorf 1968.

Koszyk, Kurt/Pruys, Karl Hugo: dtv – Wörterbuch zur Publizistik, München 1969.

Kropff, H. F. J.: Beiträge zur Geschichte der deutschen Werbelehre. Die Anzeige 29 (1953), S. 384 ff.

Landes, David S.: The Unbound Prometheus. Technological Change and Industrial Development in Western Europe from 1750 to the Present, Cambridge 1969.

Lorch, Wilhelm: Die Fachzeitschrift im europäischen Wirtschaftsraum. Die Anzeige 37 (1960), S. 680 ff.

Lorch, Wilhelm: Die Entwicklung der Fachpresse der Bundesrepublik seit 1945. Gazette 6 (1960), S. 119 ff.

Luck, Georg: Die deutsche Fachpresse. Eine volkswirtschaftliche Studie, Tübingen 1908.

Lüben, Alfred Reinhold: Die deutsche Landmaschinenindustrie, Dissertation Berlin 1926.

Lütge, Friedrich: Deutsche Sozial- und Wirtschafts-Geschichte. Ein Überblick, Berlin/Heidelberg/New York 1966.

Märkte durchdringen – Märkte gewinnen (Werbebroschüre Vogel-Verlag), Würzburg o. J. (1968).

Mattschoß, Conrad: Ein Jahrhundert deutscher Maschinenbau. Von der mechanischen Werkstätte bis zur deutschen Maschinenfabrik 1819–1919, Berlin 1919.

Mauersberg, Hans: Deutsche Industrien im Zeitgeschehen eines Jahrhunderts, Stuttgart 1966.

Meissner, Jakob Friedrich: Die volkswirtschaftliche Bedeutung der Fachpresse. Eine volkswirtschaftliche Untersuchung, Dissertation Bern, Offenbach 1910.

Mengel, Heinrich Wilhelm: Strukturwandel und Konjunkturbewegung in der Werkzeugmaschinen-Industrie. Dissertation TH Berlin 1932.

Michligk, Paul: Der Vogel-Verlag Pößneck (= Musterbetriebe Deutscher Wirtschaft Band 4), Berlin 1928.

Michligk, Paul: Export-Werbung. Handbuch für die Praxis, Stuttgart 1955.

Michligk, Paul: Exportzeitschriften als Werbeträger. Die Anzeige 31 (1955), S. 264 ff.

Milward, Alan S.: Die deutsche Kriegswirtschaft 1939–1945, 1966.

Motteck, Hans: Wirtschaftsgeschichte Deutschlands, Band II: Von der Zeit der französischen Revolution bis zur Zeit der Bismarckschen Reichsgründung, Berlin 1964.

Müller M.: 75 Jahre im Dienste von Technik und Wirtschaft. Ein Rückblick auf Werdegang, Ziele und Aufgabe des »Industrie-Anzeiger«. Industrie-Anzeiger 76 (1954) Nr. 16–17, S. 63 ff.

Münch, Hans: Die Bedeutung der sowjetischen Aufträge an die sächsische Werkzeugmaschinenindustrie in der Zeit der Weltwirtschaftskrise 1929–1932. Jahrbuch für Wirtschaftsgeschichte 1965/IV, S. 54 ff.

Münster, Hans A.: Exportwerbung und Exportzeitschriften. Die Anzeige 35 (1959), S. 954 ff.

Munzinger, Ludwig: Die Entwicklung des Inseratenwesens in den deutschen Zeitungen, Dissertation Heidelberg 1901.

Neubeck, Günter: Werbeforschung nimmt sich der Fachwerbung an. Die Anzeige 38 (1962) Nr. 17, S. 66 ff.

Postan, M. M.: An Economic History of Western Europe 1945–1964, London 1967.

Presse in Fesseln. Eine Schilderung des NS-Presse-Trusts, Berlin o. J.

Reigner, Henry: Das Inserat als Werbemittel in der Absatzwirtschaft mit bes. Berücksichtigung der schweizerischen Verhältnisse, Basel 1950.

Rubbert, Hans-Heinrich: Die »gelenkte Marktwirtschaft« des Nationalsozialismus. Ein Literaturbericht. Hamburger Jahrbuch für Wirtschafts- und Gesellschaftspolitik 8 (1963), S. 215 ff.

Ruf, Otto: Das Adreßbuch. Dissertation Würzburg 1932.

Ruhstrat, Otto: Wir inserieren in der Fachpresse, Stuttgart o. J. (1959).

Presbrey, Frank: The history and development of advertising, New York 1929.

Schnabel, Franz: Deutsche Geschichte im 19. Jahrhundert, Band III: Erfahrungswissenschaften und Technik, Freiburg 1954.

Schneider, Carl: Anzeigenwesen. In: Handbuch der Zeitungswissenschaft 89 ff. (vgl. dort).

Schuback, Jürgen: Absatzpolitik des Fachzeitschriftenverlages. Dissertation Hamburg 1968.

Schwaner, H. G.: Fachzeitschriften – aus der Sicht des Media-Planers. ZV + ZV 60 (1963), S. 360 ff.

Schwerin-Krosigk, Lutz Graf: Die große Zeit des Feuers. Der Weg der deutschen Industrie I–III, Tübingen 1957–59.

Stollbrock, Joseph: Das reichsdeutsche Fachzeitschriftenwesen (1914–1922). Dissertation Marburg 1923 (MS).

Stolper, Gustav/Häuser, Karl/Borchardt, Knut: Deutsche Wirtschaft seit 1870, Tübingen 1964.

Theuner, G.: Exportfördernde Zeitschriften als Werbeträger. Die Anzeige 35 (1959), S. 958 ff.

Treue, Wilhelm: Vom Lastträger zum Fernlastzug, München 1956.

Treue, Wilhelm: Wirtschaftsgeschichte der Neuzeit, Stuttgart 1966.

Treue, Wilhelm: 75 Jahre technischer Fortschritt, Würzburg o. J. (1967).

Treutler, H. J.: Anzeigenwerbung für Landmaschinen. Die Anzeige 34 (1958), S. 966 ff.

Weber, Peter: Die Kritik an der Wirtschaftswerbung. Dissertation Erlangen-Nürnberg 1966.

Weisserth, Peter-L.: Die Entstehung der Wirtschaftswerbung – eine entfaltungsgeschichtliche Darstellung. Dissertation Nürnberg 1953 (MS).

Zorn, Wolfgang: Typen und Entwicklungskräfte deutschen Unternehmertums. In: Moderne deutsche Wirtschaftsgeschichte, hrsg. von K. E. Born, Köln/Berlin 1966, S. 25 ff.

Vita des Verfassers

Der Verfasser dieser Verlagsgeschichte, Dr. Peter Johanek, wurde am 28. August 1937 in Prag geboren. Seit 1945 lebte er in Österreich und in der Bundesrepublik. Nach dem Abitur in der lippischen Stadt Lemgo studierte er an den Universitäten Würzburg und Wien Geschichte, Germanistik und Archäologie. In Würzburg wurde er 1967 mit einer Arbeit »Die Frühzeit der Siegelurkunde im Bistum Würzburg« (Würzburg 1969) zum Doktor der Philosophie promoviert. Daneben publizierte er Aufsätze zur fränkischen Landes- und Wirtschaftsgeschichte. Er war als Hilfskraft und Assistent an verschiedenen Universitätsinstituten tätig und verwaltete zeitweise das Archiv der ehemaligen Reichsstudentenführung und des Nationalsozialistischen Deutschen Studentenbundes, das im Besitz der Universität Würzburg ist. Gegenwärtig arbeitet er an einer größeren Untersuchung über kirchliche Gesetzgebung im 13. und 14. Jahrhundert.